Friede und Freiheit

Schweizerische Friedensstiftung

Günther Bächler (Hrsg.)

Friede und Freiheit

Die Schweiz in Europa

Verlag Rüegger

ISBN 3 7253 0442 4
Druck Gasser AG, Chur
29006

Dieser Band ist dem Gründungspräsidenten der Schweizerischen Friedensstiftung, *Alexandre Hay*, im Andenken an seinen humanitären Einsatz für den Frieden gewidmet.

Günther Bächler, geb. 1953, Politikwissenschafter, Geschäftsführer der Schweizerischen Friedensstiftung Bern; wissenschaftlicher Mitarbeiter an der Forschungsstelle für Sicherheitspolitik und Konfliktanalyse der ETH Zürich. Zahlreiche Veröffentlichungen auf dem Gebiet der Friedens- und Konfliktforschung.

EINLEITUNG

TEIL I: FRIEDE IN FREIHEIT ?

TEIL II: FRIEDE DURCH EUROPÄISCHE INTEGRATION

EINLEITUNG

Der Titel des vorliegenden Bandes "Friede *und* Freiheit" dürfte sowohl auf diejenigen, die ihn nur oberflächlich zur Kenntnis genommen als auch auf jene, die ihn genau studiert haben, provokativ gewirkt haben. Erstere dürften zu jenen Leserinnen und Lesern gehören, bei denen die Verknüpfung der beiden Begriffe Unwillen, Verärgerung oder zumindest Langeweile auslöst. Die Begriffe gelten als belastet und vor allem wenn zwischen den beiden Wertorientierungen ein "in" steht, klingen in den Ohren der Generation, die den Wertewandel vollzogen hat, Chiffren wie "Vaterlandsverteidigung", "Reduit", "Selbstbehauptung", "Anti-Kommunismus", an. Letztere dürften hingegen hellhörig werden, weil Freiheit nicht mehr wichtiger als Friede sein soll, sondern beide durch die Verbindung "und" auf die gleiche Stufe der Wertehierarchie gestellt werden - zur Zeit des Ost-West-Konflikts ein ideologieträchtiges und daher gefährliches Unterfangen.

Zwei Veränderungen im Umfeld der Schweiz haben jedoch die Koordinaten geistig-politischer Ausrichtung deutlich verschoben: die Öffnung des "Ostblocks", ausgelöst durch Michail Gorbatschow und beschleunigt durch die Bevölkerung der damaligen DDR (Fall der Mauer) und die Integrationsbestrebungen in Westeuropa (Politische Union). Beide Prozesse wirken sich auf die Schweiz aus; in mehrfacher Hinsicht und stärker, als viele wahrhaben wollen.

Das Verfassungsziel Friede *in* Freiheit wird durch das Wegfallen des Kommunismus und des ordnungspolitischen Konflikts mit ihm paradoxerweise dadurch fraglich, dass es *nicht* in Frage gestellt wird. Die Zielorientierung - bezogen auf einen Gegner mit unfreiheitlicher Gesellschaftsverfassung - ist inhaltsleer geworden. Die Schweiz ist - erstmals seit 1848 - von untereinander freundschaftlich gesinnten demokratischen Rechtsstaaten umgeben. Seit 1945 wurde kein zwischenstaatlicher Krieg im Umfeld der Schweiz geführt. Die Kontrahenten des Ost-West-Konflikts suchen nach kooperativen Lösungen und einem gemeinsamen institutionellen Dach (KSZE; Nato?) und lassen damit die Neutralitätspolitik der Schweiz obsolet werden.

Friede in Freiheit gerät zusätzlich von einer anderen Seite unter Druck: Die staatliche Unabhängigkeit als Voraussetzung der traditionellen Wertescala (die im Zweiten Weltkrieg und im Kalten Krieg ihre Berechtigung hatte) wird durch innere und zwischengesellschaftliche Entwicklungen beeinträchtigt, die nichts mit machtpolitischer Drohung oder indirekter Strategie eines feindlich gesinnten Nachbarn zu tun haben. Es ist die Veränderung der Lebenswelt, die durch die Technologieentwicklung und die internationale Wirtschaftsverflechtung der Industriestaaten hervorgerufen wird. In den Augen vieler geht heute eine latente Gefahr für die Freiheit von der zivilen Lebens- und Produktionsweise aus. Die regionalen und globalen technologischen Dilemmata und ökologischen Probleme untergraben die staatliche Souveräntität und führen zu einer gleichzeitigen Betroffenheit ganzer Regionen. Problemlösungen scheinen überhaupt nur noch als internationale sinnvoll.

Die Beiträge im vorliegenden Band, die ursprünglich für die 3. Lenzburger Tagung der Schweizerischen Friedensstiftung vom 3. bis 4. Mai 1991 verfasst wurden, beschäftigen sich aus verschiedenen Blickwinkeln mit der "Schweiz in Europa". Allen ist gemeinsam, dass sie die Hinwendung der Schweiz zu Europa aus innen- und aussenpolitischen Erwägungen heraus für notwendig halten. Die Autorin und die Autoren sprechen sich - aus einer mehr oder weniger grossen kritischen Distanz - für einen Beitritt der Schweiz zur EG bzw. zur kommenden Politischen Union aus. Die sicherheits- und friedenspolitischen Voraussetzungen und Möglichkeiten einer Schweiz *in* Europa werden dabei vor dem Hintergrund unterschiedlicher Wissenschafts- oder sozialer Erfahrungszusammenhänge beleuchtet. Der Band umfasst drei Teile:

- Im ersten Teil wurden diejenigen Beiträge aufgenommen, die sich mit der "Enge des Kleinstaates" und den sich aus einer nicht wünschbaren "isolierten" Lage der Schweiz ergebenden Problemlagen befassen. Stichworte sind: Risikogesellschaft, Unsicherheitsräume für Frauen, Autarkiewünsche und der europäische Druck auf die Verfassungsreform.

- Im zweiten Teil werden die Möglichkeiten und Grenzen einer friedlichen Entwicklung in Europa ausgelotet. Im Mittelpunkt steht die EG als Friedensgemeinschaft, die es geschafft hat, ehemals verfeindete Staaten zu pazifizieren. Gleichzeitig ist die bestehende EG immer noch Ausdruck der Beschränkungen, die ihr durch die real existierenden Staaten oder besser Völker mit all ihren nationalen Gefühlsmodellierungen und Mentalitätsunterschieden auferlegt werden. Es wird sowohl die Gefahr einer Militarisierung der künftig enger liierten Gemeinschaft als auch die Chance einer integrierten europäischen Sicherheits- und Friedenspolitik gesehen, die - im Rahmen von EG und/oder KSZE - das alte Sicherheitsdilemma zwischen den europäischen Staaten aufzuheben in der Lage ist.

- Im dritten Teil wird eine Annäherung an eine Konzeption versucht, die die Begriffe Friede und Freiheit in den Kontext einer demokratischen Friedenspolitik in Europa stellt. Die Untersuchung über die militärische Identität westeuropäischer Gesellschaften zeigt gleichzeitig einen Akzeptanzschwund und eine "Zivilisierung" des Militärischen in Westeuropa auf. Der Bedeutungsverlust der militärischen Gewaltandrohungen in dieser Grossregion verbessert die Chancen eines schweizerischen Beitrags an die internationale Stabilität, vornehmlich in Europa - vorausgesetzt, sie weiss sie politisch zu nutzen.

Ursprünglich war vorgesehen, möglichst alle politisch und gesellschaftlich relevanten Bereiche zu thematisieren: Ökologie, Landwirtschaft, Wirtschaft, Verkehr, Konsum... Es hat sich bald gezeigt, dass dieses Vorhaben sowohl den Rahmen der Lenzburger Diskussion als auch dieses Bandes gesprengt hätte. Das war der Grund, warum wir uns auf die sicherheits- und friedenspolitischen Fragen konzentriert haben. Diese Beschränkung erlaubte es uns einerseits, die Beiträge nochmals gründlich zu überarbeiten und andererseits, bestehende Lücken mit Aufsätzen von Autoren zu füllen, die selbst auf der Tagung nicht anwesend sein konnten. Die Manuskripte wurden redaktionell bearbeitet. Damit der Charakter eines Tagungsbeitrages nicht ganz verloren ging, wurde jedoch auf eine Vereinheitlichung der Sprache und der inneren Struktur der Arbeiten verzichtet (so haben einzelne keinen Anmerkungsapparat, andere einen ausgedehnten). Das Buch soll der Leserin und dem Leser die Bandbreite der Überlegungen vermitteln, die für eine schweizerische Hinwendung nach Europa (und der Welt) sprechen und keineswegs eine systematische wissenschaftliche Erfassung der gesamten Thematik anbieten.

Friede *und* Freiheit werden als gleichwertige Postulate eines modernen Schweizer Staates und einer aufgeklärten Gesellschaft behandelt, die sich für die Erhaltung der Lebensgrundlagen, die Förderung der gemeinsamen Wohlfahrt aller, der internationalen wirtschaftlichen und politischen Kooperation und dem Weltfrieden verpflichtet haben.

G.B., Januar 1992

TEIL I

FRIEDE IN FREIHEIT ?

DAS ENDE ALLER NATIONALEN SICHERHEIT

Sicherheitspolitik in der Risikogesellschaft

HEINZ KRUMMENACHER

DIE RISIKOGESELLSCHAFT ALS AUSGANGSPUNKT

Seit Anfang der 60er Jahre befindet sich die Industriegesellschaft in einem Prozess radikaler Transformation. Sie ist auf dem Weg zu einem Gesellschaftstypus, den die Soziologen die Risikogesellschaft nennen. Das wesentliche Merkmal dieser im Entstehen begriffenen Gesellschaft ist dabei die aus dem technologischen "Fortschritt" resultierende Fähigkeit der Menschheit, sich selber zu vernichten. Was Sigmund Freud in "Das Unbehagen in der Kultur" schon im Jahre 1929 ankündigte, wird mehr und mehr Realität: Mit Hilfe der Technik "beherrschen" die Menschen die Naturkräfte in einem Masse, dass sie sich wechselseitig auszulöschen imstande sind. Besonders offenkundig ist diese Fähigkeit zur Selbstzerstörung natürlich im Bereich des Militärischen, wo die Entwicklung der Atomwaffe und die Doktrin der "mutual assured destruction" (MAD) in der Zeit des Kalten Kriegs für ein prekäres Gleichgewicht des Schreckens gesorgt haben.

Von zentraler Bedeutung für die Risikogesellschaft scheint mir indessen zu sein, dass in ihr die menschlichem Aggressionstrieb entspringende Form der Selbstvernichtung bei weitem nicht mehr die einzige ist, die es ins Auge zu fassen gilt. Dadurch, dass die westliche Welt im Verlaufe ihrer jüngsten Geschichte eingetaucht ist in eine technisch-ökonomische Entwicklung, deren gesellschaftlicher und politischer Folgewirkungen sie sich zu keiner Zeit bewusst war, hat sie immer mehr und immer grössere Risiken auf sich genommen.

Ich verdanke wertvolle Hinweise und Gedanken meinem früheren Arbeitskollegen an der ETH, Dominique Wisler, mit dem ich eine andere und frühere Version dieses Beitrags in französischer Sprache bei der Friedensstiftung unter dem Titel "La métapolitique de maîtrise du risque. Vers une nouvelle politique de sécurité en Suisse" veröffentlicht habe.

Das Ergebnis ist bekannt: Eine Zivilisation, der Gefährdungspotentiale anhaften, die eine irreversible Bedrohung nicht nur einzelgesellschaftlichen, sondern allen Lebens auf der Erde darstellen. Zufällige Neben- und Neben-Nebenfolgen einer an und für sich "friedlichen" zivilisatorisch-technologischen Entwicklung haben heute das Potential, den Menschen aus dem biologischen Kreislauf zu katapultieren.

Das Merkmal der Risikogesellschaft, in die wir hineingeschlittert sind, ist folglich nicht einmal so sehr die Möglichkeit des nuklearen Homozids, sondern die Ausdehnung der Möglichkeiten zur Selbstzerstörung aufgrund der "Entgrenzung der Macht des Menschen über die Natur und sich selbst".[1] Wir haben, so Ulrich Beck, "die Selbstvernichtungsmöglichkeit aus ihrer kriegerischen Einengung herausgelöst und in vielfältigen Formen - sicherste und noch sicherstere Atomkraftwerke, schleichende und nicht mehr schleichende Vergiftungen, gentechnische Neuschöpfungen usw. - zur Normalität gemacht".[2]

Diese Ausdehnung der selbstverursachten Vernichtungsmöglichkeiten ist das eine (objektive) Merkmal der Risikogesellschaft. Das zweite (subjektive) ist die Erfahrung, "an die Grenzen der Ausdehnbarkeit der menschlichen Macht mit Hilfe von Technik und Wissenschaft geraten zu sein".[3] Mit andern Worten: Wir erfahren unsere eigene Gesellschaft als Risikogesellschaft, weil wir uns zunehmend bewusst werden, dass:

- (a) die Wirtschaft nicht unendlich wachsen kann und die Natur menschlichem Handeln Grenzen setzt[4]; und gleichzeitig

- (b) die tradierten Problemlösungsmuster, die gerade auf der irrigen Annahme beruhen, Wachstumsprobleme seien durch noch mehr Wachstum zu lösen, immer weniger greifen.

Wir beginnen also zu wissen - zumindest ahnen wir es -, dass die zivilisatorische Entwicklung fehlläuft, weil sie sich zu ausschliesslich am

---

1 Peter Koslowski, "Risikogesellschaft als Grenzerfahrung der Moderne. Für eine postmoderne Kultur", in: Politik und Zeitgeschichte, 1989, S. 14.

2 Ulrich Beck, Die organisierte Unverantwortlichkeit, Suhrkamp, Frankfurt 1988, S. 14. An einer anderen Stelle nennt Beck (1988, S. 109) Risikogesellschaften "Gesellschaften, die zunächst verdeckt, dann immer offensichtlicher mit den Herausforderungen der selbstgeschaffenen Selbstvernichtungsmöglichkeit allen Lebens auf dieser Erde konfrontiert sind".

3 Koslowski (Anm. 1).

4 Dabei ist es nicht so, dass sich - wie man dies noch zu Beginn der 70er Jahre befürchten musste - die Erschöpfbarkeit der materiellen Ressourcen als limitierender Faktor des Wirtschaftswachstums erweist, sondern es ist die Natur als organisches Ganzes, die das tut.

nationalökonomisch erprobten Prinzip des fortgesetzten expansiven Wachstums orientiert und andere wesentliche Ziele der Gesellschaft wie die Erhaltung der Umwelt und der Kultur vernachlässigt. Wir beginnen dies zu wissen und tun dennoch nichts dagegen, weil wir meinen, nichts tun zu können, weil ohnehin alles so komplex sei.[5] Als Konsequenz sehen wir uns in der Risikogesellschaft sozusagen einer permanenten kollektiven "Grenzerfahrung" ausgesetzt; einer Grenzerfahrung, die in den zahlreichen selbstverschuldeten Zerstörungsmöglichkeiten ebenso manifest wird wie in der Unfähigkeit, die Folgeprobleme einer entfesselten wissenschaftlich-technischen Entwicklung in ihrer Komplexität anzugehen.

FRAGESTELLUNG

Das Anwachsen selbstverursachter Existenzgefährdungen, die sich auf vielfältige Weise überlagern, durchdringen, wechselseitig akzentuieren und auf diese Weise Komplexität in einer ganz neuen Dimension entstehen lassen, ist es, was die Risikogesellschaft also ausmacht und als Konsequenz das politische System vor völlig neue Herausforderungen stellt. Denn angesichts der systematisch produzierten technischen und gesellschaftlichen Risiken sowie der damit einhergehenden Komplexität läuft der Staat über kurz oder lang Gefahr, zu versagen und entweder in seinen bürokratischen Fesseln zu ersticken "oder aber durch autoritäre, ordnungsstaatliche 'Stützpfeiler' demokratische Grundprinzipien ausser Kraft zu setzen".[6] Es droht uns, wenn wir weiterhin die Herausforderungen des Atom-, Chemie- und Genzeitalters in Begriffen und Rezepten verhandeln, die der frühen Industriegesellschaft des 19. und 20. Jahrhunderts entnommen sind[7], entweder das eine oder das andere: eine "verallgemeinerte Verantwortungslosigkeit" ("Niemandsherrschaft", wie Hannah Arendt diesen Zustand bezeichnet[8] oder Tota-

---

5 Vgl. dazu Heinz Krummenacher, Wenn Sicherheitspolitik verunsichert, in: Wolfgang R. Vogt (Hg.) Mut zum Frieden, Darmstadt 1990, S. 287ff.

6 Vgl. Ulrich Beck, Risikogesellschaft auf dem Weg in eine andere Moderne, Suhrkamp, Frankfurt am Main 1986, S. 106.

7 Beck (Anm. 2), S. 9.

8 Hannah Arendt, Macht und Gewalt, Zürich/München, 1987, S. 39 und 80. Arendt bezeichnet als Niemandsherrschaft die Herrschaft der Bürokratie, "(...) welche durch ein kompliziertes System von Ämtern ausgeübt wird, bei der man keinen Menschen mehr (...) verantwortlich machen kann (...). In einer vollentwickelten Bürokratie gibt es, wenn man Verantwortung verlangt oder auch nur Reformen, nur den Niemand. Und mit dem Niemand kann man nicht rechten, ihn kann man nicht beeinflussen oder überzeugen, auf ihn keinen Druck der Macht ausüben. Bürokratie ist diejenige Staats-

litarismus.[9] Ansätze zu solchen Entwicklungen sind denn in unserer Gesellschaft auch durchaus vorhanden.[10]

Diese Alternative zu durchbrechen und einen Weg zu weisen, der aus diesem Dilemma herausführt, ist das Ziel des vorliegenden Aufsatzes. Die entscheidende Frage dabei lautet: Wie muss sich der Staat organisieren, um die anstehenden Probleme der Risikogesellschaft bewältigen zu können? Ich beschränke mich dabei bewusst auf einen Einzelaspekt der Problematik - das politisch-administrative System. Auf das ebenfalls brennende Problem der Demokratisierung der Sicherheitspolitik, das heisst der legislativen Kontrolle über Exekutive und Verwaltung kann an dieser Stelle nicht eintreten werden.[11]

STRUKTUR DES AUFSATZES

Ich beginne, weil die Risikogesellschaft ja nicht von heute auf morgen entstanden, sondern ganz allmählich aus der "sich auf leisen Sohlen von

---

form, in welcher es niemanden mehr gibt, der Macht ausübt; und wo alle gleichermassen ohnmächtig sind, haben wir eine Tyrannis ohne Tyrannen".

9 "Die Risikogesellschaft", schreibt Beck (Anm. 6, S. 106), "enthält eine Tendenz zu einem 'legitimen' Totalitarismus der Gefahrenabwehr, der mit dem Recht, das eine Schlimmste zu erhindern, in nur allzubekannter Manier das andere Noch-Schlimmere schafft."

10 Zur "Niemandsherrschaft" hin führt vor allem eine, in letzter Zeit sehr oft herumgebotene Strategie der Komplexitätsbewältigung. Sie besagt, dass die Zeit der grossen Entwürfe und Konzeptionen vorbei sei und dass es nunmehr gelte, sich vermehrt am "Heute" und am "Überblickbaren" zu orientieren. Es ist dies letztlich nichts anderes als das Eingeständnis, dass man eine ganzheitliche Politik nicht durchzusetzen vermag. Und weil man die so sehr ineinander verschachtelten Sachfragen nicht in den Griff bekommen kann, sucht man in der bewährten Manier des 19. Jahrhunderts die Lösung der Probleme eben darin, dass man sie in ihre Einzelaspekte zergliedert und an irgendwelche Verwaltungsstellen delegiert. Diese Kompartimentalisierung der Politik führt natürlich zu keinen befriedigenden Problemlösungen; sie hat allerdings den Vorteil, dass man die Probleme kurzfristig vom Tisch hat und - wenn das Scheitern augenfällig wird - niemanden, d.h. keine Verwaltungsstelle und keine politische Behörde verantwortlich gemacht werden kann. Die Schweizer Fichenaffäre ist ein sehr typisches Beispiel einer solchen "verallgemeinerten Verantwortungslosigkeit" (Vgl. weiter unten). Umgekehrt lässt sich diese Affäre natürlich auch als eine Erscheinungsform von "versuchtem Totalitarismus" deuten (vgl. dazu Peter Hug, Normalität, Ausgrenzung und Widerstand, in: Widerspruch. Beiträge zur sozialistischen Politik, 14 (1987). Hug beschreibt die Organisation der Gesamtverteidigung als Form von "Reservetotalitarismus").

11 Vgl. dazu Günther Bächler, Friedensfähigkeit von Demokratien, Demokratisierung der Sicherheitspolitik und Strukturelle Angriffsunfähigkeit, Hamburger Beiträge zur Friedensforschung und Sicherheitspolitik, Heft-Nr. 29, Juli 1988.

der Bühne der Weltgeschichte verabschiedenden Industriegesellschaft" hervorgegangen ist[12], mit einem historischen Abriss. Ich will aufzeigen, was in der Schweiz in den letzten zwei Jahrzehnten in Politik und Verwaltung unternommen worden ist, um mit der ständig komplizierter werdenden wirtschaftlichen, gesellschaftlichen und politischen Realität fertig zu werden. Eine solche Betrachtung staatlicher Strategien der Komplexitätsbewältigung müsste - wollte sie Anspruch auf Vollständigkeit erheben - selbstverständlich auf verschiedenen Ebenen einsetzen. Sie müsste die Arbeiten zur Revision der Bundesverfassung, die Reformversuche von Parlament, Regierung und Verwaltung ebenso umfassen wie die verschiedenen Entwürfe gesamtheitlicher Politikgestaltung in den Bereichen Verteidigung, Energie, Medien und Verkehr; denn alle diese Projekte haben in irgend einer Form zum Ziel, das politisch-administrative System angesichts gewachsener Komplexität neu zu gestalten und es den veränderten Realitäten in der Phase des Überganges von der Industrie- zur Risikogesellschaft anzupassen.[13]

Weil ich mich im Rahmen dieses Aufsatzes jedoch bescheiden muss, konzentriere ich mich auf zwei Beispiele im Bereich der Regierungs- und Verwaltungsreorganisation: die 1965 aufgenommenen Arbeiten zur Verbesserung der Regierungstätigkeit und Verwaltungsführung des Bundesrates - gipfelnd im Gesetz über die Verwaltungsorganisation (VwOG) von 1975 - und jene, die im Rahmen der Diskussion über die Gestaltung der "Totalen Landesverteidigung" zum Gesetz über die Leitungsorganisation für Gesamtverteidigung führten. Ich habe diese beiden Beispiele vor allem deshalb ausgewählt, weil beide Projekte abgeschlossen wurden und zu einer Gesetzesänderung bzw. zu einem neuen Gesetz führten, was erlaubt, ein Urteil über Erfolg oder Misserfolg dieser Reformprozesse zu fällen.

Im zweiten Teil der Arbeit geht es darum, den Nutzen dieser beiden Gesetze in bezug auf die staatliche Politik der Risikobewältigung kritisch zu hinterfragen. Im Schlusskapitel schliesslich soll auf Grund von Kriterien, die im Laufe dieser Analyse formuliert werden, ein admini-

---

12 Beck (Anm. 6), S. 15.

13 Vgl. dazu den Schlussbericht der Studienkommission der eidgenössischen Räte "Zukunft des Parlaments" (1978, S. 9f) sowie den Bericht der Expertenkommission für die Vorbereitung einer Totalrevision der Bundesverfassung. In letzterem (1977, S. 11) steht u.a.: "Wird die Staatsstruktur der (gesellschaftlichen, sozialen, wirtschaftlichen und technischen) Entwicklung (in und ausserhalb der Schweiz) nicht angepasst, so geht die Leistungsfähigkeit des Staates zurück, und die Unzufriedenheit wächst. Es könnte zu flutartigen Veränderungen in Staat und Wirtschaft kommen, die man durch rechtzeitige Anpassungen an die gewandelten Verhältnisse auffangen und vermeiden könnte."

stratives Modell einer der Risikogesellschaft angepassten Sicherheitspolitik vorgeschlagen werden.

ADMINISTRATIVE REFORMEN MIT DEM ZIEL DER KOMPLEXITÄTSBEWÄLTIGUNG

Vom Bericht Hongler zum Verwaltungsorganisationsgesetz

1965 reichte G. A. Chevallaz im Nationalrat folgendes Postulat ein:

> "Wie nie zuvor sieht sich der Bundesrat als Kollegialbehörde heute ständig den vielschichtigen Problemen gegenübergestellt, die durch die sprunghafte Entwicklung von Wirtschaft und Technik, durch den Konjunkturablauf und das Gewicht der sich aufdrängenden Entscheidungen - namentlich auf dem Gebiete der Beziehungen unseres Landes zu Europa und zur übrigen Welt - gekennzeichnet sind und eine klare politische Linie erfordern. Ohne den Willen zur Zusammenarbeit und den Solidaritätssinn unserer obersten Landesbehörde in Zweifel zu ziehen, stellt sich doch die Frage, ob der Bundesrat heute tatsächlich über die notwendigen Informations- und Koordinationsmittel sowie über die Kontrollmöglichkeiten verfügt, um seiner Aufgabe als Kollegialbehörde gerecht zu werden. Es erscheint überdies als fraglich, ob es bei der gegenwärtigen Organisation des Kollegialsystems und der Departemente einem Mitglied des Bundesrates ohne ausserordentliche Überlastung überhaupt möglich ist, seine Doppelfunktion als Mitglied der Regierung und Vorsteher eines Departementes zu erfüllen (...)."[14]

Aufgrund dieses Postulates[15], das - obschon vor mehr als 20 Jahren eingereicht - auch heute noch nichts an Aktualität eingebüsst hat, setzte der Bundesrat im Dezember 1965 eine Expertengruppe ein. Diese, nach ihrem Präsidenten als Kommission Hongler bekannt gewordene Gruppe hatte den Auftrag, Massnahmen zu erörtern, welche geeignet seien, den Bundesrat von Verwaltungsaufgaben zu entlasten bzw. ihn dabei zu unterstützen.[16] Hat man den Eindruck, dass der Bundesrat in

---

14 Zitiert nach dem Expertenbericht über Verbesserungen in der Regierungstätigkeit und Verwaltungsführung des Bundesrates vom November 1967 (Bericht Hongler), S. 4f.

15 Ähnlich lautende Postulate wurden ausserdem auch von den Nationalräten Borel und Schmitt eingereicht; Hongler (Anm. 14).

16 Hongler (Anm. 14), S. 3f.

seiner Auftragserteilung die Angelegenheit primär unter dem Aspekt der Effizienzsteigerung bei gleichbleibender Organisationsstruktur betrachtete, stellt man bei der Expertengruppe Hongler doch eine leicht veränderte Fragestellung fest: Nicht so sehr die Erörterung der Entlastungsmöglichkeiten des Bundesrates besitzt Priorität, sondern es steht die umfassendere Frage im Vordergrund, "wie die gesamte Exekutivspitze (Bundesrat, Bundespräsident und Departementchefs) instand zu setzen sei, ihrer verfassungsmässigen Aufgabe zeitgemäss gerecht zu werden". Mit andern Worten: Während der Bundesrat die Tauglichkeit der bestehenden Strukturen voraussetzte, scheinen die Experten in dieser Hinsicht doch Fragezeichen zu setzen. Zwar stellen auch sie das bestehende Regierungs- und Verwaltungssystem, insbesondere die Kollegialregierung[17], vom Prinzip her nicht in Frage, doch bemängeln sie mit Nachdruck die Lückenhaftigkeit in der Wahrnehmung der Leitungsfunktion durch die Bundesregierung. Dies äussere sich darin, dass sich keine Stelle und keine Person auf der Ebene des Kollegiums mit der Aufgabe befasse, "die umfassende und überschauende Leitungsfunktion systematisch und lückenlos sicherzustellen".[18] Dadurch laufe der Bundesrat Gefahr, "zu einer Formal- und Kollisionskonferenz zu deformieren, worin entweder Übereinstimmung festgestellt oder akute Divergenzen beseitigt werden".[19] Das Kollegialsystem aber lasse sich, schreiben die Experten, "nur halten und zeitgemäss ausbauen, wenn es sich auf das 'Wesentliche' oder 'Eigentliche' und das 'Wichtige' sammelt und entschlossen Verzichte leistet. Um das Kollegialsystem zu bewahren, muss es quantitativ abgebaut und qualitativ gehoben werden".[20]

Neben zahlreichen anderen Vorschlägen, die strukturellen Mängel in der Staatsführung zu beheben, wurde von der Kommission Hongler insbesondere die Schaffung neuer und die Stärkung der bestehenden Stabsorganisationen angeregt: "Die Wirksamkeit des Kollegialsystems ist darauf angewiesen, dass der Bundesrat als Kollegium ein zeitgemäss ausgestaltetes Stabsorgan erhält. Im besonderen Mass ist auch die Aktivierung des Bundespräsidenten (...) daran gebunden, dass ein modernes Stabsorgan zur Verfügung steht, das die weitschichtigen Obliegenheiten eines zeitgemässen 'Sekretariates' oder eben eines 'Leitungsstabes' zu

---

17 Was diese Regierungsform betrifft, halten die Autoren des Berichtes Hongler fest, seien sie im Verlaufe der Arbeiten mehr und mehr zur Einsicht gelangt, dass es "sehr zeitgemässe, potentiell hochgradig leistungsfähige und rechtlich-politisch tief sinnvolle Grundentscheidungen" darstelle; Hongler (Anm. 14), S. 30.

18 Hongler (Anm. 14), S. 26.

19 Hongler (Anm. 14), S. 30.

20 Hongler (Anm. 14), S. 30f.

übernehmen imstande ist."[21] Diese Rolle wollte die Expertengruppe Hongler, nachdem sie die Idee der Schaffung eines sogenannten "Zivilen Generalstabs" verworfen hatte[22], der Bundeskanzlei übertragen.[23] Diese solle sich in Zukunft nicht bloss formal um die Koordination der Regierungsgeschäfte kümmern, z. B. durch die Intensivierung des Mitberichtverfahrens, sondern sich auch materiell mit diesen vertraut machen. Denn eine wirkliche Unterstützung des Bundespräsidenten und des Bundesrates sei erst möglich, "wenn eine sachliche Vertiefung und eine Erfassung des Inhaltlichen stattfinde".[24] Zwar bemühten sich die Chefbeamten in den Departementen durchaus um eine ganzheitliche Problembetrachtung, doch sei es unvermeidlich, "dass Probleme aus andern Sachgebieten (...) unberücksichtigt bleiben, weil sie nicht im Gesichtskreis des Departementes liegen (...)".[25] Die Expertengruppe erachtete es aus diesem Grund als äusserst wichtig, "eine Stelle im Staate in der Stellung der beratenden Stabseinrichtung" zu haben, welche "die Synopsis über die Geschäfte des Bundesrates zu erlangen (...) sucht", Mängel signalisiert und deren Chef zu einem "Hüter der Allgemeinheit" und des "langen Gedächtnisses" wird.[26]

Eine Stärkung des Kollegialprinzipes forderte in der Folge auch die Expertenkommission Huber, die - eingesetzt aufgrund einer Empfehlung des Berichts Hongler - dem Bundesrat Vorschläge für eine Totalrevision des Bundesgesetzes vom 26. März 1914 über die Organisation der Bundesverwaltung unterbreiten sollte.[27] "Wenn das Kollegialprinzip nicht gestärkt werden (könne)", schrieben die Experten, "wäre die nächstliegende Folge die Überwucherung des Regierungssystems durch

21 Hongler (Anm. 14), S. 82. An einer anderen Stelle meint der Bericht Hongler (S. 65f) zu Wesen und Funktion solcher Stabsorgane: "Es geht um die Bereitstellung der unerlässlichen Hilfen, die die verantwortliche Leitung grosser und handlungsfähiger Organisationseinheiten heute angesichts der komplexen und koordinationsbedürftigen Sachlagen schlechtweg brauchen. (...) Das Schlagwort von 'Brain trust', das für die staatliche Organisation unter Präsident F. Roosevelt aufgekommen ist, trägt nicht zur Detailklärung bei, deutet aber doch auf den fundamentalen Gedanken der Stabseinrichtungen: die Bereithaltung und Aktualisierung von optimalen Sachkenntnissen in unmittelbarer Griffnähe des Spitzenorgans, ausgerichtet gerade auf dessen Sicht und Bedürfnisse."

22 Hongler (Anm. 14), S. 33f.

23 "Die Reorganisation und Aufwertung der Bundeskanzlei bilden - neben der Gewichtsverlagerung in der Tätigkeit der Bundesräte - das wirksamste Mittel für die angestrebte Reform"; Hongler (Anm. 14f), S. 82.

24 Hongler (Anm. 14f), S. 84f.

25 Hongler (Anm. 14f), S. 85.

26 Hongler (Anm. 14f).

27 Vgl. den Bericht und den Gesetzesentwurf der Expertenkommission für die Totalrevision des Bundesgesetzes über die Organisation der Bundesverwaltung vom September 1971 (Bericht Huber).

das Departementalprinzip, die allmähliche Liquidation des Überblicks über das Ganze und des Handelns auf das Ganze des Staates hin".[28] Dadurch ginge die staatsleitende Regierungsfunktion zugrunde; ein Auflösungsprozess, der sich für einen Kleinstaat als echte Existenzbedrohung erweisen könne.[29]

Die Massnahmen, die vorgeschlagen wurden, um diesem Auflösungsprozess entgegenzuwirken und die Problemlösungskapazität der Exekutive auch bei erhöhter gesellschaftspolitischer Komplexität zu gewährleisten, waren wiederum dieselben oder ähnliche wie bei der Kommission Hongler: Massnahmen zur Sicherstellung einer effizienten Arbeits- und Funktionsweise des Regierungskollegiums, Verdichtung und Rationalisierung der verwaltungsinternen Kontrollen und Entlastung des Bundesrates durch die Anreicherung von Entscheidungskompetenz beim Bundespräsidenten (Stichwort: Präsidialverfügung).[30] Wie zuvor schon die Kommission Hongler legten auch die Experten unter alt-Bundeskanzler Huber den Hauptakzent wiederum auf den vermehrten Einsatz von Stabsstellen. Weil die Aufgaben an die Adresse des Staates immer vielgestaltiger würden und diese zudem zunehmend interdisziplinären Charakter hätten, ergäben sich zusehends grössere Koordinationsbedürfnisse.[31] Es stelle sich aus diesem Grund die Frage, "ob die Betrachtung und Behandlung der dem Staat zufallenden Probleme im Gefüge der traditionellen Departements- und Ämterordnung (noch) genüge oder ob nicht die interdisziplinären Aufgaben zusätzlich und gleichwertig einer besonders eingerichteten Gesamtschau unterzogen werden sollten".[32] Die Expertengruppe selber regte in Anlehnung an privatwirtschaftliche Unternehmen die Schaffung "mehrdimensionaler Strukturen" an, worunter sie zur Hauptsache Stabsorganisationen verstand.[33]

---

28 Huber (Anm. 27), S. 18.

29 Huber (Anm. 27).

30 Huber (Anm. 27), S. 24f.

31 "Die interdisziplinäre Grundlage staatlicher Handlungen", stellen die Experten fest, "wird immer ausgeprägter. Es ist im heutigen Staat, der eine Grossorganisation von riesigem Umfang darstellt, keine Selbstverständlichkeit, dass solche interdisziplinär-koordinative Anliegen erfüllt werden; ja mitunter werden sie nicht einmal erkannt. Dabei lösen die Komplexität der Gegenstände und die gegenläufige Differenziertheit der Beteiligten sowie deren Zuständigkeiten Koordinationsbedürfnisse in einem bisher nicht bekannten Ausmass aus. Dieses dürfte sich mit der wachsenden internationalen Verpflichtung noch steigern."; Huber (Anm. 27), S. 13.

32 Huber (Anm. 27), S. 28.

33 Huber (Anm. 27).

DIE SCHAFFUNG DER GESAMTVERTEIDIGUNGS-ORGANISATION

Einer der ersten Politikbereiche, in welchem die zunehmende Komplexität der vom Staat zu bewältigenden Aufgaben und das sich daraus ergebende hohe Koordinationsbedürfnis erkannt wurde, war der militärische. Denn was sich in den grossen europäischen Kriegen bereits angedeutet hatte, es wurde nach 1945 zur Gewissheit: Krieg konnte nicht mehr alleinige Sache der Militärs sein; Krieg betraf, weil die internationale Interdependenz und mit ihr die ökonomische und gesellschaftliche Verletzlichkeit so sehr zugenommen hatte, die Gesellschaft als Ganzes. Um äusserem Druck mit Erfolg widerstehen oder - falls unumgänglich - einen Krieg führen zu können, mussten - dies sahen General Guisan und die nächste Generation von Militärführern ganz klar - immer mehr Bereiche der modernen Gesellschaft in einer integrierten Sicherheitspolitik zueinander in Bezug gesetzt werden.[34]

Der Bundesrat verschloss sich der Erkenntnis, dass angesichts der Vernetzung der modernen Welt ein umfassendes, militärische und zivile Aspekte berücksichtigendes Sicherheitskonzept notwendig war, nicht.[35] Trotzdem dauerte es noch einmal gut zehn Jahre, bis die organisatorische und konzeptionelle Erneuerung auf dem Gebiet der Landesverteidigung auch tatsächlich in die Wege geleitet und - nochmals einige Jahre später - unter der Bezeichnung "Gesamtverteidigung" schliesslich auch verwirklicht wurde.

1964 beauftragte der Bundesrat Korpskommandant Annasohn, den ehemaligen Chef des Generalstabs, Vorschläge für eine die zivilen und militärischen Elemente koordinierende Gesamtverteidigung zu unterbreiten.[36] Zwei von Annasohn 1966 vorgeschlagene Lösungsvarianten standen in der Folge zur Diskussion: Zum einen war dies die Erweiterung des Militärdepartements zu einem Landesverteidigungsdepartement - ein Vorschlag, der in Form der Zusammenlegung des Militärdepartements und des Departements für auswärtige Angelegenheiten erst vor kurzem wieder aufgetaucht ist - und zum andern die Schaffung ei-

34 Vgl. General Guisans Rechenschaftsbericht an den Bundesrat, Bern 1946, S. 270ff.
35 Guisan (Anm. 34), S. 77.
36 Vgl. dazu Hans Senn, Friede in Unabhängigkeit. Von der totalen Landesverteidigung zur Sicherheitspolitik, Frauenfeld 1983, S. 50. Entstehung, Zweck und Ausgestaltung der schweizerischen Gesamtverteidigung finden sich beschrieben bei Hanspeter Rütti, Die Leitungsorganisation für Gesamtverteidigung als besondere Stabsorganisation des Bundesrates, Diss. Freiburg 1984.

nes *speziellen Stabsorgans zur Unterstützung des Bundesrates* in seiner landesverteidigungsbezogenen Leitungsfunktion. Sowohl Annasohn selber wie auch das eidgenössische Militärdepartement und der Bundesrat entschieden sich schliesslich für die zweite Variante, d.h. also die Bildung eines speziellen Stabsorganes zur Unterstützung des für die Belange der Landesverteidigung zuständigen Bundesrates.[37] Mit dem Bundesgesetz über die Leitungsorganisation und den Rat für Gesamtverteidigung[38] erhielt dieses strategische Hilfsorgan 1969 seine gesetzliche Verankerung.

Den Kern der Leitungsorganisation für Gesamtverteidigung - LOGV genannt - bildet der Stab für Gesamtverteidigung, ein konferentielles, d.h. nichtständiges Organ, das neben dem den Vorsitz führenden Direktor der Zentralstelle für Gesamtverteidigung ZGV je einen Vertreter der Bundeskanzlei, der Departemente, der Armee sowie des Zivilschutzes und der wirtschaftlichen Landesversorgung umfasst - all jene Stellen also, deren Wirken für eine erfolgreiche Landesverteidigung unerlässlich ist. Der Zentralstelle für Gesamtverteidigung sollten dabei folgende Aufgaben zufallen:

- als Sekretariat des Stabes die Voraussetzungen dafür zu schaffen, dass dieser seine koordinierende Tätigkeit auch wirklich auszuüben vermag; und

- die in unserem föderalistischen Staatswesen äusserst wichtige Verbindung mit den Kantonen sicherzustellen.[39]

Mit dem "Bericht des Bundesrates an die Bundesversammlung über die Sicherheitspolitik der Schweiz" von 1973[40] erhielt diese Gesamtverteidigungsorganisation schliesslich den dringend notwendigen theoretischen Unterbau. Der Zentralstelle wurde bei dieser Gelegenheit noch eine weitere Aufgabe übertragen, nämlich eine fortlaufende Analyse der Bedrohungsentwicklung vorzunehmen und dabei laufend zu prüfen, ob aufgrund ihrer Erkenntnisse die Konzeption der Sicherheitspolitik zu ändern sei.[41]

---

37 Vgl. Botschaft LOGV, S. 2f.

38 Bundesgesetz über die Leitungsorganisation und den Rat für Gesamtverteidigung vom 27. Juni 1969 (AS 1970, S. 345).

39 Vgl. Rütti (Anm. 36), S. 43ff.

40 Bericht des Bundesrates an die Bundesversammlung über die Sicherheitspolitik der Schweiz vom 27. Juni 1973 (Konzeption der Gesamtverteidigung), BBl 1973, II, S. 112.

41 Bericht 1973 (Anm. 40), Ziffer 66.

KRITISCHE AUSWERTUNG

Die beiden oben erläuterten Gesetzesprozesse zeigen deutlich, dass weitsichtige Politiker in der Schweiz früh schon erkannt hatten, dass die Politik sehr komplex geworden war. Auch wenn damals noch nicht von der "Risikogesellschaft" gesprochen wurde, so war man sich doch bereits in den 60er Jahren im Klaren, dass ausschliesslich departementsgebundene Lösungsansätze nicht mehr genügten, um politische Probleme effizient zu lösen.

Die Einsicht, dass nur übergeordnete, supradepartementale Organe, die über eine Gesamtsicht verfügen, fähig sind, zuhanden des Bundesrats eine kohärente Politik zu formulieren, war also durchaus vorhanden. Möglich auch, dass einige schon in jener Zeit die in der departementalen Gliederung der Politik lauernde Gefahr der "Niemandsherrschaft" erkannten und einsahen, dass dieser nur durch eine einschneidende administrative Reorganisation begegnet werden konnte. Grösser dürfte indessen die Zahl jener gewesen sein, die vor supradepartementalen Organisationsstrukturen Angst hatten, weil sie darin totalitäre Ansatzpunkte zu erkennen meinten. Denn zu wenig weitreichend waren die erzielten Reformen, als dass mit ihnen eine wesentliche Verbesserung der Komplexitätsbewältigung und eine Optimierung der Politik der vernetzten Risikobewältigung hätte erreicht werden können. Das Ergebnis war, dass weder der spezielle Stab des Bundesrates für ausserordentliche Lagen, die Leitungsorganisation für Gesamtverteidigung (LOGV), noch der allgemeine Stab des Bundesrates, die Bundeskanzlei, je in der Lage waren, eine *materielle* Koordinationsfunktion in Sicherheitsfragen wahrzunehmen, wie dies nötig wäre. Die Gründe hierfür will ich nachfolgend etwas genauer herausarbeiten.

Die Organisation der Gesamtverteidigung

Das mit der Bildung der Leitungsorganisation für Gesamtverteidigung anvisierte Ziel, im Bereich der Sicherheitspolitik ein Instrument zur ganzheitlichen Problemerkennung und Politikformulierung zu schaffen, ist nur sehr bedingt erreicht worden. Eine Analyse der Organisation der Gesamtverteidigung zeigt zwei Schwächen auf, welche dazu geführt haben, dass die LOGV die in sie gesetzten Hoffnungen nicht zu erfüllen vermochte. Einerseits sind diese Schwächen institutioneller, andernseits erkenntnistheoretischer Natur.

a) Institutionelle Limiten

Stab und Zentralstelle für Gesamtverteidigung haben gemäss dem BG LOGV und der Konzeption für Gesamtverteidigung von 1973 u.a. die Aufgabe, "zuhanden des Bundesrates die strategischen Entscheidungsgrundlagen zu erarbeiten", "den Bundesrat bei allen mit der Verwirklichung der schweizerischen Strategie zusammenhängenden Geschäften zu unterstützen" und "laufend die Konzeption der Gesamtverteidigung zu überprüfen".[42] Tatsache ist, dass diese beiden Organe die ihnen gesetzlich übertragenen Aufgaben nicht oder zumindest nur in sehr rudimentärer Form wahrzunehmen in der Lage sind. Es zeigt sich dies zum einen darin, dass bei wesentlichen sicherheitspolitischen Weichenstellungen die LOGV bzw. die ZGV im Entscheidfindungsprozess keine oder eine nur marginale (Alibi)-Rolle spielte. So hat z.B. die ZGV bei der Ausarbeitung des Kapitels "Sicherheitspolitik" für den Bericht über die Legislaturplanung 1987 bis 1991 nicht mitgewirkt[43], und auch auf den bundesrätlichen "Bericht zur Friedens- und Sicherheitspolitik der Schweiz" konnte die ZGV nur im Rahmen des Ämterkonsultationsverfahrens der Form nach Einfluss nehmen.

Zum andern, und wichtiger noch: Der Direktor ZGV, der sicherheitspolitische Vordenker, für den noch die Expertengruppe Hongler ein weit geöffnetes Tor zum Bundesrat gefordert hatte[44] und der laut Gesetz auch dem Gesamtbundesrat unterstellt ist, hat zum Bundesrat kaum mehr Zugang. Denn im Anschluss an den Expertenbericht Muheim zur "Überprüfung der Zentralstelle für Gesamtverteidigung"[45], der von der ständerätlichen Geschäftsprüfungskommission (GPK) angeregt worden war[46], wurde - entgegen den Intentionen der Expertengruppe Muheim - die ZGV enger ans Militärdepartement angebunden und ihr Direktor salärmässig zurückgestuft. Damit verlor, wie dies von der GPK erkannt wurde[47], die ZGV, deren Direktor in der Verwal-

---

42 Vgl. den BRB über die LOGV, Artikel 2 und 4 sowie die Konzeption der Gesamtverteidigung, Ziffer 671.

43 Der Bericht wurde vom Departement für Auswärtiges und dem Militärdepartement abgefasst. Der ZGV wurde er vom EMD zur Stellungnahme für den Mitbericht vorgelegt. Jene Stelle, die sich gemäss der Konzeption der Gesamtverteidigung aus überdepartementaler Optik laufend mit der Analyse der sicherheitspolitischen Bedrohungsentwicklung zu befassen hat, wurde also schlicht umgangen.

44 Hongler (Anm. 14), S. 90.

45 Schlussbericht der Expertengruppe Muheim an den Schweizerischen Bundesrat vom 15. September 1986 zur Überprüfung der Zentralstelle für Gesamtverteidigung und Darstellung von damit eng zusammenhängenden Fragen.

46 Vgl. Bericht der Geschäftsprüfungskommissionen an die eidgenössischen Räte über die Inspektionen und die Aufsichtseingaben im Jahre 1988 vom 6. April 1989 S. 4 (89.028).

47 Bericht GPK (Anm. 46), S. 5.

tungshierarchie nunmehr nicht nur unter dem allgemeinen Stabschef des Bundesrates, dem Bundeskanzler, sondern auch unter den Generalsekretären der Departemente stand, de facto jede Einflussnahme. Der Geist des Bundesgesetzes über die LOGV wurde dadurch verletzt, auch wenn man bestrebt war, dem Buchstaben nach gesetzeskonform zu handeln. Die ZGV hat heute weitestgehend die ihr ursprünglich zugedachte "überdachende" Rolle im Bereich der Sicherheitspolitik verloren.[48]

Die Gründe für das offensichtliche Versagen der LOGV werden im GPK-Bericht mit aller Deutlichkeit genannt. Danach sind es nicht so sehr in der Vergangenheit hochgespielte interne Querelen innerhalb der ZGV, sondern strukturelle Probleme: "Der Präsident der Expertengruppe habe feststellen müssen", schreibt die GPK, dass ihre Forderungen (intensive Befassung des Bundesrates mit der Sicherheitspolitik; direkte Unterstellung der ZGV unter die Bundeskanzlei und Bestückung der ZGV mit einem qualifizierten Denker- und Managerteam) "in der Verwaltung kein Gehör finden". Die Departementsverwaltungen seien nicht bereit, von der departementalen Struktur der Entscheidvorbereitung im Interesse der Koordination abzurücken; die Bundeskanzlei setze ihren Auftrag zur Koordination der Aufgaben im Bund nicht durch und der Bundesrat lege seine Kollegialaufgaben zu wenig klar fest.[49] Der Bericht schliesst mit der resignierten Feststellung, dass der Bericht Muheim wieder einmal vor Augen geführt habe, "wie stark das departementale Denken in der Bundesverwaltung vorherrscht und wie wenig geeignet die herkömmlichen Strukturen und Abläufe sind, um übergreifende Probleme zu lösen".

b) erkenntnistheoretische Limiten

"Erkenntnistheoretische Limiten" nenne ich die Grenzen, die auf Grund des definitorischen Rahmens bestehen, beziehungsweise auf Grund des Erkenntniskriteriums, das von der Definition der Sicherheitspolitik abhängt. Die schweizerische Sicherheitspolitik stellt in der Tat auf eine sehr restriktive Definition von Sicherheit ab - das Kriterium der feindlichen Absicht -, was zwangsläufig zu einer Einengung des sicherheitspo-

---

48 Man hat denn auch an der Direktunterstellung der ZGV unter den Bundesrat formell nichts geändert, den Begriff "administrative Unterstellung unter das Militärdepartement" jedoch so interpretiert, dass für den Direktor ZGV (unausgesprochen) ein massiver Kompetenzverlust resultierte. Die normative Kraft des Faktischen bewirkte in der Folge, dass die Stellung des Direktors ZGV heute in etwa jener eines Vorstehers eines gewöhnlichen Bundesamtes entspricht. Vgl. dazu auch den Bericht der GPK vom 6. April 1989, S. 5.

49 Bericht GPK (Anm. 48).

litischen Wahrnehmungshorizontes führt. Konkret bedeutet dies, dass alles, was nicht fremdverursacht und böswillig gegen die Schweiz gerichtet ist, nicht als Bedrohung im Sinne der Sicherheitspolitik gewertet wird.[50] Gerade aber Bedrohungen, denen die Eigenschaft der feindlichen Absicht abgeht, sind in der Risikogesellschaft Legion: Katastrophen, die aus grosstechnologischen Risiken hervorgehen, Umweltprobleme, Migrationsbewegungen, die wirtschaftlichen Herausforderungen, und so weiter.[51]

Alle diese neuen Bedrohungen, von welchen die Risikogesellschaft geprägt ist, werden als Sicherheitsfragen überhaupt nicht *wahrgenommen* und sind in der Folge von der schweizerischen Sicherheitspolitik einfach *ausgeschlossen.* Die parlamentarische Geschäftsprüfungskommission hat in ihrem Bericht vom 6. April 1989 richtigerweise festgehalten, dass die Zentralstelle für Gesamtverteidigung "nicht darauf vorbereitet ist, mit Bedrohungen, wie sie eine ökologische Katastrophe oder politische Wirren darstellen, umzugehen"[52], ohne jedoch auszusprechen, dass dieser Mangel gerade auf die erkenntnistheoretische Beschränkung der Sicherheitspolitik zurückzuführen ist.

Aus dieser erkenntnistheoretischen Beschränkung folgt eine Art Paradoxon: Die Sicherheitspolitik schliesst mit Absicht Fragen aus, welchen der Charakter von Sicherheitsrisiken zukommt. Fragt man nach dem Ursprung dieses Paradoxons, ist man versucht, zwei mögliche und gegensätzliche Antworten zu geben: Entweder werden die Herausforderungen der Risikogesellschaft von den politischen Entscheidungsträgern nicht als ernsthafte Bedrohungen unseres Staates betrachtet, oder - und dann ist das Paradox ein rein verbales - diese Herausforderungen werden sehr wohl als Bedrohungen der Sicherheit des Staates erkannt, aber nicht als solche deklariert, weil der Begriff der Sicherheit ein *terminus technicus* der Verwaltung ist und sich dort auf militärische oder quasimilitärische Phänomene beschränkt. Das hiesse dann, dass der Inhalt des Sicherheitsbegriffes, wie er innerhalb der Administration gebraucht

---

50 Bericht 73 (Anm. 40), Ziffer 13. Auch im neusten Bericht des Bundesrates zur Sicherheitspolitik vom 1. Oktober 1990 mit dem Titel Schweizerische Sicherheitspolitik im Wandel (nachfolgend Bericht 90 genannt) wird von diesem Prinzip nicht abgerückt, wie wir weiter unten noch darlegen werden.

51 Vgl. zu dieser Problematik Heinz Krummenacher, Was hat die Klimakatastrophe mit Dissuasion zu tun?, in: Lenzburger Protokolle 1/89, Sicherheitspolitik und Friedenspolitik: Gegensatz oder notwendige Ergänzung?, Schweizerische Friedensstiftung (Hg.), Bern.

52 Bericht GPK (Anm. 48), S. 5.

wird, mit dem Verwendungszweck in der modernen Gesellschaft nicht übereinstimmt.[53]

Letztere Erklärung ist wohl die richtige. Denn der Bundesrat schreibt im Bericht 90 zur Sicherheitspolitik: "Die Sicherheitspolitik ist ein Teil der Gesamtpolitik, die sich mit der allgemeinen Existenzsicherung befasst. Der Bundesrat widmet diesen Bericht ausschliesslich der Sicherheitspolitik, das heisst jenem Politikbereich, der sich auf die machtpolitisch bedingten Bedrohungen bezieht. Er ist sich aber sehr wohl bewusst, dass sich heute eine Vielzahl anderer Entwicklungen abzeichnen, die existenzgefährdend werden könnten. Im Rahmen der allgemeinen Existenzsicherung haben wir auch Antworten auf demographische, ökologische, wirtschaftliche und andere Gefährdungen zu finden. Diese Antworten sind aber Gegenstand anderer Politikbereiche."[54]

Der Bundesrat ist sich der Gefährdungspotentiale, die der Risikogesellschaft anhaften, also durchaus bewusst, delegiert sie jedoch an die einzelnen Departemente auf Bundes-, Kantons- und Gemeinde-Ebene.[55] Die Frage, die er sich aber einmal stellen müsste, lautet: Ist es nicht ein fundamentaler Widerspruch, den Gemeinden, Kantonen und den eidgenössischen Departementen die Sorge um die Gesamtheit, die Integralität und die Einheit der Sicherheitspolitik zu überlassen, wenn es doch richtiger- und notwendigerweise deren Aufgabe ist, kantonale oder departementale und damit gezwungenermassen lückenhafte Politik zu machen?

Interessant ist in diesem Zusammenhang auch, dass der Bundesrat in seiner Antwort auf eine Interpellation von Nationalrat Paul Wyss[56], der den Einbezug friedlicher Formen der Bedrohung in die Sicherheitspoli-

---

53 Statt von Sicherheitspolitik sollte man aus diesem Grund denn auch besser von Gesamtverteidigung sprechen, wenn die Rede von der aktuellen schweizerischen Sicherheitspolitik ist. Spillmann hat auf dieser Argumentationslinie vorgeschlagen, den Begriff der Gesamtverteidigung von dem der Sicherheitspolitik zu trennen. Vgl. Kurt R. Spillmann, Einige Bemerkungen zur notwendigen Weiterentwicklung der schweizerischen Sicherheitspolitik, in: SAMS-Information, 12, 1988, S. 165ff.

54 Schweizerische Sicherheitspolitik im Wandel. Bericht 90 des Bundesrates an die Bundesversammlung über die Sicherheitspolitik der Schweiz vom 1. Oktober 1990, S. 6f.

55 Im Bericht 90 (Anm. 54, S. 10f) heisst es dazu: "Der Bundesrat hält eine Ausweitung der Sicherheitspolitik nicht für zweckmässig. Dies vor allem, weil die übrigen Gefahren seit langem Gegenstand verschiedener Politikbereiche in Bund, Kantonen und Gemeinden sind. Es ist sinnvoll, die Zuständigkeit für ihre Bearbeitung bei den dafür spezialisierten Instanzen zu belassen. Eine dezentrale Struktur bietet die beste Voraussetzung für eine flexible und wirkungsvolle Problemlösung."

56 Postulat Paul Wyss, SFP 76/2.

tik gefordert hatte, ganz anders argumentierte und sagte, es sei eben gerade die Aufgabe des Bundesrates selber, sich mit der Gesamtheit der Bedrohungen zu befassen. Weil die nicht-feindlichen Bedrohungen von der schweizerischen Sicherheitspolitik ausgeschlossen sind, muss also der Bundesrat selber die höchst anspruchsvolle Aufgabe einer umfassenden und ganzheitlichen Bedrohungsanalyse und sicherheitspolitischen Strategieformulierung wahrnehmen. Bedauerlicherweise hat nun aber der Bundesrat nie präzisiert, wie und mit welchem Instrumentarium er dies zu tun gedenkt. Im Bericht 90 schreibt er zwar: "Die Sicherheitspolitik soll verstärkt in die allgemeine Politik einer umfassenden Existenzsicherung eingebettet werden. Zum einen, indem in Zukunft sämtliche Gefahren und Risiken, die das Überleben von Volk und Staat in Frage stellen, vorausschauend und gesamthaft, in ihrer ganzen Komplexität und Vernetzung, laufend beurteilt werden sollen. Das für eine solche ganzheitliche Betrachtungsweise zur Verfügung stehende Instrumentarium und die sich anbietenden Methoden werden entsprechend verbessert."[57] Welches Instrumentarium soll denn da aber verbessert werden? Und welches Vorwarnsystem, wenn nicht das militärische, das sich immer am engen Sicherheitsbegriff der "feindlichen Bedrohung" orientiert hat? Wo nichts vorhanden ist, da kann man auch nichts verbessern! Und wenn man die hier zur Diskussion stehenden zivilisatorischen Risiken mit den Instrumenten der Gesamtverteidigung lösen will, wie etwa die Flüchtlingsfrage mit Hilfe des Militärs, dann sprechen Kritiker mit Recht von einer schleichenden Militarisierung der Gesellschaft. Wie sagte doch Beck: Die Risikogesellschaft "enthält eine Tendenz zu einem 'legitimen' Totalitarismus der Gefahrenabwehr, der mit dem Recht, das eine Schlimmste zu erhindern, in nur allzubekannter Manier das andere Noch-Schlimmere schafft" (Anm. 9).

Dieses in der restriktiven Auslegung des Sicherheitsbegriffs wurzelnde erkenntnistheoretische Defizit kann aber auch, wie dies Arendt theoretisch gezeigt hat, zu Zonen der Niemandsherrschaft führen.[58] Die in letzter Zeit für viel Gesprächsstoff sorgenden Skandale in der Bundespolizei, insbesondere die "Fichenaffäre", sind dafür exemplarisch.

c) Das Beispiel Bundespolizei

Im Laufe ihrer Untersuchungen hat die parlamentarische Untersuchungskommission für die Bundesanwaltschaft (PUK) mit Erstaunen feststellen müssen, dass die Bundespolizei (politische Polizei der Schweiz) eigenartigerweise völlig unwichtige Daten registriert hat wie

57 Bericht 90 (Anm. 54), S. 11.
58 Vgl. Arendt (Anm. 8).

zum Beispiel "Teilnehmer an Kongressen und Seminaren über Alpentäler und die Kernkraftwerke", während sie sich anscheinend kaum für das organisierte Verbrechen, den Drogenhandel und die Geldwäscherei interessiert hat.[59] Dass sich die Aktivitäten der Bundespolizei ausschliesslich auf Manifestationen konzentrierten, die mehr oder weniger (oder kaum) der Spionage, der Sabotage, dem Terrorismus oder einer anderen "indirekten Strategie" ähnlich sahen, erscheint der PUK symptomatisch dafür, dass "man ganz allgemein nicht fähig war, innert nützlicher Frist die neuen Gefahren zu erkennen, die das organisierte Verbrechen und der Drogenhandel für unseren Staat darstellen", so dass "der Staatsschutz" dadurch in Frage gestellt war.[60]

Aus diesem Sachverhalt kann indessen weder dem Bundesanwalt noch der Verwaltung ein Vorwurf gemacht werden - die Gründe liegen tiefer. Denn die Art und Weise, wie die Bundespolizei ihre Aufgabe wahrnahm, ist eine direkte Folge davon, dass der Staatsschutz[61] im Rahmen der Sicherheitspolitik mit seinem sakrosankten Kriterium der feindlichen Absicht definiert ist. Die Drogenbarone hegen ganz offensichtlich der Schweiz gegenüber keine feindlichen Absichten - ganz im Gegenteil. Aber die Bundespolizei war als politisches Instrument gehalten, ihre Oberaufsicht im Rahmen der feindlichen Bedrohungen wahrzunehmen, und dies insbesondere im Rahmen der indirekten Strategie, der Subversion und der Sabotage. "Zivile" Bedrohungen waren von daher jeder staatlichen Kontrolle entzogen.

Die Bundeskanzlei

Ich habe weiter oben anhand der Berichte Hongler und Huber aufgezeigt, welches die Motive und Absichten gewesen sind, die Anfang der 1960er Jahre zum Wunsch nach einer eingehenden Revision des aus dem Jahre 1914 datierenden Verwaltungsorganisationsgesetzes führten.[62] Noch einmal kurz zusammengefasst, lässt sich sagen: Man wurde sich damals der zunehmenden Komplexität des gesellschaftlichen Le-

59 Bericht der parlamentarischen Untersuchungskommission vom 22. November 1989 (Ereignisse im EJPD), (PUK) 179.

60 Bericht PUK (Anm. 59).

61 Der Begriff des Staatsschutzes hat eine präzise juristische Bedeutung. Im Zwischenbericht zur Sicherheitspolitik vom 3. Dezember 1979 steht in Absatz 381: "Unter Staatsschutz im engeren Sinn verstehen wir alle nichtmilitärischen und nichtaussenpolitischen Massnahmen der zivilen Behörden, die im Interesse der inneren und äusseren Sicherheit der Eidgenossenschaft getroffen werden." Diese Sicht ist in der Zwischenzeit insofern relativiert worden, als im Entwurf zum Bundesgesetz über den Staatsschutz auch die Bekämpfung des organisierten Verbrechens u.a.m. zur Aufgabe der Organe des Staatsschutzes erklärt wird.

62 Vgl. oben Abschnitt zwei.

bens und den sich daraus ergebenden qualitativ neuen Anforderungen an die Staatsorgane, insbesondere des erhöhten Abstimmungsbedarfs zwischen den verschiedenen Politikbereichen immer bewusster. Man begann auch einzusehen, dass es einer Verwaltungsstelle bedurfte, welche die dringlich gewordene Koordination vornahm, und zwar nicht nur in technisch-formaler Hinsicht, sondern auch inhaltlich-materiell. Aus der Einsicht, dass die blosse Addition departementaler Einzelinteressen als Summe nicht das staatliche Gesamtinteresse ergibt, sollte aus diesem Grund eine Stabsstelle geschaffen werden, welche die von den Departementen und Dienststellen zu liefernden analytischen Bestandteile zu einem Ganzen synthetisieren sollte. Zwar verwarf man die Idee eines zivilen Generals, doch kam, wie die Autoren des Berichts Hongler feststellten, dieser Begriff dem, was man anstrebte, im Wesen sehr nahe. Erreichen wollte man dieses Ziel mit der Stärkung des allgemeinen Stabes des Bundesrates: der Bundeskanzlei.

Vergleicht man die ambitiöse Zielsetzung der Expertengruppe Hongler mit dem tatsächlich Erreichten und im Verwaltungsorganisationsgesetz vom 19.9.1978 (VwOG)[63] Festgeschriebenen, so muss man konstatieren, dass auch mit diesem Gesetz die ursprünglichen Absichten nur sehr bedingt realisiert werden konnten. Der Bundeskanzler, der ja nun sozusagen das überdepartementale Gewissen der Bundespolitik hätte sein sollen, erhielt zwar im Bundesrat ein Antragsrecht[64] und die Aufgabe, die oberste Landesbehörde bei den Planungen auf Regierungsebene zu beraten.[65] Doch das Antragsrecht bezieht sich lediglich auf Geschäfte der Bundeskanzlei, und die Aufzählung der übrigen Aufgaben der Bundeskanzlei erweckt den Eindruck, als beschränke sich der Beitrag der Bundeskanzlei in bezug auf die Planung der Regierungsgeschäfte auf die formale Koordination. Es ist zumindest nirgends von weitergehenden materiellen Kompetenzen die Rede. Dieser Eindruck wird noch verstärkt, wenn man die Artikel 54 (Mitberichtsverfahren) und 56 (Generalsekretärenkonferenz) hinzuzieht: Auch hier erscheint der Bundeskanzler als Koordinator bloss in formaler und organisatorischer, nicht aber in inhaltlich-materieller Hinsicht. Als "eine Stelle im Staate, welche "die Synopsis über die Geschäfte des Bundesrates zu erlangen (...) sucht", Mängel signalisiert und deren Chef zu einem Hüter der Allgemeinheit und des langen Gedächtnisses wird", wie dies der Expertengruppe Hongler vorgeschwebt hatte[66], erscheint die Bundes-

63 Bundesgesetz vom 19. September 1978 über die Organisation und Geschäftsführung des Bundesrates und der Bundesverwaltung (VwOG), SR 172.010.
64 Bundesgesetz (Anm. 63), Artikel 33.
65 Bundesgesetz (Anm. 63), Artikel 35.
66 Vgl. oben Abschnitt zwei.

kanzlei mit ihrem Chef auf jeden Fall nicht. Und auch die Praxis zeigt mit aller Deutlichkeit, dass die Bundeskanzlei auch heute noch das ist, was sie immer gewesen ist: eine allgemeine Stabsstelle des Bundesrates, die für einen reibungslosen Geschäftsablauf sorgt.[67]

KONTUREN EINER ZEITGEMÄSSEN SICHERHEITS-POLITIK

Ich habe in diesem Beitrag zu zeigen versucht, weshalb weder der spezielle Stab (Leitungsorganisation für Gesamtverteidigung) noch der allgemeine Stab des Bundesrates, die Bundeskanzlei, in der Vergangenheit fähig waren, die Aufgabe einer ganzheitlichen Politikbetrachtung wahrzunehmen und den Bundesrat in seiner Führungsfunktion effektiv zu unterstützen. Eine solche Stabsstelle, die der Komplexität der Realität in der Risikogesellschaft Rechnung trägt, ist jedoch eine Notwendigkeit, will der Staat die sich ihm stellenden Herausforderungen meistern. Dabei ist es mit kosmetischer Augenwischerei nicht getan, wie dies der Bundesrat letztmals im Bericht 90 getan hat.[68] Was not tut, ist meines Erachtens vielmehr eine vollständige konzeptionelle Neugestaltung, bei welcher sich die Sicherheitspolitik als eine Politik der umfassenden Existenzsicherung versteht - als eine "Metapolitik", die über den einzelnen Teilpolitiken wie Militär, Wirtschaft und Aussenpolitik steht.[69]

Erkenntnistheoretischer Rahmen

Aus erkenntnistheoretischer Sicht bedeutet dies zwei Dinge: Zum einen, dass die neue Sicherheitspolitik nicht ausschliesslich auf Bedrohungen in feindlicher Absicht fixiert bleiben darf, sondern im Sinne ei-

---

67 Die Expertengruppe Muheim deutet allerdings an, dass dies nicht zuletzt an der Rolleninterpretation seitens des Bundeskanzlers liegt: "Ob und wieweit der Bundeskanzler lediglich einen geordneten Ablauf der Geschäftsvorbereitung hinsichtlich Zeit, Ort, Prioritätenliste und Mitberichtsverfahren usw. zu gewährleisten hat oder ob ihm auch in der eigentlichen Politikgestaltung eine Unterstützungs- und Entlastungsfunktion zufällt, hängt von verschiedenen Faktoren ab. Artikel 35 VwOG in Verbindung mit dem Bericht Hongler, dem Bericht Huber, einer Reihe von Äusserungen des Staatsrechtsprofessors Eichenberger und der Botschaft zum Verwaltungsorganisationsgesetz lassen die grosse Bedeutung des Bundeskanzlers für die strategische Staatsführung deutlich erkennen"; Muheim (Anm. 45), 20.

68 Vgl. dazu die Ausführungen weiter oben.

69 Vgl. dazu Dominique Wisler, Vers une nouvelle politique de sécurité, in: Zürcher Beiträge zur Sicherheitspolitik und Konfliktforschung, Heft-Nr. 11, 1989.

nes "Gesamtvorsorgekonzeptes"[70] allen Entwicklungen und Ereignissen in allen Politikbereichen Rechnung trägt, die für Staat und Gesellschaft existenzbedrohend sein könnten (bzw. denen von der Bevölkerung eine solche existenzbedrohende Qualität zugeschrieben wird). Das impliziert, dass nicht wie heute die Ursache einer Bedrohung, sondern deren Gefährdungspotential für die zu schützenden Werte das Kriterium sein muss, um die Bedrohung im sicherheitspolitischen Sinne zu definieren. Oder anders gesagt: *Nicht eine kausale Betrachtungsweise, die nach den Ursachen der Bedrohung fragt, sondern eine finale Betrachtungsweise, die sich an den Auswirkungen einer Bedrohung orientiert, muss der Ausgangspunkt einer zeitgerechten Sicherheitspolitik sein.* Es gibt also keine Bedrohungen, die sich a priori dem sicherheitspolitischen Raster entziehen. Bedrohungen des nationalen Zusammenhalts, die Auflösung der Gesellschaft oder die Nord-Süd-Problematik mit ihrer ökonomischen, ökologischen und demographischen Komponente sind im Rahmen einer sicherheitspolitischen Risikobewältigung auch miteinzubeziehen.[71]

Institutioneller Rahmen
In organisatorischer Hinsicht erfordert eine solche ganzheitliche Sicherheitspolitik ein überdepartementales Organ, dessen Funktion es wäre, Chancen und Risiken neuer Entwicklungen frühzeitig und in ihrer wechselseitigen Vernetzung zu erkennen, zu analysieren und den verantwortlichen politischen Entscheidungsträgern, dem Bundesrat, Strategien vorzuschlagen, wie auf solche Herausforderungen zu reagieren sei.

Nachdem - wie ich aufgezeigt habe - alle Reorganisationsversuche bei den bestehenden Organen der Bundesverwaltung, die für eine solche Aufgabe in Frage kämen (Leitungsorganisation für Gesamtverteidigung und Bundeskanzlei) kläglich gescheitert sind, scheint der Moment gekommen, ein neues sicherheitspolitisches Stabsorgan zur Unterstützung des Bundesrats zu schaffen. Entsprechende Anregungen aus akademischen Kreisen liegen auch schon vor.

Ein erster Vorschlag beruht in der Schaffung eines Nationalen Sicherheitsrats, das heisst einem *ständigen* Organ mit einem Sekretariat, das

70 Ansätze dazu finden sich u.a. bei Dieter Wellershoff, "Die Sicherheitsvorsorge verlangt eine Gesamtstrategie", in: Europäische Wehrkunde, Nr. 6, 1987, S. 307ff; sowie Rolf Bader, "Konzeptionelle Überlegungen für eine neue, zukunftsweisende Sicherheitspolitik", in: Blickpunkt Sicherheitspolitik, Ausgabe 1, 1986, S. 1ff (Teil I) und Ausgabe 1, 1987, S. 1ff (Teil II), Institut für sicherheitspolitische Studien, Kaufering 1987.

sich der Früherkennung von Risiken und an der Erarbeitung von Gesamtstrategien zu deren Bewältigung widmet. Eckpfeiler des Systems ist die Person des Chefs dieses Sekretariats, der eine Art von "national security adviser" verkörpert und über jene Qualitäten verfügen soll, die in den Berichten Hongler, Huber und Muheim genannt worden sind. In diese Richtung gehen die Vorschläge Jacques Freymonds.[72]

Der zweite Vorschlag sieht eine flexiblere Struktur vor: Jedes Departement verfügt selber über ein "Büro", das von einem hohen Beamten, einem Staatssekretär für Sicherheit, verwaltet wird. Diese Staatssekretäre bildeten zusammen die "Konferenz der Staatssekretäre", womit eine gewisse überdepartementale Struktur zustandekäme. Einen Vorschlag in diese Richtung hat Kurt. R. Spillmann gemacht.[73]

Die zweite Variante hat den Vorteil, dank der departemental angelegten Büros und deren Staatssekretäre die Bedürfnisse der Departemente auf optimale Art und Weise zu berücksichtigen und sich - in Form der Konferenz der Staatssekretäre - auch gut in unser bisheriges administrative System einzufügen. Zweifel seien jedoch erlaubt hinsichtlich der Fähigkeit einer solchen Konferenz, sich in heiklen politischen Fragen einen gemeinsamen, überdepartementalen Standpunkt zu erarbeiten. Die Gefahr scheint mir auf jeden Fall gross, dass es diesem Gremium nicht gelingt, die departementale Beschränkung zu durchbrechen.

Die Lösung in Form eines zentralen Sekretariats scheint mir deshalb doch geeigneter zu sein, das anvisierte Ziel zu erreichen. Die von Freymond vorgeschlagene Einsetzung eines Nationalen Sicherheitsrats hat indessen ihrerseits eine wesentliche Schwäche: die ungenügende Integration in die Tradition der Bundesverwaltung. Ein solches unabhängiges Organ wird als Fremdkörper Gefahr laufen, zu einer Erscheinungsform von "Verwaltungsauswuchs" zu degenerieren. Die ideale Lösung zur Implementierung geeigneter institutioneller Strukturen zur Risikobewältigung liegt in meinen Augen in einem Mittelweg zwischen den Vorschlägen Freymonds und jenen Spillmanns. Es muss sich um ein Modell handeln, das sowohl eine optimale Führung als auch Integration ins Verwaltungssystem gewährleistet. Dieser Mittelweg hätte darüber hinaus den nicht zu unterschätzenden Vorteil, dass er sich formal auf

---

71 Vgl. dazu auch Jacques Freymond, Ernstfall Frieden - Gedanken zur schweizerischen Sicherheitspolitik, Bern 1987; sowie Heinz Krummenacher (Anm. 5).
72 Freymond (Anm. 71).
73 Spillmann (Anm. 53), S. 168.

ein in der Verwaltung bereits bekanntes Modell beziehen würde, das der Zentralstelle für Gesamtverteidigung.

Ich schlage deshalb das folgende Modell vor:

- Eine Konferenz der Staatssekretäre. Diese Konferenz würde periodisch zusammenkommen und die Staatssekretäre der verschiedenen Departemente (oder ihr Analogon in den Departementen, wo dieser Titel nicht existiert) sowie den Bundeskanzler umfassen. Dieses Organ würde nicht durch eine Expertenkonferenz ergänzt, wie dies auch schon vorgeschlagen wurde. Denn Experten dürfen bei sicherheitspolitischen Entscheidfindungsprozessen nicht erst im letzten Moment beigezogen werden, sondern müssen von Anfang an in den Prozess von Risikowahrnehmung, -analyse und Strategieformulierung miteinbezogen werden. Ausserdem erscheint die Vorstellung absurd, dass sich die Bundesräte zwischen zwei Strategien entscheiden müssen, wovon die eine von Experten erarbeitet worden ist und die andere von den Departementen, deren Vorsteher sie sind.

- Ein sicherheitspolitisches Zentralsekretariat. Dieses hat folgende Aufgaben: 1) Erkennung von Chancen und Risiken sicherheitspolitisch relevanter Entwicklungen; 2) umfassende Analyse und Gewichtung dieser Risiken; 3) Erarbeitung von Handlungsoptionen zuhanden des Bundesrates. Das sicherheitspolitische Zentralsekretariat arbeitet mit ad hoc Expertenkommissionen und wird von einem Direktor geführt. Es ist administrativ der Bundeskanzlei angegliedert und dem Bundesrat direkt unterstellt.

- Ein Direktor, der das sicherheitspolitische Zentralsekretariat leitet und gleichzeitig Vorsitzender der Konferenz der Staatssekretäre ist. Selber hat er ebenfalls den Rang eines Staatssekretärs, fungiert aber als primus inter pares und vertritt die Staatssekretärenkonferenz bei den Sitzungen des Bundesrates.

GIBT ES FÜR FRAUEN ÜBERHAUPT SICHERHEIT ?

Territoriale Sicherheit versus soziale Unsicherheitsräume

MAREN HAARTJE

> *"Nichts ist uns gegeben (...) nun, da die Welt zu einer interdependenten Welt geworden ist, gibt es keine grössere Aufgabe als herauszufinden - bevor wir uns selbst zerstören - wie wir unser Leben so gestalten können, dass wir uns nicht ständig selbst verletzen und trotzdem soviel vergnügliche Aufregung und Befriedigung gewinnen, wie wir nur können..."*[1]

Als Ziel der Sicherheitspolitik eines Landes gilt der Erhalt der territorialen Integrität und der Schutz der Bevölkerung vor einem äusseren Feind. Dieser muss aus operativen Gründen klar definiert sein - etwa in der Zeit des Kalten Krieges war die ordnungspolitische Feindzuordnung "der Osten" im allgemeinen und "die Russen" im besonderen. Nach dem Machtantritt Gorbatschows und der Wende im Herbst 1989 fiel dieses Feindbild weitgehend in sich zusammen. Vielleicht ist es bei einigen noch nicht ganz aus den Köpfen entschwunden, aber eine unmittelbare Kriegsbedrohung vermögen auch diese nicht mehr wahrzunehmen. Zwar soll die Legitimation der Sicherheitspolitik trotz nachhaltig verändertem politischen Umfeld weiterhin bestehen bleiben. Nur, gegen wen und was soll man sich jetzt schützen? Und wie: Mit den alten Instrumenten oder muss jetzt alles neu überdacht werden? Die Gefahren, die heute irgendwo ausgemacht werden, sind nebulös, wenig konkret und weil kaum berechenbar, erscheinen sie umso gefährlicher und bleiben gerade deshalb weiterhin militärpolitisch zugeordnet. In

---

1 Norbert Elias in einem Interview für das niederländische Fernsehen, zit. bei: Johan Goudsblom, Aufnahme und Kritik der Arbeiten von Norbert Elias in England, Deutschland und Frankreich, in: Peter Gleichmann/Johan Goudsblom und Hermann Korte, Materialien zu Norbert Elias' Zivilisationstheorie, Frankfurt am Main 1982², S. 77.

diesen Zeiten zerbrechen sich Verteidigungsminister und Militärberater die Köpfe darüber, ob man das Land alleine verteidigen, ob man sich einem Verteidigungsbündnis anvertrauen oder ob man am Aufbau eines kollektiven Sicherheitssystems in Europa mitarbeiten soll. Die Diskussionen in der Schweiz sind vielseitig. Mehr als ein Drittel der Stimmberechtigten kann sich ihr Land auch ohne Armee vorstellen. Die Mehrheit bleibt jedoch dem gerüsteten Nationalstaat verbunden und kann sich höchstens langfristig ein Zusammengehen mit anderen europäischen Staaten vorstellen, die sich früher oder später gemeinsam verteidigen wollen.

Die Grundgedanken herkömmlicher Verteidigung bleiben erhalten, auch wenn sich die Dimensionen erweitert haben. Staat und Gesellschaft sollen als begrenzte Einheit erhalten werden. Die Frage ist nur, wieweit das staatliche Sicherheits- und Schutzversprechen noch trägt? Ich möchte die Frage beantworten, indem ich nach der Sicherheit einer spezifischen gesellschaftlichen Gruppe frage: Nach der "Sicherheit" für Frauen. Gibt es für sie überhaupt so etwas wie "Sicherheit"?

KRIEG BETRIFFT VOR ALLEM FRAUEN

Nach dem Aufatmen darüber, dass sich der ordnungspolitische Feind in der unmittelbaren Nachbarschaft quasi selbst aufgelöst hat, machte sich über kurze Zeit eine gewisse Orientierungslosigkeit breit, bis Saddam Hussein Kuwait überfiel und damit die Aufmerksamkeit der Weltöffentlichkeit auf sich zog. Es kam zu der einmaligen Situation, dass sich gerade die Teile der Welt aufgefordert sahen, Saddam den Krieg zu erklären, die ihn in der Zeit des Kalten Krieges, wenig beachtet, derart aufgerüstet haben, dass er nun ein adäquater Gegner zu sein schien.

Der Golfkrieg: für die Frauen Iraks eine Tragödie

Der Krieg am Golf führte uns - auch wenn die irakische Invasion nicht zu entschuldigen ist - eine alte Wahrheit wieder einmal deutlich vor Augen:

Jeder sicherheitspolitischen Reaktion liegt der Gedanke an die zu schützenden "inneren" Werte der abendländischen Kultur mit ihrem reichen und rohstoffabhängigen Wirtschaftsgeflecht zugrunde. Betrachtet man diese zu schützenden "inneren" Werte jedoch etwas genauer, so fällt eine gewisse Diskrepanz zwischen dem theoretisch zu schützenden und dem praktisch gelebten auf. Diese Betrachtung gilt für die ganze westliche Zivilisation, sie ist länderübergreifend. Die Zwiespältigkeit zeigt sich einerseits in der Erschütterung über die Gewalttaten, die jetzt im europäischen Jugoslawien, unmittelbar vor unserer Haustüre, stattfinden, während wir gleichzeitig wenig Verständnis für die Bevölkerung des Iraks aufzubringen bereit sind. Die Verletzbarkeit moderner Industrienationen wird auch in der Militärpolitik langsam anerkannt, gleichzeitig wurde im Nahen Osten eine moderne Kriegsstrategie angewandt, die ein Land systematisch praktisch seiner Infrastruktur beraubte. Tatsächlich - und in krassem Gegensatz zu seiner katastrophenähnlichen Auswirkung für die Bevölkerung - wurde der Golfkrieg verharmlosend in einer klinischen Sprache kommentiert. Er wandelte sich vom "Wüstenschild" zur "Operation Wüstensturm". Es wurde vom "chirurgischen Schnitt" gesprochen, es sollte ein "sauberer Krieg" suggeriert werden. Dabei ist die Medizin selbst längst weiter: Bevor eine Ärztin oder ein Arzt heute in den Tablettenschrank oder zum Skalpell greift, wird zuerst versucht, die Ursache für das Leiden des Patienten zu finden, die Psychosomatik ist ein bekannter Begriff in der angewandten Medizin.

Die Berichte über die Folgen des Krieges sprechen eine deutliche Sprache: über die direkt im Krieg getöteten und verstümmelten hinaus hunderttausend(e) indirekter Kriegstoter - Frauen und Kinder -, durch mangelhafte Versorgung, verschmutztes Wasser, zerstörte Infrastruktur, Seuchen und Krankheiten.

So bleibt es notwendig, sich zu veranschaulichen, dass auch neue Kriegsstrategien immer totsicher für Zivilisten, vor allem für Frauen und ihre Kinder, bleiben. Mit dem Krieg am Golf zeichnet sich für die Betroffenen eine neue Apokalypse ab: Es ist nicht mehr der Atomkrieg durch den versehentlichen Knopfdruck (das Damoklesschwert der achtziger Jahre), sondern die Weiterentwicklung der Rüstung hin zu derart "intelligenten" Waffensystemen, die keine Soldaten und Soldatinnen auf dem Kriegsschauplatz benötigen. "Intelligente" Waffen, die per Knopfdruck, nach der Entscheidung einiger Experten direkt von ihrem Depot via Satellit einprogrammierte Ziele anvisieren und zerstören können. Grosszügig könnte dann auf Armeen verzichtet werden. Der Feind würde noch vor seinem Abmarsch in "unsere" Richtung in seinem Land nachhaltig vernichtet werden können. Und als "Feind" werden dann in erster Linie Frauen, Kinder, Kranke und Alte getroffen - in ihren Häusern, in Schutzbunkern, auf der Flucht. Gezielte Abwürfe von Schmetterlingsbomben, auf die besonders Kinder hereinfallen, weil sie wie

Kreisel oder Malgeräte aussehen, oder auch kalkulierte Umweltzerstörung als Angriffs- oder Verteidigungsstrategie, sind Auswüchse menschlichen Denkens. Schon der Gedanke einer technischen Weiterentwicklung von - nuklearen oder konventionellen - Massenvernichtungsmitteln ist eine Perversion, aber der ungebrochene Glaube an ungebremstes Wachstum, an die Freiheit in der Forschung zumindest im Technologiebereich, sowie an eine potente Rüstungsindustrie lassen diesen Gedanken leider nicht zur science-fiction werden.

Der Krieg in Jugoslawien: auf dem Rücken der Frauen

Eine zweite, ebenso alte Wahrheit kommt in der Tragödie von Jugoslawien ans Tageslicht. Die Definition von Sicherheit ist bis heute fast ausschiesslich eine männliche Politik-Domäne, die auch in kontroversen Situationen davon geprägt ist, dass die Frauen die Entscheidungen - auch gegen ihr Sicherheitsdenken - mittragen. Es gibt in ganz Jugoslawien keine Massenbewegung für diesen Krieg. Im Gegenteil: der ethnische Konflikt resultiert aus der politischen Unvernunft der Regierenden im Verein mit der Eigenmächtigkeit eines Teils der männlichen Bevölkerung, der sich ebenso der sprichwörtlichen Mistgabel wie des Sturmgewehrs bedient. Der leichtfertige Griff zur Waffe zur Machtdurchsetzung scheint zunächst schockierend aber bei der Menge und Vielzahl der Waffen, die den Konfliktparteien zur Verfügung stehen, oder auf dunklen Kanälen geliefert werden, auch beinahe zwangsläufig. Die Waffen sprechen eine deutliche Sprache, die Diplomatie findet bald hilf-, bald hoffnungslos hinter verschlossenen Türen statt. Sichtbar wird die wiedermal verpasste Chance, Konfliktparteien auf friedlichem Wege an den Verhandlungstisch zu führen. Auch die "jugoslawische" Art, Macht- und Nationalitätenkämpfe auszutragen, sind charakteristisch für eine militärisch ausgerichtete Männerpolitik. Die einzigen - und erfolglosen - Auftritte von Frauen waren Demonstrationen von Frauen, Müttern und Grossmüttern, die ihre Männer, Söhne und Enkel nicht gegeneinander kämpfen lassen wollen. Ihre Forderungen wirken angesichts der Panzer und Uniformen hilflos und verdeutlichen die weibliche Machtlosigkeit, wenn sie sich gegen das gegenseitige Abschlachten zur Wehr setzt. Sicherlich, um einem möglichen Einwand zu entgegnen, gibt es auch Mittäterinnen. Aber wer zählt die Opfer, diejenigen, die getöten werden, die verwundet werden, die die Familie ernähren müssen, die Flüchtigen, die Witwen oder diejenigen, die Kranke und Verletzte - vielleicht ein Leben lang - pflegen müssen?

Heroinnen im Krieg

Krieg war für Frauen immer eine besondere Situation. Ein Blick zurück zeigt, dass während Kriegszeiten Frauen ihren "Mann" stehen mussten. Zuverlässig haben sie ihre Aufgaben erfüllt, die man von ihnen erwartete. Ihr gesellschaftliches Ansehen stieg auf ein hohes Niveau an. In Notlagen wurden sie im Kampf mit der Waffe gegen den Feind zu gleichberechtigten Partnerinnen. Vielleicht war die Gleichberechtigung sogar das treibende Motiv bei der Übernahme gesellschaftlicher Anforderungen im Krieg. Frauen wurden im Zweiten Weltkrieg von einem männlich geprägten Nationalsozialismus als heroische Mütter, stolze Soldatenfrauen, Sanitätsschwestern an der Front, fanatische Kämpferinnen verklärt. Sie legten Nachtschichten in den Rüstungsbetrieben ein, lernten Schweineschlachten, schleppten Kohlensäcke, waren die unmenschlichsten Aufseherinnen in den KZs und Denunziantinnen und bauten Häuser aus den Trümmern des Schlachtfeldes. Frauen, die gegen den Krieg demonstrieren, die ihre Söhne und Männer nicht in den Krieg ziehen lassen wollen, stehen auf der Seite der Verräter.

SOZIALE UNSICHERHEITSRÄUME (EXEMPLARISCH)

Der Grundgedanke der militärische ausgerichteten Sicherheit, sich auf den Erhalt von Territorium, Staat, Infrastruktur und - in letzter Priorität - Gesellschaft zu beschränken, wirft aber auch diesseits des Krieges, den wir zwar nicht unmittelbar selbst erleben, aber doch überraschenderweise vor der Haustüre beobachten können, einige Fragen auf. Ich möchte das Kollektiv an Unsicherheiten, mit denen in erster Linie Frauen auch in Friedenszeiten in den modernen Industriegesellschaften konfrontiert sind, soziale Unsicherheitsräume nennen. Das Benennen dieser Räume zeigt gleichzeitig die Grenzen des staatlichen Schutz- und Sicherheitsversprechen auf.

Technikbedingte Unsicherheiten

Historisch gesehen hat die Herausbidung des Gewaltmonopols zu mehr Sicherheit im Inneren von Gesellschaften geführt. Diese droht nun, durch Ereignisse, die mit bestimmten technologischen Entwicklungen einhergehen, wieder ausgehöhlt zu werden. Zum äusseren militärisch produzierte Sicherheitsdilemma kommt ein gesellschaftlich produziertes Technologiedilemma.

Heute wird immer wieder und vor allem von Frauen in der Debatte über die Sicherheitspolitik die Notwendigkeit unterstrichen, die Sicherheit aus der Perspektive der Bevölkerung, in der Beziehung zu ihrem individuellen Leben und der Überlebensfähigkeit ihrer kollektiven Existenz zu überdenken. Verschiedene kleinere und grössere Katastrophen haben dazu den Ausschlag gegeben: Harrisburg, Bophal, Exxon-Valdez, Sandoz usw. Vom bisher grössten zivilen Nuklearunfall, Tschernobyl, wurde man überrascht, wer schützt uns vor einem "Tschernobyl II"?

Gewalt-Teilung

An der empfindlichen Nahtstelle zwischen einheimischer und ausländischer Bevölkerung zeigt sich die Brüchigkeit der geschlechtlichen Gleichstellung. Quer zu der kulturellen Gewalt (Xenophobie, Unterdrückung, Marginalisierung) zeigt sich die Gewalt-Teilung, die in einem patriarchalen System "Herren" und "Knechte" bei der Unterdrückung der Frauen vereint, die, von wenigen Ausnahmen abgesehen, auf der Seite der Ohnmächtigen sind. So unterschiedlich ihr Status auch sein mag, so einig sind sie sich über die Unterdrückung der Rechte "ihrer" Frauen oder - was nur die andere Seite der Medaille ist - über ihre Verantwortung, die sie gegenüber "ihren" Frauen empfinden.

Gewalt-Teilung wird zu einem Mittel, die Hauptbelastung der gesellschaftlichen Kosten den Frauen aufzubürden. Die Lastenträgerinnen der Gesellschaft kommen damit keineswegs in eine Position, die sie das politische und gesellschaftliche Geschehen eines Landes weitgehend mitbestimmen liessen. In der Gewalt-Teilung ist die männliche Dominanz festgeschrieben. Männer haben die Verhaltensregeln aufgestellt, sie bestimmen die Politik, die Ökonomie, die Gestaltung der Umwelt, sie stellen in der Mehrheit die Präsidenten (auch der grossen Unternehmen) und auch den Papst. Sie verwalten das Kapital und befehligen das Gewaltmonopol. Im Gegensatz dazu stehen Frauen - aber auch Kinder, alte Menschen, "Fremde" -, die zur Gestaltung von Politik, Wirtschaft und Umwelt wenig zu sagen haben. "Frauen und Behinderte" werden oft gemeinsam an den Rand der politischen Tagesordnung gedrückt.

Übergriffe in die Unsicherheitsräume

Die weibliche Hälfte der Bevölkerung ist häufiger Opfer von Gewalttaten als die männliche. Die Gewalt geht überwiegend von den Männern aus. Die wachsende Anzahl von Vergewaltigungen sind ebenso wie die Anschläge auf Asylantenheime Ausdruck einer Herabsetzung der Gewaltschwelle in der Gesellschaft. Die steigende Toleranz gegenüber direkter Gewalt ist kein Zufall, sondern Ausdruck einer fehlenden oder verzerrten politischen Aufklärung. Unwidersprochene Äusserungen von

Politikern, die z.B. die Ausländer in der Schweiz als "Nichtbürger" im Lande[2] bezeichnen, schlagen hier ebenso zu Buche, wie das stillschweigende Übereinkommen, Vergewaltigung als Kavaliersdelikt zu betrachten. Institutionen wie das Nottelefon für vergewaltigte Frauen oder Frauenhäuser sind die Kehrseite männlicher Machtdemonstrationen (ein Nottelefon für vergewaltigte Männer ist beinahe ein Widerspruch in sich). Am Beispiel des Umgangs mit vergewaltigten Frauen bei Prozessen wird die androzentrische Sichtweise besonders deutlich. Es reicht nicht, wenn eine Frau nein sagt - "mann" unterstellt, sie könnte vielleicht ja gemeint haben. Aufgrund ihrer Kleidung und ihrem Make-up wird eine Zustimmung zum Geschlechtverkehr abgeleitet; trägt das Opfer zu alledem noch sogenannte Reizwäsche, wird es schon beinahe zum Täter, zumindest zum willfährigen Werkzeug männlicher Triebbefriedigung. Die sexistische Vermarktung von Frauen wird sowenig hinterfragt wie Männerwitze. Selbst die franziskanischen Kapuziner in Deutschland kommen um das Objekt Frau nicht herum, wenn sie in einer Anzeigenkampagne um Mitglieder werben: "Okay, das Leben als Ordensbruder ist vordergründig fürchterlich: keine Frau, keine fünf brutto, kein Auto. Aber wir halten, offen gesagt, auch nicht viel von Traurigkeit".

Schärfere Gesetze oder mehr Polizei können die Bedrohung durch den jederzeit und überall möglichen männlichen Übergriff kaum beseitigen, höchstens durch Wachsamkeit eindämmen. Die politische Notwendigkeit, die Ursachen zu erkennen, ist anerkannt. Im März dieses Jahres haben fünfzehn westeuropäische Länder in Brüssel zum Schluss der ersten europäischen Ministerkonferenz zum Thema Gewalt gegen Frauen eine Erklärung über die physische und sexuelle Gewalt an Frauen unterzeichnet.[3]

Schlagseite bei der Gleichstellung

Obwohl innergesellschaftlich die ersten Schritte hin zu einer Gleichstellung von Frau und Mann mit dem Frauenstimmrecht und dem Gleichberechtigungsartikel getan wurden, gibt es in der Praxis Tendenzen, die gerade in die andere Richtung weisen. Betrachtet man den Verlauf der Gleichberechtigung in den letzten zwanzig Jahren, so ist festzustellen, dass die von Männern als Fortschritt gesehenen Verbesse-

2 NR Dreher, Autopartei, in seinem Plädoyer für die Annahme des Sicherheitsberichts im Nationalrat am 5.6.91.

3 Der Bundesrat hat beschlossen, die Schlusserklärung, die die einzelnen Staaten zu Arbeiten in den Bereichen Prävention, Gesetzgebung, Polizei, Verfahrensrecht und Grundlagenforschung einlädt, zu unterzeichnen; vgl. Tages-Anzeiger vom 11. Juni 1991.

rungen für Frauen lediglich eine Verschiebung ihrer Pflichten bedeutet haben. Die Nichtzurkenntnisnahme der Lebenszusammenhänge von Frauen hat eine echte Gleichberechtigung nicht nur verhindert, sondern sie vielfach noch mehr belastet. Eine der Hauptursachen, weshalb Frauen in der Regel gesellschaftlich schlechter gestellt sind als Männer, wird mit der Mutterschaft begründet. Aber gerade vor dem Hintergrund der Verantwortung der Frau während der Schwangerschaft und nach der Geburt ist es nicht zu verstehen, dass Frauen, obwohl im Durchschnittsverdienst weit unten angesetzt, höhere AHV-Beiträge zu zahlen haben und dass ihnen der "Ausfall" durch Schwangerschaft, Geburt und Babyzeit (in der Schweiz gibt es keinen bezahlten Mutterschaftsurlaub) zu ihren Ungunsten angerechnet wird, dass ungleicher Lohn für gleiche Arbeit (angeblich schlechtere Ausbildung) für sie zu weniger Wohlstand und geringeren Renten führt. Scheint es ihr natürliches Schicksal zu sein?

Kann man optimistisch davon ausgehen, dass dieser eingeschlagene Weg hin zu einer tatsächlichen Gleichberechtigung nicht in einer Sackgasse endet? Könnte eine angemessene politische Mitsprache und Verantwortung von Frauen vielleicht aus anderen Sackgassen der Gesellschaft herausführen? Können sie auf der Schnellstrasse an die Grenzen der ökologischen Belastbarkeit ein Tempolimit einlegen? Könnte durch sie das heutige sicherheitspolitische Denken eine Kurskorrektur erfahren? Das Bedürfnis nach Sicherheit - nach innen wie nach aussen - würde sicher nicht geschmälert nur anders definiert. Ich meine in diesem Zusammenhang nicht Frauen als "Hoffnungsträgerinnen", die irgendwann den Karren aus dem Schlamm ziehen könnten. Sie werden es sicherlich nicht sein können. Aber eine wirkungsvolle politische Mitarbeit von Frauen wird andere Schwerpunkte setzen, die eine andere Ausrichtung haben werden, denn Männerinteressen sind nicht per se Fraueninteressen.

"Staats-Schutz" für Schwangere

Weiter gehen die Eingriffe des Staates bei der Geburtenkontrolle. Ist es noch an Frauen, eine Schwangerschaft zu verhüten, hört die Selbstbestimmung auf, wenn es um einen Schwangerschaftsabbruch geht. Hier stellt sich der Staat schützend vor das ungeborene Kind, ist jedoch nicht bereit, dem lebenden das zukommen zu lassen, was ein unbeschwertes Heranwachsen ermöglichen könnte. Dafür trägt allein die Mutter die Verantwortung, und insbesondere die alleinerziehende findet sich durch diese Überforderung oftmals am sozialen Rand der Gesellschaft wieder. Nach den neuen Scheidungsgesetzen wird von Frauen verlangt, trotz Kindern (und dem bekannten Blockunterricht) wieder berufstätig zu werden, um Männer finanziell zu entlasten. Die Aufgabe des alleinerziehenden Vaters endet bei nicht ausreichender Alimentenzahlung. Auch in diesem Zusammenhang müssen fragwürdige Werte hinterfragt werden, die vornehmlich von Kirchenmännern aufgestellt wurden und verteidigt werden: Z.B. wenn der Papst auf einer seiner Polenreise verkündet, dass Schwangerschaftsabbruch mit dem Völkermord an Juden und Zigeunern im Zweiten Weltkrieg vergleichbar sei. Er erlaubt sich, Empfängnisverhütung zu dämonisieren[4], und verweigert mit diesem Urteil auch gläubigen Menschen in den bevölkerungsreichsten Teilen der Welt, die durch Empfängnisverhütung eigene Verantwortung (Hunger, Aids) übernehmen, die Aufnahme in den Himmel. Andererseits: Nach der geltenden Rechtslage in Deutschland können Totgeborene, die unter 1000 Gramm wiegen und keine 35 cm messen, nicht beerdigt werden, da die Krankenhäuser in der Regel keinen Totenschein ausstellen, sie wandern in den Klinikmüll zur Verbrennung. Eine Anfrage bei einem Kantonalen Frauenspital ergab keine Antwort über die Praxis in der Schweiz.

Teilzeitarbeiterinnen im Frieden

In Nachkriegs- oder Friedenszeiten befinden sich die Frauen wieder an der Basis der Machtpyramide.

So waren die Frauen in Kuwait gleich zweimal Opfer der Invasion Iraks: einmal beteiligten sich viele aktiv am Anti-Irak-Widerstand, wurden aber nach dem Krieg wieder ihrer "Macht" beraubt; zum anderen wurden viele Frauen, die Opfer von Vergewaltigungen durch irakische Männer wurden, verstossen, weil sie die Ehre ihres Mannes und der Familie beschmutzt hatten.

Beide Gruppen - ob Heroinnen oder Verräterinnen - sassen nach dem Krieg - sofern sie ihn überlebten - rasch wieder im gleichen Boot all jener, auf deren Zusammenarbeit die Männer wieder verzichten können. Frauen fanden sich schnell bei Kindern, Küche und Kirche wieder. Aber selbst dort ist für sie kein "sicherer" Platz. Wenn das Monatsgehalt des "Ernährers" nicht ausreicht, wird schnell der Druck aufgebaut, einer Teilzeitarbeit nachzugehen, die keineswegs ein sicheres soziales Auskommmen zu garantieren vermag.

---

4 "Wenn die Möglichkeit, ein Kind zu empfangen, im Akt der Vereinigung künstlich ausgeschaltet wird, dann schliesst sich das Paar selbst von Gott aus". Der Papst während seiner Reise nach Mexiko im Mai 1990. Tages-Anzeiger vom 12.5.1990.

Frauen nehmen vermehrt Teilzeitarbeit an, übernehmen überqualifiert Tätigkeiten im unteren Verdienstbereich oder warten zuhause auf den Anruf des Chefs eines Unternehmens, für das sie sich auf Abruf zur Verfügung halten. Bei innerbetrieblichen Rationalisierungen fallen sie meist zuerst heraus. Eine Untersuchung über die Arbeitsplatzsituation von Frauen in der Europäischen Gemeinschaft hat ergeben, dass rund 75 % der Frauen nicht mehr im erlernten Beruf arbeiten.[5] Zudem ist der Wunsch nach einer anspruchsvollen Berufstätigkeit für eine Frau noch immer mit der Frage verbunden: Kinder oder Karriere? Undenkbar ist diese Frage für einen Mann, gehört doch für ihn beides zusammen. Wenig erstaunen auch Reaktionen aus Wirtschaftskreisen, die Frauen zum Widerspruch herausfordern sollten:

> "Da Frauen im Falle einer Familiengründung ihre Berufstätigkeit und somit auch ihre Karriere in der Regel unterbrechen oder gar aufgeben, erscheinen ihnen (den Arbeitgebern, Anm. der Autorin) Investitionen in eine zusätzliche Ausbildung häufig weniger lohnend als bei Männern".[6]

Auch der Papst äusserte seine Meinung über die berufstätige Frau:

> "Die weibliche Persönlichkeit trägt in sich zwei Dimensionen: Die Mütterlichkeit und die Jungfräulichkeit. Beide bilden die Strasse ihrer Berufung und sie rechtfertigen und ergänzen sich gegenseitig. Die Arbeit darf der Frau, Braut und Mutter nicht die Möglichkeit nehmen, ihre gesellschaftlichen und familiären Funktionen auszuüben, denn nur so kann sie ihrer Berufung als Mensch unter dem Aspekt der Weiblichkeit gerecht werden. Berufstätige Frauen sind in ihrer Würde bedroht. Wenn die Frauen ihre Rolle der Liebe nicht wahrnehmen können, würde die Menschheit eine unverzichtbare Hauptperson ihrer Entwicklung verlieren".[7]

Diese Denkweise ist nicht nur männerbündischen Institutionen vertraut. Noch weitverbreitet (in den Köpfen) ist auch die Unterscheidung in "gute" und "böse" Frauen. Zu den "guten" Frauen gehören die Mutter, Schwester, Kameradin, synonym für eine "geschlechtslose" Frau, die

---

5 C.F. Büchtemann/J. Schupp, 1986, Tab. 5, Wiebke Buchholz-Will, Familienarbeit und Teilzeitarbeit in der EG - geteiltes Leid, geteilte Freund?, zit. in: EG-Binnenmarkt - EuroPatriarchat oder Aufbruch der Frauen?, Bremen 1990.

6 Ernst Raths, Ursachen von Ungleichheiten, in: Pressedienst Gesellschaft zur Förderung der schweizerischen Wirtschaft - Wirtschaftsförderung, Nr. 7, 11.2.1991.

7 Der Papst während seines Besuchs in einer italienischen Textilfabrik vor rund 260 weiblichen Beschäftigten, Hamburger Abendblatt vom 21.3.1991.

auch weitgehend vor sexuellen Übergriffen der ihnen bekannten Männergruppe geschützt sind.[8] Für Frauen, die nicht zu dieser Gruppe gehören, die Feministinnen, Konkurentinnen, Geliebten, Prostituierten, wird weniger Schutz gewährt - verbal und körperlich. Immer liegt jedoch eine Rollenzuweisung für Frauen zugrunde, die auf einer chauvinistischen Einschätzung ihrer gesellschaftlichen "Nützlichkeit" beruht und die eine Geschlechterspaltung fördert, die von der Unterscheidung in "männlich" (gleich stark und deshalb handlungsberechtigt) und in "weiblich" (gleich schwach und deshalb handlungsunfähig) und den ganzen sich daraus ergebenen Konsequenzen, getragen wird.

EUROPA ALS CHANCE

Obwohl die Gewalt-Teilung und die damit zusammenhängende Verunsicherung vielen Frauen Zurückhaltung auferlegt hat, wird der enge und trotzdem keine Sicherheit beinhaltende Rahmen männlicher Macht zunehmend durchbrochen. Dass heute eine verstärkte Auseinandersetzung mit den alten patriarchalen Rollenzuweisungen stattfindet, ist nicht allein auf feministische Umtriebe in unseren Gesellschaften zurückzuführen. Weltweit - und nicht nur im europäischen Osten - hinterfragen die Menschen die alten Machtstrukturen, individuell und politisch.

Zwar treffen in diesen Zeiten des Umbruchs altes und neues Denken hart aufeinander. Die Reformbemühungen im Osten hin zu einer Anpassung an den Westen, werden von vielen als Sieg nicht nur der freien Marktwirtschaft, sondern auch der eigenen Ideologie gewertet. Opposition im eigenen Lande - auch wenn sie von Frauen kommt - wird weiterhin als bedrohlich wahrgenommen. Am liebsten würde man hier alles beim alten lassen. Politikerinnen und Politiker, die sich gegen Benachteiligungen von Frauen aussprechen, stossen in den nationalen (mehrheitlich konservativen) Parlamenten nach wie vor auf Unverständnis, Empörung oder tragen zu überheblicher Erheiterung bei.

Trotzdem eröffnet das Hinterfragen traditioneller Feindbilder innergesellschaftlich auch Spielräume in Richtung auf die Durchbrechung der "Gewalt-Teilung". So wichtig hier die Durchsetzung von Frauenpolitik bleibt, so unerlässlich ist eine länderübergreifende Verständigung in

8 Astrid Albrecht-Heide, Ute-Maria Bujewski, Rolle und Funktion von Frauen im Militär, Berlin 1981, S. 133f.

allen Politikbereichen. In der Distanz zu den eigenen Parlamenten haben PolitikerInnen in Brüssel weitreichende Gesetzes-Entwürfe erarbeitet. Nachdem der Weg hin zur Gleichberechtigung in allen EG-Mitgliedsstaaten (und auch in der Schweiz) verfassungsmässig eingeschlagen wurde, bietet sich die Chance, die gesellschaftliche Gleichstellung von Frauen auch umzusetzen. In kleinen Kommissionen - von der breiten Öffentlichkeit wenig beachtet - wurden wesentliche Verbesserungen europaweit erarbeitet, u. a. die Festlegung gleicher Lohn für gleiche Arbeit, Mutterschutz-Gesetz, gesetzliche Regelung für Teilzeitarbeit. Meiner Meinung nach ist gerade die EG (und besonders eine erweiterte) der Ort, wo die Möglichkeit gegeben ist, Frauenrechte zu verfassen, nachdem die Situation für Frauen in allen EG- und Nicht-EG-Ländern einheitlich negativ zu beurteilen ist. Bereits vorhandene Instrumente (Sozial-Charta) geben einen Rahmen für europaweit geltende Gesetze, den Rechten (und nicht nur den Pflichten) von Frauen zur Umsetzung und Erweiterung zu verhelfen. Es gilt, die Frauen - und die wenigen Männer -, die sich dafür in Brüssel einsetzen zu unterstützen. Aber es hängt in erster Linie von den Frauen selbst ab, wie engagiert sie sich für die eigenen Belange einsetzen und diese Gesetze inhaltlich ausfüllen. Oder wollen sie es, und sei es aus Bequemlichkeit, den Männern überlassen, für sie zu handeln?

Wenn die Voraussetzungen für soziale Sicherheit gegeben sind, wird die militärische definierte Sicherheit eine ihrer Hauptaufgaben verlieren. Eine grosse Herausforderung für die Europäische Gemeinschaft wird es sein, die sozialen, kulturellen Grenzen, die es allein in Europa gibt, zu überwinden. Modelle, die es schaffen, die europäische Dritte Welt in einer Integration aufzulösen, werden sich auch erfolgreich weltweit übertragen lassen. Die EG hat die Möglichkeit, ein Vorbild zu werden, und der Wunsch gerade der mittel-ost-europäischen Staaten möglicht schnell integriert zu werden, würde sie nicht in eine unheilvoll begrenzte ("wir allein gegen alle") Nationalstaatlichkeit zurückfallen lassen. Dieser Verantwortlichkeit Rechnung zu tragen ist für einen sozialen Friedens bedeutsam und es ist eine Möglichkeit, die ökonomische Kopflastigkeit der EG zu überwinden. Frauenpolitik muss sich auch hier einmischen.

Der 14. Juni 1991 - Frauenstreiktag in der Schweiz - bot eine Gelegenheit, vieles zu überdenken und gemeinsam nach Antworten zu suchen. Es war daher schade, dass sich gerade in diesem Zusammenhang eine SVP-Kantonsrätin von "einem Häufchen extremer und frustrierter Frauen terrorisiert fühlte, die sich für Frauenquoten auch in den Parlamenten einsetzen wollen".[9]

GLOBALE HERAUSFORDERUNGEN

Die globalen Herausforderungen können nicht in kleinstaatlicher Enge gefasst werden. Angesichts der globalen Probleme, die uns mehr oder weniger intensiv beeinflussen, muss auch die eigene "Gedankenwelt" erweitert werden. Es kann nicht mehr als selbstverständlich hingenommen werden, für die tägliche Tasse Kaffee weniger zu bezahlen, als für ein Glas hiesigen Weins, dass Bananen aus Ecuador billiger sind als Äpfel aus dem Emmental, beim Erwerb eines "echten" Perser-Teppichs inkauf zu nehmen, dass er wahrscheinlich von Kindern geknüpft wurde. Der Weltoffenheit unserer Konsumbedürfnisse wird die Angst vor Identitätsverlust entgegengesetzt, die in der Phobie vor dem "Fremden" endet. Vor dieser sich verengenden Sichtweise müssen die Augen geöffnet werden für Begriffe wie Gerechtigkeit und Verantwortung über Landes- und Europagrenzen hinaus. Die Natur muss von der grenzenlosen Ausbeutung geschützt werden und ihre Zerstörung muss anklagbar werden, denn Naturliebe hat sie nicht geschützt. Das Blickfeld muss erweitert werden und auf den Zusammenhang zwischen unserem Reichtum und der Angst vor denen, die nicht daran teilhaben, hergestellt werden. Wichtig ist das Aussprechen dieser Angst, die auch durch ein schlechtes Gewissen ausgelöst werden kann. Davor kann kein Generalstab und keine Armeegrösse schützen, weil diese Sicherheit so trügerisch ist, dass sie einer Weiterentwicklung von Massenvernichtungswaffen Vorschub leistet.

Die Entwicklungsländer sind aufgrund ihrer ungünstigen Ausgangsbedingungen - schlechte Nahrungsmittelversorgung, wenig Vorräte, wenige technologische Möglichkeiten und knappe ökonomische Mittel bei hohen Aussenständen - weit verletzbarer als die sogenannten "Risikogesellschaften" der Industriestaaten.

Die ökologische Zerstörung stellt einen Verlust von Lebenschancen dar. Hinter technischen Begriffen wie "Wasserknappheit" und "Desertifikation", die für Bewohner des industrialisierten Nordens abstrakt klingen mögen, verbirgt sich soziale und psychologische Tragik. Die Wüste zerstört nicht nur fruchtbare Grüngürtel zum Beispiel in der Sahelzone. Sie verändert die Heimat für Menschen, die weitgehend naturverbun-

9 Tages-Anzeiger vom 12.6.1991.

dener und damit auch abhängiger von der Natur leben, als die Menschen in den Metropolen, grundlegend und hat damit auch einschneidende kulturelle Bedeutung. Selbst unter den "Hungerflüchtlingen" tragen die Frauen wiederum die grösste Last.

VISIONEN

Es soll hier nicht die Diskussion aufgegriffen werden, ob Frauen friedfertiger sind als Männer. Die Mittel jedoch, die sie bei Konflikten anzuwenden gelernt haben, sind eher präventiv (in der Familie, Beziehung, am Arbeitsplatz) und selten gewalttätig. Zum Schluss möchte ich in thesenform einige Überlegungen und Forderungen zusammentragen, die sich aus dem Beitrag ergeben.

1. Frauen haben gelernt, sich sich in der Regel vorsichtiger zu verhalten. Als Beispiel sei genannt, dass in Deutschland einige Autoversicherungsgesellschaften dazu übergegangen sind, die Versicherungsprämien für Frauen zu senken: nicht aus sozialen Erwägungen, sondern weil die Statistik seit vielen Jahren zeigt, dass Frauen erheblich weniger Unfälle verursachen.

   Heute ist Prävention in der Sicherheitspolitik zu einem zentralen Begriff geworden. Die Friedens- und Konfliktforschung arbeitet kriegsverhinderende Konfliktlösungsmodelle aus. Im Rahmen der KSZE wird von Konfliktfrüherkennung, Konfliktverhütung, friedlicher Streitbelegung gesprochen. Eine Voraussetzung hierfür ist die Fähigkeit zur Empathie, zum Sich-in-den-anderen-Hineinversetzen. Um "sichere" Sicherheitspolitiken für die Zukunft dieser Welt zu formulieren kann auf diese Schwerpunktsetzung nicht mehr verzichtet werden. Leider zeigt der Krieg in Jugoslawien wie weit wir noch von wirkungsvollen Modellen entfernt sind. Auch der zweite Golfkrieg hat gezeigt, wieviel Zeit wir untätig haben verstreichen lassen.

2. Damit die Zukunft nicht durch die Drohung mit einem Hightech-Krieg geprägt ist, sind Frauen und Männer aufgefordert, gemeinsam eine glaubwürdige Sicherheitspolitik zu entwickeln, die darauf ausgerichtet ist, bereits die Ursachen von Konfliktkonstellationen frühzeitig zu erkennen und zu versuchen, den Ausbruch von Gewalt zu verhüten, und, wo sie dennoch entsteht, zu begrenzen - zum Beispiel durch UNO-Friedenstruppen. Es müssen Modelle erarbeitet werden,

damit Terrorregimes gerichtlich verurteilt werden können (Ausbau der UNO, Schaffung eines "Weltgerichtshofes"). In unserer Rechtssprechung ist es doch selbstverständlich, dass sich auch ein Massenmörder vor einem Gericht verantworten muss und dort verurteilt wird und nicht von einem mobilen Einsatzkommando gestellt wird, das, um ihn zu töten, inkauf nimmt, dass das ganze Quartier in Schutt und Asche gelegt wird.

3. Um ein sicheres Zusammenleben auch für kommende Generationen zu garantieren, ist es unumgänglich, eine verantwortungsbewusstere und umfassendere Friedenspolitik, die sich von patriarchalen Machtansprüchen löst, auszuarbeiten. Es ist zu unsicher, der militärischen Sicherheitspolitik zu vertrauen, die sich machtpolitisch orientiert und aus der Angst vor diffusen Gefahren immer teurere Abschreckungsmodelle entwickelt. Dazu gehört auch die Aufklärung, wieviel gesellschaftliche Ressourcen die derzeitige Militärforschung zusätzlich zum Militärbudget verschlingt. Wenn es gelingt, die Zusammenhänge und unser Zutun aufzudecken, das heisst, anzuerkennen, dass viele dieser Gefahren unsere Altlasten sind - das Erbe europäischer Kolonisationen, falsch investierter Entwicklungshilfe, Subventionen, an denen letztlich wiederum wir verdienen, Ressourcenverschwendung, Aufrüstung von "Freunden", die uns behilflich waren usw. - und damit ein Preis unseres Wohlstands sind, wenn es gelingt, "Fremdes" nicht nur bedrohlich zu finden, sondern anzuerkennen, dann verkommen diese Gefahren höchstens zu Gefährdungen, die die Gesellschaft aufarbeiten kann, die sie aber auch befähigen, sie langfristig zu beheben. Es ist eine Tatsache, dass unsere Kultur eine Aufteilung in arm und reich/weiblich und männlich entwickelt hat, die - innergesellschaftlich und auch weltweit - zu grösster Ungerechtigkeit und Unsicherheit geführt haben. Die Erkenntnis daraus wäre eine Politik, die die Zusammenhänge erkennen will, und deshalb die Vorstellungen der anderen Hälfte der Menschheit, nämlich der Frauen, miteinbeziehen kann. Gleichzeitig dürfen Frauen ihre Benachteiligungen nicht mehr als persönliches Schicksal hinnehmen oder als Preis für die eigene Bequemlichkeit tabuisieren, sondern sie müssen sich weigern, weiterhin für Belange zur Verfügung zu stehen, die in letzter Konsequenz nicht ihren Interssen entsprechen. Frauendiskriminierungen sind keine Einzelfälle, sondern Teil der in allen Lebensbereichen Benachteiligungen.[10] Wenn endlich zugehört wird, was sie verunsichert und wie für sie Sicherheit aussieht, werden sie nicht mit mehr unbefragt in einer militärisch ge-

10 UNO-Bericht "Die Frauen der Welt 1970-1990", Juni 1991.

prägten "Sicherheit" mitgemeint sein. Frauen müssen reflektieren, wo sie Dienerinnen der Patriarchate sind, in der Familie, in der Gesellschaft, im Militär, im Kulturkreis, auf dem eigenen Kontinent - und weltweit.

4. Eine gemeinsame Analyse der Lebenzusammenhänge für Frauen und Männer und eine gerechte Aufgabenteilung und gemeinsame Verantwortung sollte ein vornehmliches Ziel der Gesellschaft sein. Anzustreben ist einerseits eine vergleichbare Einbindung von Vätern und Männern bei der Kindererziehung, im Haushalt und bei der Kranken- und Altenpflege. Andererseits ist die Schaffung von Arbeitsplätzen für Frauen, die ihrer Ausbildung entsprechen und eine gezielte Berufsförderung bis in höchste Kaderpositionen hinein, notwendig. Eine solche Entwicklung würde die alten Gehaltsstrukturen aufbrechen und Frauen aus der zwangvollen Enge der Haushaltsgeldzuteilung herausführen.

5. Es gilt, die vielfältigen Zusammenhänge von Lebenswelt und Weltsystem zu beleuchten und als Frau eine treibende Kraft bei der überwindung der zahlreichen Unsicherheitsräume zu spielen. Vielleicht bekommen dann die Begriffe "Sicherheit" und "Friede" wieder ihren Sinn: Gefahrlosigkeit und Abwesenheit von Gewalt - auch für Frauen, überall.

POLITISCHE FREIHEIT VON AUSSEN ?

Der europäische Druck auf die Verfassungs-Reform[1]

WOLF LINDER
unter Mitarbeit von
LORENZ KUMMER

Die Umwälzungen in Europa, vom Zusammenbruch der kommunistischen Regimes in Osteuropa über die Wiedervereinigung Deutschlands bis zum Prozess der europäischen Einigung auf wirtschaftlicher (EG) und sicherheitspolitischer Ebene (KSZE), verlaufen in einem atemberaubenden Tempo. Davon ist auch in der Schweiz einiges zu spüren. Noch im August 1988 empfahl der Bundesrat in seinem EG-Bericht den "Dritten Weg" als Alternative zu einem EG-Beitritt oder zum Alleingang: Die Wirtschaftsbeziehungen zur EG sollten wie bisher durch bilaterale Sonderabkommen geregelt werden.[2] Weder die dauernden Ausnahmen für die EFTA noch die vom Bundesrat verlangten Mitentscheidungsmöglichkeiten im EWR haben sich gegenüber der EG als verhandelbar erwiesen bzw. werden durch den Entscheid des Gerichtshofes wieder angefochten. Die Schweizer EWR-Delegation bezeichnet die Verhandlungen bereits als "Beitrittsverhandlungen ohne Beitritt", während der Bundesrat in seinem Geschäfsbericht 1990 festhält, die Schweiz habe "kaum mehr Möglichkeiten zu bestimmen, in welchem Bereich wir unsere Beziehungen zur EG enger knüpfen möchten und wo wir es vorziehen, volle Autonomie zu bewahren".[3] Damit zeichnen sich bedeutend realistischere Konturen für die Stellung der Schweiz im künftigen Europa ab als noch vor drei Jahren. Die Schweiz wird mittelfristig wohl oder übel zwischen einem weitgehend vorbehaltlosen EG-

---

1 Dieser Aufsatz vereinigt Gedanken zur politischen Verfassungsreform, die der Verfasser in zwei anderen Aufsätzen (Zukunft der schweizerischen Demokratie, in: Zukunft der Schweiz, hg. von der Stiftung für Geisteswissenschaften, Zürich 1991 sowie Ausblick, Schlussbemerkungen zur Festschrift der Bundesversammlung zur 700-Jahr-Feier, Bern, 1991) ausführlicher dargelegt hat.

2 Bundesrat, Bericht über die Stellung der Schweiz im europäischen Integrationsprozess, 1988.

3 Bundesrat, Geschäftsbericht 1990, 1991.

Beitritt oder einem Abseitsstehen, das die einen als "Alleingang", die anderen als "Isolation" bezeichnen, wählen müssen.

Damit steht die Schweiz zu Beginn der 90er Jahre vor ausserordentlich weitreichenden Entscheidungen. Sie sind für die Zukunft des Landes vielleicht so bedeutsam wie die Gründung des Bundesstaates im Jahr 1848. Denn die künftige Rolle der Schweiz innerhalb oder ausserhalb der EG berührt nicht allein wirtschaftliche, sondern zentrale staatspolitische und verfassungsrechtliche Fragen. Dazu gehören der künftige Gehalt der staatlichen Souveränität und Neutralität, dann aber die Fragen nach der "Europafähigkeit" unseres Regierungs- und Parlamentssystems und damit auch des Föderalismus und der direkten Demokratie. Sie sind von den Behörden bisher kaum angeschnitten worden, und die öffentliche Meinung ist wenig darauf vorbereitet. Das ist bedauerlich, denn seit langem gibt es nicht nur integrationspolitische, sondern auch innenpolitische Gründe, über die Reform des Bundesstaates nachzudenken: Das erlahmende Interesse an der traditionellen Wahl- und Abstimmungsdemokratie kontrastiert mit vorwärts- und rückwärtsgerichteten Basisaktivitäten. Das Milizsystem hat - wenigstens auf Bundesebene - die Grenzen seiner Leistungsfähigkeit erreicht. Die ungelösten Probleme der Verflechtung von Politik und Wirtschaft, die Ermüdungserscheinungen der Konkordanz, die sinkende Leistungsfähigkeit des Entscheidungssystems und die Überlastung der Verfassungsgebung sind oftgenannte Problemkreise, die auf einen akuten Reformbedarf des politischen Systems und der Verfassung hinweisen.

WEGE ZUR "EUROPAVERTRÄGLICHKEIT"

1990 haben die beiden FDP-Parlamentarier Rhinow und Petitpierre mit ihren Vorstössen den Versuch unternommen, die Diskussion zur Regierungs- und Parlamentsreform neu in Gang zu setzen. Der Zeitpunkt war wohl nicht zufällig gewählt, denn ungeachtet der Frage eines EG-Beitritts wird es erforderlich sein, die aussenpolitische Handlungsfähigkeit von Regierung und Parlament zu erhöhen. Unter dem Druck von aussen könnten deshalb grössere institutionelle Reformen gelingen, die in den letzten 30 Jahren regelmässig zum Scheitern verurteilt waren.

Es stellt sich aber die Frage, ob die dosierten Vorschläge von Rhinow und Petitpierre ausreichen werden, um das politische System der

Schweiz "eurokompatibel" zu machen. Wenn man den Basler Ökonomen um Silvio Borner glaubt, so ist dies kaum der Fall, denn sie geben dem staatspolitischen Sonderfall der direkten Demokratie auf dem europäischen Markt keine Überlebenschance. Borner, Brunetti und Straubhaar führen die ältere staatsrechtliche und politologische Kritik der Umwandlung des Referendums vom Volks- zum Verbandsrecht weiter und betrachten dessen Auswirkungen auf dem wirtschaftlichen Markt: Die Verbände haben mit ihren Referendumsdrohungen meist ein leichtes Spiel, den Status quo zu verteidigen. Dies trage zur Kartellierung vieler Märkte, zu Branchenschutz und zur Übernahme von unternehmerischen Risiken durch den Staat bei statt zu Innovation, Wettbewerb und Deregulierung, wie das der geplante Euromarkt anstrebt. Damit die Schweiz wirtschaftlich nicht zum Sanierungsfall werde, plädieren Borner, Brunetti und Straubhaar für mehr Wettbewerb auch auf politischer Ebene: Sie fordern die Annäherung an ein parlamentarisches System mit Rollenwechseln zwischen Regierungs- und Oppositionskräften.[4]

Solche Vorstellungen sind nicht ganz neu. Der Politologe Raimund Germann hatte sie in seiner Habilitationsschrift bereits 1975 formuliert und seither weiter entwickelt.[5] Die wichtigsten Elemente eines Verfassungsumbaus in Richtung eines parlamentarischen Systems wären demnach:

- die Erschwerung des Referendums durch Erhöhung der Unterschriftenzahl oder durch das ausschliessliche Referendumsrecht der Parlamentsmehrheit. Damit würden die Konkordanzzwänge abgebaut und das Parlament gestärkt;

- die Ersetzung des formulierten Volksbegehrens durch die sogenannte "Einheitsinitiative", die den Räten die Berücksichtigung der Initiativforderungen auch auf Gesetzesebene gestattet und damit die Verfassungsgebung entlastet;

- die Entlastung der Verfassungsgebung durch eine flexiblere Kompetenzausscheidung zwischen Bund und Kantonen gegenüber dem heutigen Art. 3 BV;

- die Beschränkung der Aufgaben des Ständerats, um dem demokrati-

4 Silvio Borner/Aymo Brunetti/Thomas Straubhaar, Schweiz AG, Vom Sonderfall zum Sanierungsfall, Zürich 1990.

5 Raimund Germann, Politische Innovation und Verfassungsreform, Bern 1975.

schen Prinzip (eine Person eine Stimme) gegenüber dem föderalistischen Prinzip (Gleichheit der Gliedstaaten) wieder mehr Gewicht zu verschaffen;

- eine umfassende Regierungsreform: die Ausstattung des Präsidialamts mit Richtlinienkompetenz, die Abwählbarkeit der Regierung durch Formen des Misstrauensvotums;

- Änderungen des Wahlsystems, um die Zahl der Parteien zu vermindern und damit wechselnde Regierungs-Koalitionen wahrscheinlicher zu machen.

Diese Verfassungsreformen wären, so Germann, nicht von einem "Demokratieabbau" begleitet, sondern von einer Verlagerung des Einflusses der Wählerschaft von der Abstimmungs- auf die Wahldemokratie. Heute haben Stimmbürgerinnen und Stimmbürger in einem Teil parlamentarischer Entscheidungen das letzte Wort, aber wegen der Konkordanzzwänge keinen direkten Einfluss auf Zusammensetzung und Kurs der Regierung. Im parlamentarischen System wäre es umgekehrt: Abstimmungen werden seltener, dafür gewinnen Wahlen an Bedeutung; Wählerinnen und Wähler bestimmen, welche politischen Kräfte die Regierung bilden oder auf die Oppositionsbänke verwiesen sind.

Die Vorschläge Germanns einer "eurokompatiblen" Verfassung sind bedenkenswert. Sie berücksichtigen nicht nur den Aspekt nationaler Handlungsfähigkeit in den europäischen Institutionen, die von repräsentativen Demokratien aufgebaut und bestimmt sind, sondern sie lösen einen grossen Teil jener Effizienz- und Demokratieprobleme, die seit Imbodens "Helvetischem Malaise" formuliert worden sind.

Doch die Vorstellungen Germanns wie Borners bedeuten einen radikalen Bruch mit unserer politischen Kultur. Denn das bisherige Konkordanz-System ist nicht nur eine institutionelle Einrichtung. Es widerspiegelt auch eine Lebenshaltung des Ausgleichs, die es als störend empfindet, einer Regierungsmacht alles und der Opposition nichts zuzugestehen, selbst wenn dies nur auf begrenzte Zeit hin und mit der noch nie dagewesenen Chance des Machtwechsels geschieht. Den Stimmbürgerinnen und Stimmbürgern mag der "taktische" Einfluss auf konkrete Abstimmungsvorlagen wichtiger sein als der "strategische" Einfluss über Wahlen, selbst wenn sie damit weniger zu sagen hätten. Der Gedanke, dass nicht nur das Volk, sondern auch das Parlament "demokratisch" entscheidet, ist in der Schweiz wenig entwickelt. Schliesslich scheint der

"Sonderfall" der direkten Demokratie einen wesentlichen Teil unserer schweizerischen Identität und Unverwechselbarkeit auszumachen. Haben wir also Anlass, die Frage nach der organisatorischen Reform des Bundesstaats überhaupt zu stellen?

VERFASSUNGSREFORM JA - ABER WANN?

Nicht zufällig wurden die Vorstellungen Germanns vor gut 15 Jahren als "unschweizerisch" beurteilt. Sie hinterliessen keine Spuren in den umfangreichen Arbeiten zur Totalrevision der Bundesverfassung. Wenn sich schliesslich eine Nationalratskommission zu Ende des Jahres 1990 den Vorschlägen für eine Reform des Ständerats völlig verschliesst, so mag es noch verwegener sein, ernsthaft an die Möglichkeit einer Änderung oder gar einer Zurückdrängung der Volksrechte zu denken.

Niemand dürfte sich aber der Einsicht verschliessen, dass jede Öffnung gegenüber Europa auch einschneidende Folgen auf unsere Realverfassung haben wird. Europafrage und Verfassungsreformen hängen sachlich eng zusammen. Ungewiss ist nur, zu welchem Zeitpunkt wir bereit sind, uns der Frage von Verfassungsreformen zu stellen. Darauf sind heute drei Antworten möglich: vor einer Europa-Abstimmung, nachher, oder nie.

- Euro-Optimisten hoffen, dass eine positive Entscheidung von Volk und Ständen für ein EWR-Abkommen oder einen EG-Beitritt zustandekommt und anschliessend jene innenpolitische Dynamik hervorbringen wird, welche die heute unwahrscheinliche Verfassungsreform möglich macht.

- Das Lager der Taktiker oder Pragmatiker möchte nicht zwei schwere Fuder auf einmal laden. Und die Taktiker würden auch nach einer erfolgreichen Europa-Abstimmung Verfassungsreformen tunlichst vermeiden: Im "stillen Verfassungswandel" würden Referenden einfach seltener, Volksinitiativen dafür häufiger für ungültig erklärt, weil mit dem Europarecht nicht vereinbar. Auch der Verfassungssatz von den eidgenössischen Räten als "oberste Gewalt des Bundes" müsste nicht abgeändert werden, selbst wenn die Aussenpolitik noch mehr von Chefbeamten und Diplomaten, und noch weniger von Bundesrat und Parlament bestimmt würde.

- Für die sofortige Verfassungsdiskussion gibt es zwei Hauptmotive. "Realisten" möchten die Risiken eines negativen Europa-Entscheides vermeiden. Die bisherigen aussenpolitischen Verfassungsvorlagen (EG-Assoziationsvertrag, IDA-Kredit, UNO-Abstimmung) haben gezeigt, dass die Hürden des doppelten Mehrs ausserordentlich hoch sind. Das Risiko eines negativen Ausgangs (kein Ständemehr trotz knappen Volksmehrs) ist beträchtlich. Die Schweiz könnte dadurch in die Isolation geraten. Als "idealistischer" Beweggrund mag gelten, zuerst das eigene Haus in Ordnung zu bringen, bevor zu den neuen Ufern Europas aufgebrochen wird.

VON "TECHNISCHEN REFORMEN"...

Die sofortige Verfassungsdiskussion ist also bedeutsam, damit die Europa-Frage auch in Kenntnis der politisch-institutionellen Folgen beurteilt und entschieden wird. Aber auch die innenpolitisch motivierte Idee einer Neuordnung unseres Staatswesens gewinnt wieder an Boden, wie etwa die Bewegung um den Verfassungsentwurf der Staatsrechtler Kölz und Müller zeigt.[6] Dennoch bleibt Skepsis, ob eine gesamthafte Reorganisation unseres Bundesstaates machbar ist.

Immerhin ist den "technischen" Reformvorhaben von Rhinow und Petitpierre, nämlich der Stärkung des Parlaments durch Professionalisierung, der Nutzung erweiterten Sachverstands und den Verbesserungen des Ratsbetriebs, sowie der Regierungsreform im Sinne der Schaffung einer zweiten Ministerebene eine gewisse Chance einzuräumen. Dasselbe gilt für die Stärkung der politischen Parteien in finanzieller wie organisatorischer Hinsicht.

Hier handelt es sich um Vorhaben zur Vergrösserung der Leistungsfähigkeit der "Berner Mechanik", die schon lange und ausgiebig in den Siebziger Jahren diskutiert worden waren. Die Ergiebigkeit solcher Reformen sollte nicht unterschätzt werden, gerade auch mit Hinsicht auf eine selbstbewusstere Parlamentskultur.

Ungelöst bleiben dabei aber die Fragen politischer Konkordanz. Zwar spricht vieles dafür, dass gerade die Herausforderungen der neunziger Jahre nur im Konsens aller grösseren politischen Kräfte zu bewältigen

---

6 Alfred Kölz/Jörg Paul Müller, Entwurf für eine neue Bundesverfassung, Zweite Auflage vom 14. Juli 1990, Basel 1990.

sind. Kann die Konkordanz aber, nach 15 Jahren zunehmender Polarisierung zwischen bürgerlicher Mehrheit und links-grüner Minderheit, wieder flott gemacht werden? Wird es wieder, wie in der ersten Zeit der Zauberformel beim Bund nach 1959, zu wechselnden Sachkoalitionen der drei grossen Parteien FDP, CVP und SP kommen, oder werden die Bürgerlichen versuchen, die SP aus der Regierung zu drängen? Haben die links-grünen Kräfte eine Chance, die Hegemonie der bürgerlichen Kräfte zu brechen, und zum erstenmal in der Geschichte des Bundesstaats eine dem Bürgerblock gleichwertige politische Kraft zu bilden?

Keine dieser Möglichkeiten ist in der unstabiler werdenden schweizerischen Parteienlandschaft ganz auszuschliessen. Ein Blick in die Kantone und Städte, wo das Volk die Zauberformeln der Exekutiven bestimmt, zeigt uns viele Arten von Konkordanz, aber auch wechselnde Blockbildungen. Beim Bund, wo die Wähler keinen direkten Einfluss auf die Regierungsbildung haben, fällt den Fraktionseliten und Leitungen der grossen Parteien eine besondere Verantwortung zu, effiziente Möglichkeiten des Zusammenspiels von Regierung und Parlament zu finden. Unter den gegenwärtigen Konkordanzzwängen wird eine zu enge Blockpolitik wohl bald an die Grenzen oppositioneller Referenden stossen. Umgekehrt kann keine Konkordanzformel auf Dauer überleben, wo sie keinen echten politischen Ausgleich durch wechselnde Mehrheiten in einzelnen Sachfragen kennt.

... ZU "GRUNDSATZ-REFORMEN"

Schwieriger wird es allerdings sein, die bisher mehrheitlich "tabuisierten" Bereiche der staatlichen Souveränität, der Neutralität, der Volksrechte und des Föderalismus zu überprüfen. Der Souveränitätsverlust ist allerdings nicht ein Schweiz-spezifisches Problem, da er für alle EG-Mitglieder gleichermassen ins Gewicht fällt. Und auch im Bereich der Neutralitätspolitik des Bundes ist in letzter Zeit unter dem Eindruck der Ereignisse im Mittleren Osten einige Bewegung festzustellen, die auf eine mögliche Neudefinition des Neutralitätsbegriffes hinweist. Anders liegt die Situation im Bereich der direkten Demokratie und des Föderalismus. Im Verfassungsbericht von 1985 fordert der Bundesrat zwar noch zu einem Überdenken der Aufgabenteilung zwischen Bund und Kantonen auf und weist auf die "Reformbedürftigkeit der Volksrechte" hin.[7]

Im Europabericht von 1988 fehlen jedoch Hinweise auf das vorher publizierte Verfassungsdossier. Können "Europa" und "Verfassung" zwei getrennte Dossiers bleiben? Die jüngst bekannt gewordenen Versuche des Justiz- und Polizeidepartements, die Anpassungen an einen allfälligen EWR-Vertrag über den Weg des Dringlichkeitsrechts zu bewältigen, lassen erhebliche Zweifel aufkommen. Es wäre sicher ratsam, die Entscheidungsmechanismen der direkten Demokratie wie unseres Föderalismus rechtzeitig und unbefangen zu überprüfen, um unliebsame politische Überraschungen zu vermeiden.

DIE ZUKUNFT DER DIREKTEN DEMOKRATIE

Der Zusammenhang zwischen EG und direkter Demokratie wird meist darin gesehen, dass eine allfällige Beteiligung der Schweiz an den europäischen Institutionen mit einem Abbau von Initiativ- oder Referendumsmöglichkeiten begleitet wäre. Diese "Defizit"-Optik verkennt allerdings, dass die eigentlichen Probleme der direkten Demokratie unabhängig von der europäischen Integrationsproblematik bestehen und hausgemacht sind. Dies gilt erstens für die "Systemeffekte" auf Bundesebene, wo das Referendum weit mehr Verbands- als Volksrecht ist, und wo die Volksinitiative wegen der Unzulässigkeit der Gesetzesinitiative und der Alternativenlosigkeit der Parlamentspolitik zur Überlastung der Verfassungsgebung führt. Zweitens ist auch die Problematik des sinkenden Interesses der Stimmberechtigten an der Nutzung der direktdemokratischen Rechte nicht zu übersehen. Die Abstimmungsdemokratie gilt als eine überaus anspruchsvolle Partizipationsform, und sie ist Gefährdungen ausgesetzt. Die stützenden Milieus der alten Männerdemokratie, die soziales und politisches Leben am Sonntagmorgen in Kirchengang, Urnengang und Wirtshausstamm zusammenhielten, sind verloren gegangen. Die schweizerischen Parteien konnten sich zudem nie zu starken Organisationen entwickeln, obwohl gerade sie die wichtigsten Vermittler zwischen Behörden und Volk in der direkten Demokratie wären. In der individualisierten modernen Gesellschaft, und ohne starke organisierte Träger politischer Kultur, ist daher kaum mit einem Anwachsen der Stimm- und Wahlbeteiligung zu rechnen. Umso mehr fällt die unterschiedliche Beteiligung je nach Bildungs- und

7 Bundesrat, Bericht über die Totalrevision der Bundesverfassung (Motionen Obrecht und Dürrenmatt), S. 98-100, 105-106, 111, 1985.

Einkommensschichten, Alter und Geschlecht ins Gewicht. Zwischen einseitiger Abstimmungspropaganda und Abstimmungsergebnis besteht bei komplexen, abstrakten Vorlagen ein eindeutiger statistischer Zusammenhang. Das beweist nicht die Käuflichkeit von Abstimmungen - aber auch nicht das Gegenteil. Vor allem aber haftet der halbdirekten Demokratie auf Bundesebene ein grundlegender Makel an: Zwar ist der taktische Einfluss der Stimmbürgerschaft durch die hohe Zahl der Verfassungsabstimmungen maximiert, der strategische Einfluss durch Wahlen aber minimiert; als Wählerinnen und Wähler haben wir nichts zu sagen über die kräftemässige und persönliche Zusammensetzung der Regierung oder ihr politisches Programm.

Von diesen Entwicklungen und Eigenheiten ist die lokale und kantonale Abstimmungsdemokratie zum Teil weniger betroffen, und zwar nicht nur wegen der Volkswahl der kantonalen Regierungen oder der Gemeindeexekutive. Im Gegensatz zum wirtschaftlichen Markt, der mit zunehmender Grösse mehr leistet, gilt für die Abstimmungsdemokratie vielleicht das umgekehrte Phänomen: sie mag in kleinen Räumen bessere Zukunftschancen haben. Man kann sich also durchaus vorstellen, dass die direkte Demokratie bei Gemeinden und Kantonen nicht nur überlebt, sondern noch kreative Weiterentwicklungen erfährt. Auf Bundesebene jedoch wäre es andererseits nicht abwegig, die Stellung des Parlaments über technische Reformen hinaus zu stärken, und zwar durch folgende Massnahmen:

- Die formulierte Einheitsinitiative erlaubt dem Parlament die Verwirklichung eines Volksbegehrens auch auf Gesetzesstufe, garantiert aber umgekehrt, dass sein Gehalt (anders als bei der Einheitsinitiative in Form der allgemeinen Anregung) nicht verändert wird. Verbunden mit einer offeneren Formulierung der Bundeskompetenzen in Art. 3 BV könnte die Inflation der Verfassungsabstimmungen eingeschränkt werden;

- Gesetze und allgemeinverbindliche Bundesbeschlüsse werden analog zur italienischen Verfassung erst nachträglich, zum Beispiel zwei Jahre nach der Inkraftsetzung, dem Vorbehalt der Aufhebung durch die Volksabstimmung unterstellt. Das resolutive Referendum würde vielleicht weniger benutzt. Es hätte aber den Vorteil, dass die Stimmberechtigten weniger von Propagandaslogans überschüttet würden und dafür über einen mehr oder weniger realistischen "Vorher-Nachher"-Vergleich abstimmen könnten. Noch weitergehend wäre der Vorschlag, das heutige Referendum durch ein parlamentarisches Mehrheitsreferendum zu ersetzen. Referendumsabstimmungen würden damit plebiszitären Charakter annehmen;

Beide Massnahmen wären geeignet, die politische Handlungsfähigkeit des Parlaments zu erhöhen: die Zahl der Volksabstimmungen - insbesondere der Verfassungsabstimmungen mit Doppelmehr - würde sich vermindern, ebenso der Druck des Verbandsreferendums und die daraus folgenden Konkordanzzwänge. Damit ergäbe sich eine grössere Koalitionsfreiheit der Regierungsparteien - sei dies nun in der Variation der Zauberformel, sei es in fallweisen Koalitionen der Regierungsparteien für bestimmte Sachthemen oder für gemeinsame Regierungsprogramme wie zu Beginn der Konkordanzzeit in den Sechziger Jahren.

Was aber hätten die Stimmberechtigten zu erwarten? Demokratietheoretisch geht es darum, ihren Einfluss möglichst gross zu halten. Nach wie vor geschieht dies auf doppeltem Wege: durch die Wahl- wie durch die Abstimmungsdemokratie. Der Beschränkung des "taktischen" Einflusses durch eine geringere Zahl von Abstimmungen stünde aber die Aufwertung des strategischen Einflusses durch die Wahlen gegenüber: Wenn das Parlament nicht nur handlungsfähiger, sondern auch freier in der Bildung von (Regierungs-) Koalitionen und Mehrheitsentscheidungen wäre, würde damit auch bedeutsamer, welche Kräfte im Parlament "regierungsfähig" sein sollten. Die beiden Vorschläge bringen eine Annäherung, aber im Gegensatz zu Germanns oder Borners Vorschlägen keinen Übergang zum "echten" parlamentarischen System. Vielleicht könnten diese Schritte genügen, um mehr politischen Wettbewerb in ein offeneres Konkordanzsystem zu bringen. Falls nicht, so bliebe die Möglichkeit offen, den Misstrauensantrag einzuführen, der zum Rücktritt der Regierung und zu Neuwahlen führt. Hier werden die strategischen Einflusschancen der Wählerinnen und Wähler noch grösser, indem sie über den Akt der Wahl auch über die Bildung der Regierung und ihr Programm, und über den Wechsel zwischen Regierung und Opposition mitentscheiden.

Die Diskussion solcher Vorschläge mag heute, angesichts der ungebrochenen Wertschätzung der Volksrechte, niemandem so recht erwünscht sein. Sie hätte aber den Vorteil, jenen Verfassungsreformen ein inneres und legitimes Motiv zu geben, die wir bisher als äusseren Druck wahrgenommen haben: Jedes Arrangement mit der EG wird die Volksrechte tangieren. Und von der Tendenz im internationalen Recht, überstaatlichen Vereinbarungen den Vorrang gegenüber dem Landesrecht einzuräumen, wird die Schweiz auch dann betroffen sein, wenn sie ausserhalb der EG bleibt. Auch der "autonome Nachvollzug" des Europarechts wird nämlich eine Reduktion der Referendums- und Initiativmöglichkeiten mit sich bringen.

DIE ZUKUNFT DES FÖDERALISMUS

Die Kritik am föderalistischen Schweizer Zweikammer-System ist beinahe so alt wie dieses selbst. Aus politologischer Sicht weisen mehrere Studien darauf hin, dass der Ständerat heute faktisch weniger eine Kantonsvertretung als eine Verdoppelung jener Interessen darstellt, die auch in der Volkskammer stark und gut organisiert vertreten sind. Diese These, die freilich neu und vertieft zu überprüfen wäre, würde das Gewicht jener Kritik verstärken, die das heutige Zweikammer-System für ein 6-Millionen-Volk für wenig wirksam hält, da im Rahmen der europäischen Integration die aussenpolitische Beanspruchung des Parlaments massiv zunehmen wird.

Effizienzüberlegungen sind zwar wichtig. Es gilt aber, eine fundamentalere und demokratietheoretische Kritik mit zu bedenken. Dabei geht es um die Frage: In welchem Verhältnis stehen Föderalismus und Demokratie?

Das schweizerische Verfassungssystem verbindet ja bekanntlich beide Prinzipien: Die demokratische Vertretungsregel (eine Person, eine Stimme) für den Nationalrat wurde ergänzt durch die föderalistische Vertretungsregel der Gleichheit aller Kantone im Ständerat wie in Verfassungsabstimmungen. Das relative Gewicht der beiden gegensätzlichen Prinzipien ist durchaus von praktischer Bedeutung, denn Stände- und Nationalrat können in der gleichen Frage bekanntlich divergieren, Stände- und Volksmehr in Verfassungsabstimmungen auseinandergehen. Wie Germann[8] festhält, hat das Gewicht der Gleichheit der Kantone und damit des föderalistischen Minderheitenschutzes zulasten des Demokratieprinzips der Gleichheit jeder Volksstimme ständig zugenommen: Wog die Stimme eines Appenzell-Innerrhoders im Jahre 1848 elf Zürcher Stimmen auf, so ist heute die Stimme des Innerrhoders bei Verfassungsabstimmungen oder der Wahl eines Ständerats 38 mal soviel wert wie die eines Zürchers. Dieses zunehmende Entscheidungsge-

---

8 Raimund Germann, Bundesverfassung und "Europafähigkeit" der Schweiz, in: Schweizerisches Jahrbuch für Politische Wissenschaften, Bern 1990.

wicht des Föderalismus kam zunächst wegen der unterschiedlichen demographischen Entwicklung der grossen und der kleinen Kantone zustande. So genügen heute in den Verfassungsabstimmungen theoretisch 9,4 Prozent aller Stimmen aus den kleinen Kantonen zur Erreichung eines ablehnenden Ständemehrs, das den Veränderungswillen einer grossen Volksmehrheit blockiert. Die praktisch entscheidenden Sperrminoritäten in den vier Kollisionsfällen mit negativem Ständemehr und positivem Volksmehr der letzten 20 Jahre lagen zwischen 20 und 24 Prozent. Von grosser politischer Tragweite ist die Sperrminorität sodann darum, weil sie mit der Verdoppelung von Verfassungsabstimmungen alle 20 Jahre seit 1930 vom "Ausnahmefall" zum "Normalfall" bundespolitischer Veränderungen geworden ist.

Es gibt bestimmt Entscheidungssituationen, in der die Anwendung der einfachen demokratischen Mehrheitsregel unzulänglich ist. Das gilt etwa für irreversible Entscheide, die durch eine andere, spätere Mehrheit nicht korrigiert werden können, oder die künftige Generationen binden, welche nicht am Entscheid beteiligt sind. Eine denkbare Lösung wäre hier das Erfordernis einer qualifizierten Mehrheit. Die Frage der Dosierung von Demokratie- und Föderalismusprinzip bleibt indessen in der Verfassungsabstimmung wie im Zweikammersystem aktuell. Es ist wenig einleuchtend, dass das Föderalismusprinzip heute faktisch ein grösseres Gewicht gegenüber dem Demokratieprinzip hat als 1848, zur Zeit des grossen Föderalismuskonflikts.

Eine Aufwertung des Demokratieprinzips wäre durchaus möglich. Erste Massnahmen wären die bereits erwähnte Neuformulierung der Kompetenzausscheidung zwischen Bund und Kantonen und die Einführung der formulierten Einheitsinitiative, welche die Zahl notwendiger Verfassungsabstimmungen (heute durchschnittlich sechs pro Jahr) reduziert. Für das Zweikammersystem wären folgende Optionen denkbar:

- Die Sitze im Ständerat werden neu verteilt. Die bevölkerungsreichsten Kantone würden dabei zum Beispiel drei Sitze erhalten, mittlere Kantone zwei Sitze und die kleinen Kantone einen Sitz.

- Zwischen den Räten wird eine Funktions- oder Aufgabenteilung eingeführt. Denkbar wäre, dass der Ständerat in Analogie zum deutschen Bundesrat nur noch Fragen behandeln würde, welche die Gliedstaaten betreffen.

- Das Differenzbereinigungsverfahren wird von der Vereinigten Bundesversammlung durchgeführt, was das Gewicht der Volkskammer gegenüber der Ständekammer im Konfliktfall erhöhen würde.

Diese Vorschläge könnten dazu beitragen, ein Gleichgewicht zwischen Föderalismus- und Demokratieprinzip wieder zu finden, das sich seit 1848 durch demografische und institutionelle Entwicklungen zulasten des Grundsatzes demokratischer Stimmengleichheit verschoben hat. Sie bedeuten aber keine Preisgabe des Föderalismus und der föderalistischen Kultur, ganz im Gegenteil.

Mit Blick auf Europa nämlich scheint der Föderalismus von höchster Aktualität. In den verschiedensten Ländern West- und Osteuropas wird die Forderung nach Regionalisierung, Dezentralisierung und Föderalisierung immer lauter und für die verschiedensten Politikbereiche angemeldet. Die bestehenden EG-Strukturen weisen zwar Demokratiedefizite auf, räumen aber den kleinen Ländern in allen Organen grössere Vertretungsrechte und einen z.T. weitgehenden Minderheitenschutz ein. Die Schweiz kennt nicht nur föderalistische Strukturen, sondern kann auf die Erfahrungen einer politischen Kultur des Minderheitenschutzes zählen. Der zukunftsträchtige Wert unserer Verhandlungskultur liegt darin, dass ihre Ergebnisse absolute Gewinner- und Verliererpositionen vermeidet. Von dieser politischen Kultur des Ausgleichs und der kleinräumigen Selbständigkeit zu beidseitigem Vorteil könnte die Schweiz durch aktive Mitarbeit im entstehenden Europa vielleicht doch einiges einbringen.

AUSBLICK

Die letzten zwei Jahre haben unsere innere Befindlichkeit als Staatsbürgerinnen und Staatsbürger, und unsere äussere Befindlichkeit als Schweizerinnen und Schweizer in einem künftigen Europa gründlich verändert. Es mag für die einen Unruhe, Unsicherheit und Verlust, für die andern Freude oder gar Euphorie bedeuten. Vor allem aber ist es eine Chance. Sie mag darin bestehen, dass dort, wo das Politische sichtbar entscheidend für die Zukunft unseres ganzen Landes wird, auch der politische Wille zur Gestaltung und notwendigen Umgestaltung unserer staatlichen Einrichtungen wachsen kann. Einfach ist die Aufgabe nicht. Souveränität, Neutralität, Föderalismus, Referendum und Initiative sind nicht Selbstzweck, sondern Instrumente unserer Gesellschaft auf dem Wege zur Demokratie. Wir müssen sie neu in die Hand nehmen.

ZWISCHEN INTEGRATIONSZWÄNGEN UND AUTARKIEWÜNSCHEN

Sicherheitspolitische Öffnungen und Weitungen

KURT R. SPILLMANN

"700 Jahre sind genug", wurde uns im Jubiläumsjahr der Eidgenossenschaft provokativ entgegengehalten. Ist das eine Aufforderung zur Selbstaufgabe? Soll die Schweiz sich ihrer langen und verhältnismässig ruhigen Geschichte im Windschatten der grossen weltpolitischen Ereignisse schämen und jetzt, da Europa sich so grundlegend wandelt, ihre eigene und eigenartige Sonderexistenz neben den europäischen Grossmächten beenden?

Es ist in der Tat so, dass die Schweiz im siebenhundertsten Jahr ihrer Existenz mit den grundsätzlichsten Fragen ihrer Weiterexistenz konfrontiert wird. Auf der einen Seite steht die Tradition der Autarkie, der Wertegemeinschaft verschiedener Kulturen, Stände, politischer Traditionen und Sprachgemeinschaften, die sich im kleinen, aber komplexen Gebilde der Schweiz über Jahrhunderte hinweg zusammengerauft und nach aussen Respekt und Unabhängigkeit bewahrt haben. Soll diese Form der Sonderexistenz inmitten eines sich wandelnden Umfeldes weitergeführt werden?

Oder soll die unübersehbare und dynamisch gewordene Entwicklung der europäischen Integration zum neuen Leitmotiv werden, soll die Schweiz ihre Tradition der politischen Eigenständigkeit und der bewaffneten Neutralität aufgeben und Teil eines grösseren europäischen Ganzen werden?

Glücklicherweise haben wir nicht nur zwischen den radikal zugespitzten Möglichkeiten von Autarkie und Integration zu wählen. Die Realität ist weniger schematisch und weniger radikal, sie erlaubt Zwischentöne. Dennoch kommen wir nicht darum herum, uns mit diesen Fragen ernsthaft auseinanderzusetzen.

Kurt R. Spillmann

SICHERHEITSPOLITIK ALS GESCHICHTLICHES ZENTRUM

Es ist nicht übertrieben zu behaupten, dass Sicherheitspolitik seit Anbeginn ein Wesensmerkmal und ein konstitutives Element der Schweizer Geschichte gewesen sei. Aus dem Bundesbrief von 1291 geht klar hervor, dass die Bewahrung gemeinsamer Werte, der Selbstbestimmung und damit der Unabhängigkeit nach aussen, das heisst also die Abwehr gemeinsamer Feinde und gemeinsamer Bedrohungen von aussen, das Zentrum des Anliegens der den Bund schliessenden Orte war. Und durch die Geschichte hindurch blieb die Eidgenossenschaft eine Interessengemeinschaft von Kleinstaatswesen, die ihre Eigenständigkeit und ihre Auffassungen von Selbstbestimmung und Freiheit gemeinsam verteidigen wollten.

Konflikte verschiedenster Art drohten diese Interessengemeinschaft im Laufe der Geschichte zu zerreissen: der Stadt-Land-Gegensatz, der Gegensatz der Konfessionen und auch die soziale Spannung zwischen Beherrschten und Beherrschenden. Aber trotz dieser inneren Konflikte blieb die Gemeinschaft letztlich erhalten. Wenn auch nur um den Preis der Enthaltsamkeit bei den religiösen und territorialen Konflikten der Nachbarn. So entstand die schweizerische Neutralität, mehr aus Notwendigkeit denn aus Tugend. Erst verhältnismässig spät, seit dem 19. Jahrhundert, wurde sie zur respektierten "bewaffneten Neutralität", nämlich unter dem Eindruck wachsender Spannungen unter den mächtigeren Nachbarstaaten, die um die Hegemonie in Europa kämpften. Die Verfassungsautoren von 1848 vermieden es allerdings, die Neutralität in der Verfassung festzuschreiben, denn - so sagten sie gemäss Verhandlungsprotokoll - die Neutralität sollte ja nur ein Mittel, nicht ein Zweck des schweizerischen Staates und der schweizerischen Politik sein. Mehr als ein Jahrhundert des Erfolges und der selbstverständlichen Vertrautheit mit dem Prinzip der bewaffneten Neutralität liessen dies aber nicht nur zur Selbstverständlichkeit, sondern zum Mythos der staatlichen Existenzgrundlage schlechthin werden. Immer befand sich die Schweiz in unmittelbarer Nähe der potentiellen Front eines grösseren europäischen Kampfes: eines potentiellen Hegemonialkampfes zwischen Deutschland und Frankreich, wie er sich dann im Ersten und Zweiten Weltkrieg entwickelte, oder eines potentiellen Kampfes zwischen Warschauerpakt und NATO, eine Frontlage, die unmittelbar an den Zweiten Weltkrieg anschloss und bis 1989 andauerte. Seit die Sowjetunion aber aus innerer Schwäche ihre Satelliten aus dem letzten europäischen Kolonialimperium entlassen hat, seit die innerdeutsche Grenze verschwunden ist und seit der Warschauerpakt sich aufgelöst hat, befindet sich die Schweiz nicht mehr in der unmittelbaren Nähe einer potentiellen Front, sondern zum ersten Mal in der Geschichte in einer *Binnenlage*, das heisst, sie ist von lauter Staaten umgeben, die im Prinzip die gleichen Grundwerte der Menschenrechte und der Demokratie hochhalten und praktizieren.

Was bedeutet das für unsere Politik, insbesondere für unsere Sicherheitspolitik?

Sollen wir an der traditionellen Autarkievorstellung festhalten, da wir ja nicht sicher sind, ob diese Entwicklungen von Dauer sind beziehungsweise, ob die Sowjetunion nicht doch wieder in eine imperialistische Expansionspolitik zurückfällt? Oder sollen wir eine Politik und eine Sicherheitspolitik betreiben, die aktiv auf die Bildung einer europäischen Sicherheitsgemeinschaft ausgerichtet ist, in der alle europäischen Länder ihre gemeinsamen Grundwerte zu schützen versuchen?

Noch ist eine europäische Sicherheitsgemeinschaft erst als Vision am Horizont sichtbar. In jüngster Vergangenheit hat die Europäische Gemeinschaft als möglicher Partner der Vereinigten Staaten in der Golfkrise eine schlechte Figur gemacht. Wenige Gemeinsamkeiten, dafür viele nationale Unterschiede traten zutage. Um so dringlicher wurde anschliessend in verschiedenen Hauptstädten und in Brüssel die Notwendigkeit betont, die Europäische Gemeinschaft möglichst bald auch zu einer aussen- und sicherheitspolitischen Gemeinschaft weiterzuentwickeln.

Und die Schweiz? Sie steht nicht nur der EG-Mitgliedschaft, sondern sogar der EWR-Mitgliedschaft teilweise mit grosser Skepsis gegenüber. Allerdings scheint sich diese Skepsis schrittweise zu vermindern, und es ist zur bundesrätlichen Position geworden, dass eine EWR- und sogar eine EG-Mitgliedschaft für die Zukunft ins Auge gefasst werden müsse. Was bedeutet das sicherheitspolitisch für uns?

Die schweizerische Sicherheitspolitik geht von der Basis ihrer Autarkieerfahrung und ihrer Autarkiewünsche aus. Unsere Armee und Sicherheitspolitik ist so aufgebaut, dass wir uns nach allen Seiten, in allen Fällen und aus eigenen Mitteln verteidigen wollen. Wenn wir für die Zukunft eine grössere Interessengemeinschaft und einen europäischen Sicherheitsverbund anstreben wollen, dann heisst das, dass wir für die allernächste Zukunft, während der die europäische Interessengemeinschaft sich bildet, noch an unserer Autarkietradition festhalten, uns aber für die weitere Zukunft so einrichten, dass wir uns mit unserer Armee und mit den anderen Mitteln der Gesamtverteidigung möglichst bruchlos in eine europäische Sicherheitsgemeinschaft einfügen können. Das wird insbesondere für die Konfiguration, die Formulierung des Kampfauftrages und die Rüstungsbeschaffung unserer Armee beträchtlichen Mut zu unkonventionellem planerischem Denken erfordern.

GANZHEITLICHE SICHERHEITSPOLITIK

Aber auch in anderer Hinsicht ist Sicherheitspolitik heute sehr viel komplexer und schwieriger geworden. Nicht nur das politische Umfeld hat sich schon gewandelt und ist weiter im Begriffe, sich dramatisch zu wandeln. Auch die Gefährdungen des Staates sind vielfältiger und komplexer geworden.

Während praktisch bis zum Zweiten Weltkrieg eine existentielle Gefährdung des Staates nur aus feindlicher Absicht und mit Hilfe von militärischen Machtmitteln erwartet werden konnte, wird heute die Existenzbedrohung unseres Staates durch wirtschaftliche Erpressung, durch unkontrollierbare Masseneinwanderungen oder durch ökologische Katastrophen von sehr vielen Zeitgenossen für ebenso realistisch gehalten wie die einst allein dominierenden machtpolitischen Bedrohungen. Das hat zur Folge, dass die Akzeptanz der Armee sinkt, dass die Ausgaben für die Armee für zu hoch gehalten werden und in der Öffentlichkeit andere Bereiche der Prävention grössere Dringlichkeit beanspruchen. Die neusten Umfragen legen sogar nahe, dass die schweizerische Bevölkerung im Begriffe ist, das Kind mit dem Bade auszuschütten und die Armee weit tiefer einzustufen, als eine reale Beurteilung der unsicheren politischen Lage des weiteren europäischen Umfeldes dies rechtfertigen würde. Dabei sind die neuen Gefährdungen nur zu den alten hinzugetreten, haben diese aber nicht ersetzt oder verdrängt.

Richtig ist, dass das Problem der Sicherheit umfassender und komplexer geworden ist. Man könnte auch sagen, dass Sicherheit unteilbar geworden ist und dass eine Politik, die der Sicherheit dienen soll, nicht mehr nur von einem einzigen Departement, bisher vorwiegend dem Militärdepartement, gemacht werden kann. Auch wenn Sicherheitspolitik von der Verwaltungspraxis her schwergewichtig eine Angelegenheit des Militärdepartementes ist und nach dem Willen des Bundesrates bleiben soll, so ist doch von der theoretischen Einsicht her, das heisst von einem kognitiven Sicherheitsbegriff her, das ganze Problem längst departementsübergreifend geworden.

Die Anordnung und Durchführung von Massnahmen, die Führung und Verwaltung von Organisationen und Behörden kann durchaus auf verschiedene Departemente aufgeteilt bleiben. Bei der Analyse der notwendigen präventiven Vorkehrungen und bei der richtigen Reaktion auf sich abzeichnende gefährliche Entwicklungen ist hingegen zwingend eine departementsübergreifende, ganzheitliche Analyse vorzunehmen. An die Stelle des sektoriellen Denkens muss eine ganzheitliche Systemanalyse treten. Vernetztes Denken, wie es schon seit Jahren von Frederic Vester theoretisch und vom früheren Generalstabschef Jörg Zumstein praktisch verlangt wurde, muss endlich in die Tat umgesetzt werden. Die Schweiz muss als System verstanden werden, mit Verwundbarkeiten aller Art, deren Wechselwirkungen sich quer über die Departemente hinweg gegenseitig beeinflussen und verstärken. Eine Sicherheitspolitik kann nicht ohne genaue Rücksichten und ohne gedanklichen Einbezug in die Landwirtschaftspolitik, die Wirtschaftspolitik, die Verkehrspolitik, die Bevölkerungspolitik, die Asylpolitik etc. betrieben werden. Rückwirkungen und Redundanzeffekte müssen vermehrt in Betracht gezogen werden.

Wie weit kommt der Bericht 90 des Bundesrates vom Oktober diesen Bedürfnissen entgegen? Wie modern ist der Bericht 90 also?

Entgegen vielen kritischen Einwänden im allgemeinen und kritischen Vorbehalten im Detail kann man sagen, dass der Bericht 90 im grossen ganzen tatsächlich modern ist, mindestens im ersten Teil, das heisst in der Problemanalyse, und auch in jenen Teilen, in denen mindestens Fenster aufgestossen werden im Dienste einer ganzheitlichen Erfassung existentieller Bedrohungen unseres Landes.

Wie eine Tagung an der Eidgenössischen Technischen Hochschule Zürich im Dezember 1990 zeigte, schauen ausländische Experten mit einiger Bewunderung auf dieses Dokument, enthält es doch die fortschrittlichste Konzeption einer nationalen Sicherheitspolitik, die bisher von offizieller Seite in irgendeinem Lande entworfen worden ist.

Die Schweiz wagt als erstes Land die offizielle Einbettung der

Sicherheitspolitik in eine Gesamtpolitik der Existenzsicherung. Die Schweiz postuliert auch als erstes Land eine laufende ganzheitliche Analyse existenzbedrohender Gefährdungen als Grundlage für die sicherheitspolitische Lagebeurteilung. Auch wenn der Bericht über die organisatorischen Details dieser Lagebeurteilungsorgane noch unklar bleibt, so ist doch die Grundlage dafür geschaffen, und es ist fruchtbarer, sich über die Konkretisierung dieser Absicht zu unterhalten, als sich lange über das Fehlen eines konkreten Organes zu beschweren. Entscheidend ist allerdings, dass das Versprechen auf die Institutionalisierung eines laufenden Denkprozesses nicht leer bleibt, sondern dass die öffentliche und insbesondere die parlamentarische Debatte so lange fortgesetzt wird, bis ein entsprechendes Organ, zusammengesetzt aus Spezialisten der Verwaltung und der Wissenschaft, konkret besteht und seine Arbeit aufgenommen hat. Modern und ganzheitlich ist der Bericht 90 auch in der Aufnahme des sicherheitspolitischen Zieles "Schutz der Bevölkerung und ihrer Lebensgrundlagen": Hier wird die gedankliche Einbeziehung des Schutzes der Lebensgrundlagen im Bericht ausdrücklich postuliert, was ohne ganzheitliches und vernetztes Denken gar nicht möglich ist.

Und schliesslich wird als sicherheitspolitisches Ziel auch ein "Beitrag an die internationale Stabilität, vornehmlich in Europa" postuliert, was einen bedeutenden Schritt aus der Igelhaltung heraus in Richtung Solidarität, insbesondere mit den europäischen Ländern, bedeutet. Das Engagement der Schweiz für eine sicherheitspolitische Interessengemeinschaft in Europa, wie sie im ersten Abschnitt diskutiert wurde, ist damit offizielle Doktrin. Auf diesem Weg klaffen Zukunftsvision und Gegenwartsrealität noch weit auseinander, und es wird viel Takt und eine gute Portion Fähigkeit zu paradoxem Denken brauchen, um die jetzt anstehenden Entscheidungen so zu treffen, dass sie die bisherigen Garanten unserer Sicherheit (unter anderem die Armee und die anderen Instrumente unserer Gesamtverteidigung) funktionstauglich erhalten, gleichzeitig aber sinnvolle Bausteine für den zukünftigen Zustand darstellen.

Aus der Sicht des Postulates einer ganzheitlichen Sicherheitspolitik bleibt der Bericht 90 des Bundesrates eine Antwort auf die Prioritätenfolge der Einschätzung der Gefährdungen schuldig. Das heisst, der Bundesrat gibt dem Parlament kein Instrument in die Hand, um die Allokation der Mittel auf diesen Bericht abzustützen. Es müssen also laufend neue Debatten geführt werden über die Angemessenheit der Mittel, die für die verschiedenen Bereiche der traditionellen Gesamtverteidigung und im Vergleich und in Verbindung damit für die weiteren Bereiche einer umfassender verstandenen Sicherheitspolitik eingesetzt werden müssen.

Es ist sicher richtig, dass die Armee zahlenmässig reduziert wird. Zugleich ist aber ebenso richtig, dass sie im kleineren Verband auf einem technischen Höchststand gehalten werden muss, über Mittel zur maximalen Mobilität verfügen sollte und den denkbar besten Ausbildungsstand (unter Erwägung einer teilweisen Professionalisierung) einbeziehen muss. Sinnvoll wäre möglicherweise eine neue Armeekonzeption, die über "Armee 95" hinausginge und einen kleinen Bestandteil der Armee auf diese Weise höchst technisch ausstatten, höchst mobil halten und bestens ausbilden würde und dieses mobile und überall (auch im europäischen Umfeld) einsetzbare Element durch eine zahlenmässig grössere, aber nur leicht bewaffnete Territorialorganisation für Schutz-, Bewachungs- und Polizeiaufgaben ergänzen würde. Eine solche zukunftsweisende Konzeption käme aber kaum viel billiger zu stehen als die in der jetzigen Finanzplanung vorgesehenen Militärausgaben.

Im weiteren wäre es sicher richtig, auch Bundesbeiträge im Rahmen der Entwicklungshilfe in eine sicherheitspolitische Gesamtrechnung einzubeziehen, denn die Entschärfung des Nord-Süd-Konfliktes durch Hilfsmassnahmen im Dienste der Stabilisierung in verarmten Regionen ist zweifellos eine sicherheitspolitische Massnahme. Ähnliches könnte auch für Katastrophenhilfe und Katastropheninterventionen, auch bei ökologischen Unglücksfällen, geltend gemacht werden.

FRÜHERKENNUNG UND FORSCHUNG

Europa befindet sich in einem tiefen Umbruch. Während im Westen eine starke Bewegung zur Integration dominiert, herrscht im Osten eine ebenso starke Bewegung zur Desintegration und zum Verfall tradierter Herrschaftsformen und Staaten vor. Während im Westen der Nationalstaat an Bedeutung verliert, gewinnen im Osten nationale und insbesondere ethnische (zum Teil nur noch regionale) Loyalitäten an Bedeutung, bis hin zu Bürgerkriegssituationen.

Im Nahen und Mittleren Osten hat der Golfkrieg tradierte Fronten und Allianzen verändert, aber noch ist keine begründete Aussicht auf eine Stabilisierung und Friedensregelung in dieser Region vorhanden. Auch hier herrschen Destabilisierung, Gefahr erneuten Waffeneinsatzes und Unsicherheit vor. Ideologische Mobilisierung geht einher mit gravierenden wirtschaftlichen und sozialen Ungleichgewichten und mit Folgeerscheinungen ökologischer Katastrophen (Ölverschmutzung im Golf, Brand der kuwaitischen Ölfelder, Probleme des Wassermanagements von Euphrat und Tigris etc.).

Die galoppierende Bevölkerungsvermehrung südlich des Mittelmeeres und die mehr oder weniger stagnierende Bevölkerungsentwicklung in den Staaten nördlich des Mittelmeeres lassen die Prognose zu, dass hier ein demographisches und ökonomisches Ungleichgewicht entsteht, bei dessen Verschärfung sich das Mittelmeer in Zukunft zu einer Konfliktzone grösster Bedeutung gleich vor unserer Haustüre entwickeln könnte.

Die Uno, der man im Nachgang zur Perestroika schon grosse Chancen als neues, wirklich internationales Organ der Konfliktkontrolle zubilligen wollte, hat unter ihrem schwachen gegenwärtigen Generalsekretär im Golfkrieg keine aktive Führungsrolle gespielt und im Nachgang zum Golfkrieg, als es um eine Initiative zur Bewältigung der Situation der Kurden ging, sich geradezu um eine verantwortliche Stellungnahme gedrückt.

Das heisst, dass wir in unserem näheren und weiteren Umfeld von lauter Unsicherheits- und Instabilitätsfaktoren umgeben sind und dass wir von übergeordneter (internationaler) Seite keine umfassende Konfliktregelung erwarten können.

Unsicherheit und Instabilität werden also unsere Zukunft noch auf weite Sicht prägen.

Entsprechend intensiver sollten unsere Anstrengungen werden, frühzeitig zu erkennen, welche Tendenzen in unserem Umfeld für unser Land potentiell existenzbedrohenden Charakter annehmen können beziehungsweise, welche Verknüpfungen, Überlagerungen und Wechselwirkungen aus den verschiedenen Bereichen (Machtpolitik, Wirtschaft, Demographie, Ökologie) dies tun könnten.

Mit Entschiedenheit muss also postuliert werden, dass die Organe einer ganzheitlichen Früherkennung ausgebaut werden, dass auch die sicherheitspolitische und konfliktanalytische Forschung an den Hochschulen massiv entwickelt wird, so dass die Schweiz möglichst bald fähig wird, das Versprechen des Bundesrates im Bericht 90 (S. 51) einzulösen, wo es heisst: "Strategische Führung ist ein ständiger Denkprozess. Dabei werden laufend antizipierte Chancen und Gefahren unseren sicherheitspolitischen Zielen, unseren strategischen Überlegungen und unseren Mitteln gegenübergestellt, um daraus nötigenfalls neue Schlüsse zu ziehen und neue Massnahmen abzuleiten."

Die Ankurbelung und Institutionalisierung dieses ständigen Denkprozesses ist wohl eine der dringlichsten Aufgaben der Gegenwart und der nächsten Zukunft. Aus einer permanenten Rundumbeurteilung aller Entwicklungen in unserem näheren und weiteren Umfeld müssen mögliche existenzgefährdende Bedrohungen identifiziert werden. In einem zweiten Schritt müssen diese Bedrohungen einzeln in die Tiefe, in ihren Wurzeln, in ihrer Entwicklung und in ihren möglichen Auswirkungen von Spezialisten analysiert werden. In einem dritten Schritt müssen alle diese verschiedenartigen Analysen (aus allen möglichen Gebieten der Machtpolitik, der Wirtschaft, der Demographie, der Ökologie) in ihren Wechselwirkungen, Rückkoppelungen und Synergieeffekten in einer Synthese zusammengestellt werden, damit schliesslich in einem vierten Schritt Handlungsoptionen zuhanden der politischen Entscheidträger erarbeitet werden können.

Im Kapitel "Ganzheitliche Beurteilung existentieller Gefahren" (Bericht 90, S. 58) kommt der Bundesrat auch zum Schluss, dass es im Interesse unseres Landes liege, "dass solche Gefahren frühzeitig erkannt, in ihren gegenseitigen Wechselwirkungen beurteilt und möglichst bereits in ihrer Entstehung wirkungsvoll bekämpft werden". Der Bundesrat misst "der laufenden Untersuchung dieser komplexen Abläufe und Wechselwirkungen mit wissenschaftlicher Unterstützung" eine grosse Bedeutung zu. Er verspricht auch Abklärungen, "in welchem Rahmen diese Arbeit am besten durchgeführt werden kann und wie ihre Ergebnisse mit dem nötigen Gewicht in den strategischen Entscheidprozess einfliessen".

Auf dieses Versprechen wird der Bundesrat dringend behaftet werden müssen. Ebenso dringlich wie wir unsere traditionellen Instrumente der Sicherheitspolitik funktionstauglich erhalten müssen, sollten wir auch die Instrumente schaffen, die für die rechtzeitige Analyse und Erfassung der Situation von morgen nötig sind.

Der Bericht 90 ist kein abschliessendes Dokument, sondern ein Dokument des Übergangs. Das sicherheitspolitische West-Ost-Schema der vergangenen 40 Jahre ist überholt. Nicht nur die Sicherheitspolitik der

Schweiz, sondern die Sicherheitspolitik aller Staaten ist durch die Wandlungen und Umbrüche der letzten Jahre in ihren grundlegenden Annahmen in Frage gestellt. Alle Länder sind auf der Suche nach neuen Konzeptionen. Die Schweiz geht mit ihrem sicherheitspolitischen Bericht 90 mutig einen Schritt nach vorn oder eröffnet wenigstens Möglichkeiten dazu. Entsprechend sollte sich die öffentliche Diskussion des Berichtes nicht in Einzelheiten verlieren, sondern auf die grossen und zukunftsträchtigen Fragen konzentrieren.

FREIHEIT DANK EUROPA

Plädoyer für die EG. Gegen den Nationalstaat

BEAT KAPPELER

Vor der ausserordentlichen Frage, ob die Schweiz als Staat ihre Entscheide von 1499 (Kampf gegen das Reich), von 1648 (Austritt aus dem Reich), von 1815 (geduckter Ausstieg aus der Geschichte, um neutral zwischen den Nationalblöcken zu überleben) und von 1957 (kein Interesse an der EWG) revidieren solle, verstecken sich alle. Der Bundesrat bestellt ein Wirtschaftsgutachten, das nach Art eines Kassabüchleins Soll und Haben eines EG-Beitritts aufrechnet, verschiedene Linke erwecken den Eindruck, bei etwas mehr Sozialem könnten sie sich die EG vorstellen und Grüne tun so, als ob sie bei vielleicht etwas mehr Waschmittelvorschriften und Föderalismus der EG zustimmen könnten. Eine rein politische Frage wird mit Sachexpertenwissen (manchmal auch nur mit Behauptungen) zu entscheiden versucht.

Die EG ihrerseits wird als beendeter, aber misslungener Bau eines Superstaats gesehen. Dabei steht die EG in einem spannenden Umbauprozess (Politische Union? Föderalismus? Innere Demokratie und Parlamentarismus? Währungsunion? Osterweiterung gegen 1999? Subsidiaritätsprinzip?), dessen Richtung noch offen ist, aber wohl noch vor Ende 1992 entschieden und danach kaum noch - und schon gar nicht von aussen - rasch zu ändern sein wird. Ferner wird die EG, so viel steht fest, weder ein Bundesstaat, noch ein Staatenbund, noch ein zentralisierter Territorialstaat sein, sondern sie ist und wird ein Gebilde eigener Rechtsart sein. Der Platz der Nationen darin wird ein Geflecht verschiedener Abstufung von Souveränitäten sein, die EG wird ein selektives Machtmandat ausüben und nicht mehr.

Der EG steht eine Schweiz gegenüber, die faktisch an Souveränität, klarer an Bewegungsfreiheit, schon viel mehr eingebüsst hat, als viele meinen. Alle Gesetze werden auf Europa hin überprüft, die Zinsen entziehen sich dem Zugriff, weil die Kapitalien heute schon frei im globalen Markt fliessen, der Franken ist heute an die Politik der Bundesbank angehängt und wird es künftig an die von dieser dominierten Europäischen Zentralbank sein, Firmen und Handelsströme sind voll in Europa integriert. Durch das Freihandelsabkommen sind wir faktisch schon Teil des Binnenmarktes. Dies betrifft auch die Weitersteigerung der zwischenstaatlichen Arbeitsteilung und die damit verbundene Verkehrslawine. Und wenn Österreich und Schweden mit der EG den künftigen Platz von Neutralen in der EG aushandeln werden, wird dadurch auch unsere Neutralität vorgespurt - während in der Vergangenheit unser Nachbar Österreich gemäss Staatsvertrag die schweizerische Neutralität als Vorbild anzusehen hatte.

Diesem fortschreitenden Verlust an gesamtstaatlicher Freiheit setzen die meisten Schweizer - darin besteht im gesamten politischen Spektrum Einhelligkeit - ein Idealbild ihres Landes entgegen. So halten die meisten Schweizer von rechts bis links "unsere" Landwirtschaftspolitik für die vergleichbar beste. Eine ähnliche Konkordanz zeigt sich in Umweltfragen, wo oft pauschal davon ausgegangen wird, dass die europäische Integration eine Nivellierung der Normen nach unten bedeuten würde. Ausgerechnet das Land mit dem höchsten Bruttosozialprodukt pro Kopf in Europa, den höchsten Ozonwerten, einer doppelt so hohen Waldsterbensrate wie im europäischen Durchschnitt, mit der zersiedeltsten Landschaft und mit dem Anspruch, Luxus für alle aus der ganzen Welt frei Haus geliefert zu bekommen, klagt über das europäische Verkehrs- und Schmutzaufkommen und warnt Europa vor dem Irrsinn ungebrochener Wachstumseuphorie. Länder wie Portugal werden sicherlich gerne die schweizerische Kritik an der mobilen Wachstumsgesellschaft dankbar entgegennehmen... Weniger polemisch ausgedrückt: Verkannt wird doch, dass erstmals im Rahmen der EG und mittels deren 1987 eingeführten Umweltkompetenz die Konkurrenzangst zwischen den Nationen durch die Schaffung gleicher Voraussetzungen für alle abgebaut werden kann. Wenn sich alle Staaten an europäische Umweltregeln halten müssen, kann der einzelne Staat dieser eher zustimmen als es aus Wettbewerbsgründen bei einem umweltpolitischen Alleingang möglich wäre. Länder wie Frankreich, England oder Italien hätten den Katalysator unilateral nicht eingeführt. Auch könnten einzelne für sich planetarische Lenkungssteuern oder Kompensationen für Drittweltstaaten auf CO_2- oder Ozonkonferenzen nicht so offerieren, wie es die EG vorgeschlagenswerk hat. Diese Umweltkompetenz wird jetzt übrigens in rascher Kadenz zur Herbeiführung neuer Entscheide eingesetzt. Solche Informationen erscheinen, wie vieles andere aus der Entwicklung der EG ebenfalls, selten in den schweizerischen

Tageszeitungen und nur wer täglich eine gute Zeitung aus dem EG-Raum liest, kann sich als halbwegs informiert bezeichnen. Dies dürfte höchstens auf 20 Schweizer Parlamentarier zutreffen.

Zum Idealbild gehört, dass der Grad der Demokratie auf einer linearen Skala gemessen und im internationalen Vergleich derjenige Staat am höchsten bewertet wird, der die gleichen Volksrechte besitzt, wie die Schweiz sie kennt. Dass Demokratie in vielen Schattierungen verwirklicht sein kann (Italien kennt ein parlamentarisches System mit Referendumsrecht, Frankreich ein Präsidialsystem mit Referendumsmöglichkeiten, Irlands Volk stimmte sogar über die Verfassungsänderung der EG in der Einheitlichen Akte ab), die unserem System gleichwertig oder gar überlegen sind, wird kaum ernsthaft erwogen. Neben formalen Einrichtungen der Entscheidfindung gehören auch die "Werktagsdemokratie", der Mitbestimmung, ein ausführlicher Grundrechtekatalog, nicht nur gegenüber dem Staat, sondern auch zwischen den Bürgern, ein Verfassungsgericht als Wächter über den Gewalten und soziale Chancengleichheit zur vielfältigen demokratischen Praxis. Demgegenüber bilden die Käuflichkeit unserer Volksrechte (Kampagnen- und Propapandakosten), die fehlende Verfassungsgerichtsbarkeit über deren Ausführung, die Diktatur der Minderheit mit dem Mittel des Ständemehrs, der unglaubwürdige Föderalismus (der mehr ein Schikane-Wettlauf gegen den Bürger und seine Freizügigkeit im Inland ist), die weitgehend fehlende Verwaltungstransparenz, der nur geringe Bildungsaufstieg von Arbeiterkindern, die fehlende Mitbestimmung in der Wirtschaft oder die plumpe Allparteienregierung, die sich seit 50 Jahren unseren Staat aufteilt, nicht das gewünschte optimale Profil dieser in die Jahre gekommenen Demokratie. Die Forschungspolitik oder auch die Regionalpolitik dieses Ländchens von der halben Grösse Bayerns werden zusammen mit anderen Politikbereichen (Aussenpolitik) immer ineffizienter und immer weniger durch den kleinen Territorialstaat souverän regelbar. Zusätzlich leistet sich dieses demokratische Herrenvolk eine Fremdarbeiterschicht ohne Freizügigkeit und lässt sie etwa zwei- bis dreimal länger auf Einbürgerung warten als andere Länder. Die schweizerische Fremdarbeiterpolitik ihrerseits sperrt alle SchweizerInnen von der seit 20 Jahren bestehenden europäischen Freizügigkeit aus und nimmt ihnen damit einfach eines ihrer Grundrechte weg.

Abgrenzungen welcher Art auch immer gegenüber dem europäischen "Ausland" sind mehr denn je unbegründet. Die Schweiz ist ein zunehmend zufällig erscheinender, historisch und politisch nicht mehr notwendigerweise isolierbarer Fleck von 40.000 Quadratkilometern auf einem Kontinent, auf dem die militärisch-machtpolitische Konkurrenz und das bedrohliche Sicherheitsdilemma zwischen den Staaten weitgehend überwunden wurde. Obwohl Europa ein blühendes Bild des Zusammenlebens seiner Völker und seiner über ein Dutzend zählender Sprachkulturen bietet und trotz der Tatsache, dass die europäischen Staaten die Schweiz unterdessen eingeholt und überholt haben (Zusammenleben der Völker, Bildung und Ausbildung, Wohlstand, sozialer Friede), baut sie ihre nationale Identität immer noch auf dem geschlossenen Territorialstaat auf oder sie benützt negative Abgrenzungen zur Identitätsbildung. Das Militär mit seiner unerhörten Bestandesstärke (weit mehr als das grosse Deutschland) ist ebenso Bestandteil dieser Mentalität wie der krampfhaft verwandte Dialekt. Nebenbei bemerkt kann kaum ein Deutschschweizer eine europäische Hochsprache akzentfrei sprechen. Ein rein gesprochenes Hochdeutsch gälte sogar als aufgeblasen. Es ist mir auch nicht bekannt, dass irgend ein anderes Staatsradio in Europa derart konstant immer die gleiche eigene Volksmusik auf dem Hauptkanal senden würde. Aber auch ein beachtlicher Teil der Werbung beruht ausdrücklich oder unterschwellig darauf, dass die angepriesenen Schweizer Produkte eben besser seien als ausländische Waren - Reklametexter scheinen mehr als in andern Ländern einen "Sonderfall-Komplex" vorauszusetzen, der sich nicht zuletzt im Kaufverhalten der umworbenen Kundschaft ausdrückt.

Dies sind nur einige Hinweise auf schwer zu beschreibende, im mentalen und psychologischen Bereich wurzelnde Abgrenzungen, die zusammen mit anderen gesellschaftlichen Bereichen eine intensiv erlebbare Atmosphäre des Andersseins begünstigen. Angesichts der verschwundenen Konkurrenz und Bedrohung zwischen den europäischen Staaten, ihrer zivilisatorischen Annäherung an das "Weltdorf", machen solche Ausgrenzungsversuche keinen Sinn mehr; sie wirken seltsam unwirklich. Ebenso irreal ist die über die nationale Staatsdoktrin vermittelte Gefühlslage, wonach sich ein Thurgauer partout mit einem Welschen verbunden fühle müsse. Wir sind kein multikulturelles Volk, die wenigsten verstehen auch nur einigermassen die Sprache der andern. Was würde geschehen, wenn wir einfach zugeben würden, dass sich zum Beispiel ein Thurgauer mit einem Konstanzer besser versteht als mit Bernern oder gar Welschen und dass er einen Welschen nicht mehr und nicht weniger gut mag wie einen Franzosen?

Die Antwort fällt differenziert aus. Isoliert sich die Schweiz, kann sie dieses Eingeständnis nur um den Preis ihrer Selbstaufgabe machen.

Würde sie Mitgliedsstaat der europäischen Union, wäre jenes schon viel eher möglich: Wir würden dann so sein und so fühlen wie die anderen Europäer. Die Anziehungskraft kultureller Zentren im Ausland (Bonn, Paris und Rom bzw. Mailand) würde zusammen mit der Staatsgrenze relativiert. Sicherlich können wir auch als Mitgliedsstaat nicht wissen, wohin die Entwicklung in all ihren Ausprägungen gehen wird. Aber würde nicht gerade die Annahme der europäischen Herausforderung die Rückkehr der Schweiz in die Geschichte bedeuten, einer Geschichte, vor welcher sie sich gegenwärtig durch Erstarrung zu entziehen sucht. Nehmen die Politiker hierzulande nicht plötzlich aufgeschreckt zur Kenntnis, dass das bisherige schweizerische Prinzip, keine Entscheide zu treffen und getroffene Entscheidungen zu durchkreuzen oder nur halb auszuführen, den Status quo nicht mehr garantiert, weil geschichtliche Entwicklungen hoher Intensität in Europa vor sich gehen?

Die heute in der Schweiz vorherrschenden Einstellungsmuster zu Europa, und zwar nicht nur bei den konservativen Kräften, sondern gerade bei vielen kritischen Intellektuellen, Ökologen, Pazifisten, Föderalisten, lassen sich in ihren integrationsskeptischen Aussagen als Individualethik beschreiben: Wir machen, was *uns* recht erscheint und folgen unserem Gewissen hier und jetzt. Verantwortungsethisch begründetes Handeln würde hingegen bedeuten, dass wir mitreden sollten. Die Frage, ob es eine integrierte europäische Sicherheitspolitik geben soll, wie sie aussehen soll und in welchen Institutionen sie angesiedelt sein wird, in der KSZE, in der EG, in der WEU, ist doch auch für die Schweiz und ihre Neutralität von erheblicher Bedeutung. Allein schon die Diskussion darüber, dass sich die EG und die WEU zusammen mit den USA die Rolle des Weltpolizisten, ausgerüstet mit Truppen für den schnellen Einsatz, teilen könnten, macht es notwendig, in Europa mitzureden und die entstehende Ordnung nach eigenen Wertvorstellungen nach Kräften mitzugestalten. Zu protestieren, nachdem die Weichen gestellt sind, nützt ebenso wenig, wie in seinem kleinen Häuschen rein bleiben zu wollen.

Die Massnahmen des reichen, kinderarmen Europa gegenüber den Zuwanderern aus aller Welt werden künftig auch die schweizerische Haltung zu einem grossen Teil prägen. Wenn die europäischen Gesetze hart ausfallen - und vieles spricht dafür, dass sie es werden (Erstasylabkommen) - kommen viele Migranten nicht einmal mehr an unsere Grenzen heran. Individualethische Offenheit ist dann gratis zu haben und beruhigt das Gewissen, bleibt aber in Bezug auf das Problem wirkungslos. Ein soziales, arbeitnehmerfreundliches Europa schliesslich wird es entweder als Massnahmenbündel aller miteinander verbundenen Staaten geben, die sich nicht mehr in sozialem Dumping unterbieten müssen, oder es wird es nicht geben. Eine isolationistische Schweiz ihrerseits würde den Scharfmachern unter den Wirtschaftsführern ausgerechnet die fadenscheinigsten Argumente für Abbaumassnahmen genereller Art liefern, weil die aufkeimende Festungsmentalität "Wir gegen den Rest der Welt" diese nur noch begünstigen würde. Verantwortungsethik, aufbrechende Geschichte, Friedens- und Sozialstrukturen in Staatenbünde West- und Osteuropas einmeisseln: welch spannende Zeit liegt vor uns Europäern!

Die Europäische Integration setzt dem alle Angelegenheiten abschliessend regelnden Nationalstaat in vielen Belangen ein Ende. Die Integration und die damit verbundene Relativierung der Souveränität hebt viele seiner Schikanen und sogar teilweise ohne Vereinheitlichungsdruck (europaweite Anerkennung nationaler Regeln ohne Harmonisierung) auf. Integration bedeutet nicht selten Deregulierung im guten Sinne. Es geht eben gerade nicht um den Aufbau einer "Zentrale", sondern um die Schaffung von Raum, von kreativer Leere statt von eingrenzenden Schranken. Sie schafft eines der wesentlichen Grundrechte der Bürger, die Freizügigkeit wie sie vor 1914 bestand, neu. Der gesamteuropäische "Markt ohne Staat" ist in einem Punkt gar nicht so negativ, denn hier werden Regelungssüchte der Politiker und der Wirtschaftskartelle zurückgestutzt. Alle müssen sich wieder mehr Wettbewerb gefallen lassen. Wettbewerb aber ist Machtteilung. Der durch diese Dynamik freigewordene Raum kann durch die vielfältigen Einrichtungen und Gruppen der zivilen Gesellschaft, durch die Selbstorganisation der Bürger, belegt werden. Auf einem Kontinent, der in diesem Bereich die ältesten Erfahrungen und Konzepte hat und auf dem die im Durchschnitt gebildetsten Bürger leben, sollte dazu eigentlich befähigt sein. Die Aufklärung, denn um diese geht es letztlich, kann inhaltlich ihre Vervollkommnung in der sozialen Grundsicherung aller Bürger in Europa, in der Herausbildung eines ressourcenschonenden Wirtschaftslebens, im militanten Kampf für Menschenrechte auf dem Planeten, und in der Verfechtung des Subsidiaritätsprinzips gegenüber Staatlichkeit aller Ebenen, inbegriffen auch der europäischen, finden.

Auf diesem bereits vorbereiteten Parkett könnten die Schweizer (nicht unbedingt die Schweiz...) mitgehen: als Europabürger. Sie sollten froh sein um die europäische Staatlichkeit, die ihnen die schweizerische

Enge und Unverantwortlichkeit abnimmt. Mehr und nicht weniger Freiheit wird die Folge sein.

TEIL II

FRIEDE DURCH EUROPÄISCHE INTEGRATION

AUF DEM WEG ZU EINEM FRIEDLICHEN EUROPA?

Die europäische Integration und ihre möglichen friedenspolitischen Folgen

PETER HUG

Kaum war der Kalte Krieg zu Ende, begann der heisse Krieg am Golf, der zeigte, zu welchem Rückfall in die Barbarei die zivilisierte Welt in der Lage ist. Schwarze Giftwolken aus brennenden Ölfeldern verdunkeln seither die Friedenseuphorie, die nach dem Triumph der Gewaltlosigkeit über die Berliner Mauer aufkam. Wer damals vor dem Fortbestehen des Militarismus warnte und deshalb als unverbesserlicher Alarmist und Pessimist galt, sieht sich heute ohne Genugtuung in seiner Skepsis bestätigt. Nachdem sich (mit Ausnahme Chinas) alle führenden Staaten dieser Welt uneingeschränkt und verbindlich zum politischen und wirtschaftlichen Liberalismus bekannt haben, stellt sich dringender denn je die Frage nach der Friedensfähigkeit der real existierenden Marktwirtschaft in all ihren Ausformungen. Was bedeutet die Vollendung des europäischen Binnenmarktes für den Frieden aus weltwirtschaftlicher Perspektive? Welche politischen und gesellschaftlichen Institutionen braucht Europa, wenn es dauerhaft friedensfähig sein will?

ZUR TEILBARKEIT DES FRIEDENS

In der Analyse der Bedingungen des Friedens dominierte nach dem Zweiten Weltkrieg bis Ende der sechziger Jahre die auf Thomas Hobbes zurückgehende realistische Schule, die von einem anarchischen System Macht maximierender und nur durch Abschreckung und (Rüstungs-)Gleichgewicht in Schach zu haltender souveräner Staaten ausgeht. Seither haben Theorien an Gewicht gewonnen, die von den weltweiten gesellschaftlichen Interdependenzen ausgehen und in Anknüpfung an Hugo Grotius' Internationalismus, Immanuel Kants Universalismus und Norbert Elias' Theorie des Zivilisationsprozesses in weltweiten assoziativen Beziehungen die Grundlage für einen dauerhaften Frieden sehen: 1. durch eine weltweite Stärkung der Menschenrechte, Demokratie und Rechtsstaatlichkeit (Homologie); 2. durch internationale Regimes einschliesslich der supra-, trans- und subnationalen Ebene (Erwartungsverlässligkeit); 3. in der Förderung möglichst vielfältiger und gerechter Austauschbeziehungen in Wirtschaft, Gesellschaft und Kultur (Symbiose und Entropie); und 4. in der Fähigkeit, auf den anderen hin und vom anderen her zu denken (Empathie). Dies bedingt Abrüstung, Entmilitarisierung der Gesellschaften und Abbau patriarchaler Strukturen.

Diese neueren Theorien über die Bedingungen des Friedens sind u.a. von Dieter Senghaas mit erfahrungswissenschaftlichen Methoden erarbeitet worden. Er ging vom stabilen Frieden aus, der nun während vierzig Jahren in dem von den liberaldemokratischen, kapitalistischen Industriestaaten gebildeten Segment des internationalen Systems beobachtet werden kann.[1] Besonders nach der Erfahrung des Golfkrieges stellt sich jedoch mit aller Dringlichkeit erneut die Frage, ob diesem "OECD-Frieden" Modellcharakter zukomme oder ob er als Sonderentwicklung zu betrachten sei.[2] Ist Frieden teilbar?[3] Wenn Westeuropa auf der Grundlage der Aufklärung und Kants Artikel zum "Ewigen Frieden" (Menschenrechte, Republikanismus, Freihandel usw.) ein regionales Friedenssystem errichtet - was wahrlich nicht wenig ist - wird sich daraus eine globale Kooperation und Verregelung der Beziehungen herausbilden, in der die Verflechtung der Überlebens- und Entwicklungschancen aller Gesellschaften voranschreitet? Oder bedingt nicht jeder Regionalismus zwangsläufig, dass das ungleichzeitige Voranschreiten einer Teilgruppe unausgewogen verläuft und mit der Herausbildung von Sonderinteressen und einer Machtprojektion der kooperierenden Staaten auf den "Rest der Welt" verbunden ist? Die Krisen- und Kriegsursachenforschung weist nach, in welch hohem Masse die Grossmächte regelmässig an den Konflikten der "Dritten Welt" beteiligt sind.[4]

---

1 Dieter Senghaas, Die Neugestaltung Europas. Perspektiven und Handlungsgebote, in: Aus Politik und Zeitgeschichte B 18, S. 11-20; ders., 1990, Europa 2000. Ein Friedensplan, Frankfurt am Main 1991.

2 Volker Rittberger, Editorisches Vorwort, in: Theorien Internationaler Beziehungen. Politische Vierteljahresschrift PVS 21, 1990, S. 5-13.

3 Lothar Brock: "Frieden". Überlegungen zur Theoriebildung, in: PVS 21 (Anm. 2), S. 71-89.

4 Vgl. Klaus Gantzel und Jörg Meyer-Stramer (Hg.), Die Kriege nach dem Zweiten Weltkrieg bis 1984. Daten und erste Analyse, München; Michael Brecher, Jonathan Wilkenfeld, Sheila Moser, 1989, Crises in the Twentieth Century, 2 Bde. Oxford (vgl. v.a. Bd. 1, S. 76ff), 1986.

Die sich in den achtziger Jahren häufenden "Weltberichte" verneinen mit hohem politischem Sachverstand die Annahme, ein regionales Friedenssystem nach dem Typus des "OECD-Friedens" bzw. "EG-Friedens" sei verallgemeinerbar und stelle ein taugliches Modell für eine weltweite Friedensordnung dar. Der Nord-Süd-Bericht der Brandt-Kommission, der Bericht Global 2000 an den US-Präsidenten Jimmy Carter und insbesondere der Brundtland-Bericht der Weltkommission für Umwelt und Entwicklung[5] machten bewusst, wie begrenzt die ökologische Tragfähigkeit dieser Erde ist. Sie erlaubt nicht für alle eine nachholende und nachahmende Entwicklung nach dem Modell der reichen Industrieländer, da deren Verschwendungswirtschaft schon allein ausreicht, das Welt-Ökosystem in absehbarer Zukunft zum Kollabieren zu bringen; der EG-Lebensstil ist nicht globalisierungsfähig. Aus dieser Erkenntnis darf nicht die falsche Schlussfolgerung gezogen werden, es sei das Verflechtungsniveau der Weltwirtschaft zu senken, was einer friedensgefährdenden Blockbildung Vorschub leisten würde. Es muss darum gehen, den möglichst hohen Universalisierungsgrad der internationalen Vernetzungen zu erhalten, gleichzeitig aber unterstützt von den Weltwirtschaftsorganisationen (Bretton Woods-Organisationen und GATT) das Schwergewicht der Anpassungsprozesse im Hinblick auf eine "nachhaltige", die Lebensqualität zukünftiger Generationen sichernde Entwicklung in die Industrieländer zu verlegen.

BLOCKBILDUNG IN DER WELTWIRTSCHAFT ODER GLOBALE NACHHALTIGE ENTWICKLUNG?

Zerfällt die Weltwirtschaft in hegemonial strukturierte Blöcke?

Eine integrierte Weltwirtschaft stellt demnach zwar nicht eine hinreichende, aber notwendige Bedingung einer dauerhaften Friedensordnung dar. Wie u.a. der Wirtschaftshistoriker Charles P. Kindleberger aufzeigte, stellte nach 1929 die zerfallende Weltwirtschaft, die zunehmende Regionalisierung und Blockbildung bis hin zu tendenziell autarken Grossraumwirtschaften das ökonomische Äquivalent zur faschistischen und nationalsozialistischen Kriegsvorbereitung dar. Der Gründung des Allgemeinen Zoll- und Handelsabkommens GATT (1948) lag dementsprechend u.a. eine friedensordnungspolitische Motiviation zugrunde, die allerdings im Rahmen der Pax Americana nur für den OECD-Raum zum Tragen kam.

---

5 Volker Hauf (Hg.), Unsere Gemeinsame Zukunft. Der Brundtland-Bericht der Weltkommission für Umwelt und Entwicklung, Greven 1987.

Seit Anfang der siebziger Jahre verlor die US-Wirtschaft jedoch zunehmend ihre weltwirtschaftlich prägende Position und es bildeten sich in Europa und im pazifischen Raum neue Zentren wirtschaftlicher Dynamik heraus, die sich in der "Dritten Welt" durch Präferenzsysteme und eine entsprechende Entwicklungspolitik ihr eigenes Hinterland schufen. Während Japan mit zweistelligen Wachstumsraten seine Finanzhilfe in den südostasiatischen Raum steigerte, forcierte Washington die Errichtung eines panamerikanischen Freihandelssystems, und die Europäische Gemeinschaft baute mit den Lomé-Verträgen in mittlerweile 68 Staaten Afrikas, der Karibik und des Pazifiks, den sog. AKP-Staaten, ein Präferenzsystem aus. Das vorläufige Scheitern der GATT-Verhandlungen im Dezember 1990 machte inzwischen deutlich, dass die Vereinigten Staaten nach dem Ende des Kalten Krieges nicht mehr bereit sind, Konzessionen und Vorleistungen für die europäische Integration zu erbringen, da Washington Westeuropa nicht mehr als Bollwerk gegen den Warschauer Pakt benötigt. Diejenigen, die den markanten Einstellungswandel der USA gegenüber einem starken europäischen Regionalsystem[6] beklagen, vergessen oft, dass sie selbst das Gespenst der ökonomischen "Festung Europa" provoziert haben, als sie Anfang der achtziger Jahre das Binnenmarktprojekt als Reaktion auf die übermächtig erscheinende Position der USA und Japans und zur Überwindung der "Eurosklerose", des damals diskutierten Niedergangs Europas vor dem Hintergrund des Erstarkens des Pazifikraumes, konzipiert hatten. Das Denken in Grossraumwirtschaften, die Bilateralisierung der Handelspolitik, aber auch Protektionismus und Blockbildung werden in dem Masse zunehmen, als die USA weiterhin für 30 Prozent der weltweiten Militärausgaben verantwortlich zeichnen, dadurch ihr Haushaltdefizit bei Hunderten von Milliarden Dollar jährlich stehen lassen, dringendst benötigte Infrastruktur-Investitionen in Bildung, Kommunikation und Verkehr vernachlässigen, die Forschung und Entwicklung zu 60 Prozent auf militärische Technologien konzentrieren und dadurch weiterhin ihre weltwirtschaftliche Position untergraben. Letztere wird jedoch auch davon abhängen, ob die zunehmende europäische Integration durch die Schaffung des Binnenmarktes den Universalismus der amerikanischen Aussenwirtschaftsbeziehungen vermindert oder nicht.

Diese Frage diskutiert u.a. der neuste UNCTAD-Bericht über Handel und Entwicklung.[7] Er argumentiert, selbst wenn die Europäische Ge-

6 Andreas Falke, Veränderte amerikanische Einstellungen zur EG. Der Binnenmarkt und die GATT-Verhandlungen, in: Europa Archiv 6, 1991, S. 190-200.

7 United Nations Conference on Trade and Development (UNCTAD), Trade and De-

meinschaft auf neue Barrieren gegen Nicht-Mitglieder verzichte, werde allein die Verbilligung der Kosten und Preise im Binnenmarkt dazu führen, dass eigene Erzeugnisse bisher importierte Güter ersetzen werden. Je nach Wachstumsdynamik wird nach UNCTAD-Schätzungen die Vollendung des Binnenmarktes die EG-Einfuhren aus Entwicklungsländern um 10 bis 15 Prozent vermindern (Handelsumlenkung). Gleichzeitig werden bei steigenden EG-Einkommen die Einfuhren einkommenselastischer Güter (zu vier Fünfteln Erdölprodukte) um bis zu 15 Prozent zunehmen (Handelsschöpfung). Zwar hielten sich in einem Wachstumsmodell in der Grösse des (sehr optimistischen) Cecchini-Berichtes, der 5 Prozent Binnenmarkt-bedingten BSP-Zuwachs prognostiziert, die Handelsumlenkung und Handelsschöpfung insgesamt ungefähr die Waage. Die Importe schichteten sich jedoch von verarbeiteten Gütern auf Rohstoffe mit entsprechend ungünstigen Effekten auf beschäftigungsintensive Exporte der Entwicklungsländer um.

Die für Entwicklungsländer unerwünschte Handelsumlenkung und -umstrukturierung wird im selben Ausmass zunehmen, als sich der EG-Binnenmarkt auf weitere europäische Länder erweitert. Dies gilt bereits für die volle Integration Spaniens und Portugals in den Binnenmarkt. Die Übergangsbestimmungen werden für Industriegüter bis Januar 1992 und für Agrargüter bis Januar 1996 auslaufen. Die übrigen Mittelmeerländer werden dadurch auf dem EG-Markt ihre bisherige Vorzugsstellung verlieren und weniger frische und verarbeitete Gemüse, Früchte, Olivenöl, Fischprodukte und Wein absetzen können. Zudem sind die Länder der EG-Süderweiterung für verarbeitete Güter wie Textilien, Kleider, Schuhe, Leder, Papier, Wollprodukte, Kork, Eisen, Stahl und Maschinen direkte Konkurrenten von Schwellenländern, deren relative Wettbewerbsposition sich verschlechtern wird. Der Verdrängungswettbewerb, den die EG-Süderweiterung auf die Entwicklungsländer ausübt, wird sich gemäss UNCTAD potenzieren, falls über die Süderweiterung hinaus für die mittel- und osteuropäischen Länder Präferenzbedingungen ausgehandelt werden, die ebenfalls ähnliche Märkte bedienen wie viele Entwicklungsländer. Auch vom EWR-Vertrag erwartet die UNCTAD eine Wachstumsdynamik, die dazu führt, dass der EWR-Raum auf Kosten der Entwicklungsländer einen "substantiell grösseren" Anteil der weltweiten Direktinvestitionen absorbiert.

Die verschiedenen Szenarien ergeben kaum lösbare Zielkonflikte. Ein massives Wachstum ist notwendig, damit eine zusätzliche Import-Nach-

---

velopment Report 1990, New York 1990, S. 79-87.

frage die binnenmarkt-bedingte Import-Umlenkung zu kompensieren vermag; dasselbe Wachstum ist jedoch aus ökologischen Gründen höchst unerwünscht, da es sich in erster Linie auf Erdölprodukte erstreckt. Ein Präferenzsystem für die mittel- und osteuropäischen Länder ist zwar eine Grundbedingung dafür, damit sich diese Länder Devisen beschaffen können. Je nachdem, ob es sich insgesamt um ein Positiv-, Nullsummen- oder Negativsummenspiel handelt, wird sich dadurch aber die relative Position der Entwicklungsländer verschlechtern, so wie die Präferenzbeziehungen der EG zu den AKP-Ländern bereits die Länder Asiens und Lateinamerikas benachteiligen. Kommt die Weltwirtschaft insgesamt unter Druck, z.B. bei einem endgültigen Scheitern der Uruguay-Runde des GATT, schotteten sich die drei Akkumulationszentren in Japan, den USA und der EG weiter voneinander ab. Die Gefahr, dass die Weltwirtschaft dann in - im inneren hegemonial strukturierte - Blöcke zerfiele, während des Gefälle zwischen reichen Zentren, durch Präferenzsysteme angebundene Semiperipherien und den marginalisierten Peripherien weiter zunähme, ist nicht ganz von der Hand zu weisen.

Nebst der weltwirtschaftlich dringend benötigten "Friedensdividende" durch eine massive Senkung der Militärausgaben empfehlen die UNCTAD-Experten der EG deshalb eine konsequent universal orientierte Handels- und Entwicklungspolitik. Eine Studie von Liselotte Illi[8] zeichnet diesbezüglich ein differenziertes Bild. Während die Entwicklungspolitik Frankreichs, Grossbritanniens und Belgiens an die speziellen Beziehungen zu den ehemaligen Kolonien anknüpft, ist diejenige der Niederlande, Dänemarks und Deutschlands universeller und eher als soziale Komponente der Aussenpolitik bzw. Bestandteil einer umfassenden Friedenspolitik konzipiert. Italien, Spanien und Portugal bezeichnet Illi als "newcomer" der Entwicklungspolitik.

Verglichen mit der Schweiz besitzt die EG insgesamt fortschrittlichere Regelungen beim Umfang der Entwicklungshilfeleistungen (bei ebenbürtigem Instrumentarium), bei der Stabilisierung von Exporterlösen (z.B. von Rohstoffen), dem Verbot von Gift- und Atommüllexporten, den Auflagen für Arzneimittelexporte, der kulturellen und sozialen Zusammenarbeit, der für die Fluchtgeld- und Geldwaschproblematik entscheidenden Frage der internationalen Rechtshilfe und Bankengesetzgebung, dem Aktienrecht und Ausländerpolitik (z.B. Abschaffung des

8 Liselotte Illi, Europäische Integration und schweizerische Entwicklungspolitik. Eine Studie im Auftrag der entwicklungspolitischen Koordination der Arbeitsgemeinschaft Swissaid/Brot für alle/ Fastenopfer/Helvetas, Bassersdorf, Typoskript 1990.

Saisonnierstatuts im Binnenmarkt). Deutlich schlechter als die Schweiz schneidet die EG in Bezug auf Nahrungsmittelhilfe ab, die in erster Linie der Verwertung der Agrarüberschüsse bzw. der Agrarpolitik generell dient. Obwohl noch offen ist, wohin sich die EG-Regelungen in Bezug auf die Kriegsmaterialexporte, die Asyl- und Einwanderungspolitik bewegen werden, hätte ein EG-Beitritt der Schweiz aus entwicklungspolitischer Sicht mehr Vor- als Nachteile. Insbesondere könnte sich eine integrierte Schweiz nicht weiter zu einer rechtsfreien Oase für Fluchtgelder und Schieber entwickeln, die dadurch indirekt die desintegrativen Tendenzen in der Weltwirtschaft unterstützt.

Die real existierende Marktwirtschaft und Mittel- und Osteuropa
In der theoretischen Verarbeitung von Erfahrungen mit modernem Imperialismus zeigte die lateinamerikanische Dependenzdiskussion, dass nicht jede Form der Integration in die Weltwirtschaft das Niveau "struktureller" Gewalt (Galtung) senkt. Diese Einsicht veranlasste in den siebziger Jahren Friedensforscher wie Dieter Senghaas, auf die Entwicklungstheorie Friedrich Lists zurückzugreifen, der in der ersten Hälfte des 19. Jahrhunderts vorübergehende "Erziehungszölle" zum Schutze rückständiger Ökonomien empfohlen hatte; eine vorübergehende und selektive Abkoppelung aus dem Weltmarkt sei eine notwendige, wenn auch nicht hinreichende Bedingung für eine erfolgreiche nachholende Entwicklung, lautete das Argument. Ungeachtet dieser vielfach belegten entwicklungstheoretischen Einsicht werden heute die noch jungen Marktwirtschaften Mittelosteuropas nach dem Zusammenbruch der Planwirtschaft nur unzulänglich geschützt und weitgehend der vollen Wucht des Weltmarktes ausgesetzt. Eine "Lateinamerikanisierung" beispiellosen Ausmasses ist damit im Gange. Vorschläge für regionale Zusammenschlüsse in Mittel- und Osteuropa, die einen gewissen Schutz vor der EG-Wirtschaft bieten könnten, sind jedoch bisher nicht weit gediehen. Dazu gehört das Projekt einer mittelosteuropäischen Union zwischen Polen, CSFR und Ungarn, das seit Anfang 1990 zur Diskussion steht. Weniger weitgehende Kooperationsformen strebt die inzwischen realisierte Pentagonale an, der Italien, Jugoslawien, Österreich, Ungarn, CSFR angehören und die sich im Sommer 1991 mit Polen zur Hexagonale erweiterte. Ohne Resultat blieben Vorschläge, die östlichen Reformländer sollten sich der EFTA-Staaten als "Anwärmstuben" für einen späteren EG-Beitritt bedienen.[9]

9 Diese Konzepte propagiert kenntnisreich Christoph Royen, Ausblick auf ein neues Europa in einer "transkontinentalen Staatengemeinschaft", in: Jürgen Nötzold (Hg.), Europa im Wandel. Entwicklungstendenzen nach der Ära des Ost-West-Konflikts, Baden-Baden 1990, S. 165-211.

Die Friedensfähigkeit Europas im Innern hängt wesentlich davon ab, ob es gelingt, den sich rasch vertiefenden sozialen und wirtschaftlichen Graben zwischen den reichen Zentren Westeuropas und den verarmenden Peripherien Süd-, Mittel- und Osteuropas zu überwinden. In den ehemaligen Planwirtschaften sind die Volkseinkommen 1990 z.T. über 30 Prozent zurückgegangen. Das Basler Wirtschaftsforschungsinstitut Prognos erwartet, dass sie auch in Zukunft sinken. Der Übergang zu einem steten Wachstum werde frühestens ab Mitte der neunziger Jahre eintreten, in Jugoslawien und der Sowjetunion ab dem Jahre 2000, für Bulgarien und Rumänien noch später. Der EG-Binnenmarkt bringt gleichzeitig in Westeuropa einen massiven Wachstumsschub mit sich. Diese gegenläufigen Prozesse gefährden den ökologischen Umbau der Wirtschaft und destabilisieren die östlichen Gesellschaften, machen sie für nationalistische und fundamentalistische Ideologien anfällig und können massive Wanderungsbewegungen auslösen.

Während es eine breite Literatur zum Übergang vom Kapitalismus zum Sozialismus gibt, ist die Umwandlung von Plan- zu Marktwirtschaften kaum antizipiert worden. Die Konzepte zur Einführung des Privateigentums und zur Regelung der Bodenfrage sind sehr unterschiedlich und konfliktträchtig. Auf dem Gebiete der ehemaligen DDR sieht der Vereinigungsvertrag die Wiederherstellung der alten Eigentumsverhältnisse vor, was bis zum Frühsommer 1991 allein zu 1,2 Millionen Eigentumsforderungen an die total überlasteten Gerichte und zu einer entsprechend grossen Rechtsunsicherheit geführt hat. In Ungarn dagegen zieht man eine blosse Entschädigungslösung vor.[10] Am 10. Juli 1991 verabschiedete das sowjetische Parlament ein Privatisierungsgesetz, welches vorsieht, dass in den kommenden eineinhalb Jahren 50 Prozent der Industriebetriebe aus den Händen des Staates in eine neue Eigentumsform übergehen. Vorrang beim Kauf von Anteilen an den Staatsunternehmen soll die Belegschaft haben; allerdings können sich auch andere sowjetische oder ausländische Bürger und Unternehmen beteiligen. Die alles entscheidende Bodenfrage, die im nie umgesetzten 500-Tage-Plan von Gorbatschows damaligen Wirtschaftsberatern vom August 1990 noch enthalten war, schob der Oberste Sowjet jedoch auf die lange Bank. Einzelne Republiken prellen nun vor; so plant Russland die gleichzeitige Einführung verschiedener Grundeigentumsformen, von staatlichen über kooperative und genossenschaftliche bis hin zu

---

10 Judit Garamvölgy, Die Suche nach verlorenen Werten, oder: wer ist der ideale Eigentümer? Ökonomische Debatten im Vorfeld des Systemwechsels in Ungarn, in: Bendicht Bietenhart u.a. (Hg.), Ansichten von der rechten Ordnung. Festschrift zum 60. Geburtstag von Beatrix Mesmer, Bern 1991, S. 224-241.

privaten.

Soll der Westen Mittel- und Osteuropa einschliesslich der früheren Sowjetrepubliken erst helfen, wenn alle ordnungspolitischen Probleme geklärt, langfristig stabile Rechtsverhältnisse eingerichtet und zuverlässige Verwaltungen entstanden sind? Diese Frage drängt sich nach dem misslungenen Putsch in Moskau noch konkreter auf als davor. Gegenüber den Forderungen nach einem neuen Marshall-Plan für den Osten bleibt zu bemerken, dass noch so massive Transferzahlungen gerechte und von einem langfristigen Entwicklungsplan her konzipierte Wirtschaftsbeziehungen nicht zu ersetzen vermögen. Zum Beispiel ist die Kreditfinanzierung von Lebensmittel- und Konsumgüterexporten nach dem Osten wenig sinnvoll. Ziel muss es aber sein, die wirtschaftlichen und sozialen Probleme der Sowjetunion sowie Ost- und Mitteleuropas zusammen mit denjenigen der südlichen Hemisphäre als integralen Bestandteil der "Weltinnenpolitik" zu anerkennen, gezielt massive Hilfe zu konzipieren und diesen Ländern die volle politische Mitwirkung in den entscheidenden Wirtschaftsorganisationen zu ermöglichen. Das Blockdenken, das am Londoner Wirtschaftsgipfel der G-7 im Juli 1991 zu Tage trat, hilft nicht weiter; die von Deutschland und Frankreich unterstützten Pläne Gorbatschows, die substantielle Hilfen an das sowjetische Reformprogramm vorsahen, sind von den USA und Japan weitgehend zunichte gemacht worden. Ohne die Wahrnehmung einer gemeinsamen Verantwortung auf internationaler Ebene sind die gewaltigen Wirtschaftsprobleme und Strukturreformen des Ostens jedoch nicht zu bewältigen.

Überentwicklung und Monopolisierung der Technologien

Der friedenspolitisch dringend geforderte wirtschaftliche und soziale Ausgleich kann nicht allein durch eine Sanierung der deformierten mittel- und osteuropäischen Volkswirtschaften und noch so massive Finanzhilfe aus dem Westen erreicht werden, sondern erfordert konkrete Massnahmen gegen die westeuropäische Überentwicklung und Verschwendungswirtschaft. Dazu gehören Massnahmen zum ökologischen Umbau von Produktion und Dienstleistungen, der Abrüstung und planmässigen Umstellung von militärischer auf sozial- und umweltverträgliche Technologieentwicklung, Produktion und Verwaltung. Eine Politik der Selbstbeschränkung und der massiven ökologischen Vorleistungen der drei reichen Zentren des Nordens muss Grundlage sein für eine Erweiterung der weltweit zur Anwendung gelangenden Konditionalitäten des Internationalen Währungsfonds, der Weltbank und des GATT auf ökologische und abrüstungspolitische Kriterien. Diese sind notwendig, um eine integrierte Weltwirtschaft zu erhalten, die ihrerseits eine nachhaltige Entwicklung gewährleistet.

Zentrale Bedeutung kommt hier der Technologiepolitik zu. Es gibt kaum einen Indikator, der heute Macht und Ungleichheit deutlicher abbildet als die Hochtechnologieentwicklung. Von den weltweiten Aufwendungen für Forschung und Entwicklung fielen 1970 ganze 2,5 Prozent auf die Entwicklungsländer, 1980 erst 6,2 Prozent. 100 Milliarden Dollar, also rund ein Viertel der Gesamtaufwendungen, dienen dabei militärischen Zwecken, wovon nach SIPRI-Angaben gegen 95 Prozent allein folgende sechs Länder auf sich konzentrieren: die USA und die Sowjetunion zusammen rund fünf Sechstel; Grossbritannien, Frankreich, China und Deutschland teilen sich einen weiteren Siebtel; auf den "Rest der Welt" fällt der verbleibende Zwanzigstel an der weltweiten Kriegstechnologieentwicklung. Den genannten Grossmächten erwächst aus ihrem Überfluss an destruktiven Technologien ein Problem. Es gelingt ihnen nur mit erheblichem Aufwand, das Monopol an der gewaltigen Fülle an Kriegs-High-Tech zu erhalten. Besonders die USA scheuen keine Anstrengung zur weltweiten Durchsetzung einer aggressiven Technologie-Bevormundungspolitik. Deren Hauptinstrument sind Produzentenkartelle, die gemäss offizieller Sprachregelung der Abrüstung und Rüstungskontrolle dienen. Unter diesem Etikettenschwindel laufen auch die zunehmenden Vorschläge zur Eindämmung des Kriegstechnologiehandels, die in erster Linie auf die Monopolisierung von High-Tech in den hegemonialen Zentren zielen, die selber zu keiner Kontrolle über ihre fehlgeleiteten Prioritäten in der Forschung und Entwicklung bereit sind. Starke Institutionen der Technologiefolgenabschätzung und -bewertung bilden deshalb entscheidende Voraussetzung für eine Friedenspolitik, die auf wirtschaftlich-sozialen Ausgleich und effektive Rüstungskontrolle zielt.[11]

EUROMILITARISMUS ODER SOFT SECURITY POLICY?

Der Ausgang der Diskussionen um die Architektur des europäischen Hauses, d.h. um die Ausgestaltung der politischen Institutionen in Europa, wird zu einem wesentlichen Teil von dem im ersten Kapitel skizzierten weltwirtschaftlichen Entwicklungstendenzen bestimmt werden.

11 Peter Hug, Technologie-Embargo gegen die Dritte Welt? in: WochenZeitung 8, 1991, S. 3. Vgl. auch Rolf Kreibich, Die Wissenschaftsgesellschaft, Frankfurt am Main 1986.

Diese werden ihrerseits von der Kapazität und Richtung supranationaler politischer Interventionen abhängig sein. Welche diesbezüglichen Vorstellungen zur Ausgestaltung der Aussengrenzen und der inneren Struktur Europas stehen zur Debatte?

Die Sicherung der Aussengrenzen

Einem Szenario weltwirtschaftlicher Blockbildung und Erhaltung einer exzessiven Verschwendungswirtschaft entspricht in politisch-militärischer Hinsicht der Aufbau weltweit interventionsfähiger Eingreiftruppen. In Europa stehen entsprechende Kontingente den ehemaligen Kolonialmächten, insbesondere Frankreich und Grossbritannien, zur Verfügung. In Deutschland löste das Engagement im Golfkrieg (Einsatz von Bundeswehrsoldaten in der Türkei, von deutschen Minensuchbooten im Golf und eine bedeutende Mitwirkung als Nachschubbasis der Verbündeten) eine heftige Verfassungsdiskussion aus, die noch nicht abgeschlossen ist. Nach kontroversen innerparteilichen Auseinandersetzungen beschloss die SPD Ende Mai 1991, einer allfälligen Grundgesetzänderung zustimmen zu können, die den Einsatz von Bundeswehrsoldaten bei UNO-Blauhelmaktionen ermöglichen würde. Die CDU/FDP-Regierungskoalition will jedoch weitergehen als die Opposition und die Mitwirkung deutscher Truppen an allen multilateralen Einsätzen über den Verteidigungsfall hinaus ermöglichen, sei es durch eine Grundgesetzänderung oder bloss über eine Verfassungs-Neuinterpretation.

Auf europäischer Ebene stellt die Frage einer weltweiten Interventionsfähigkeit ein wesentliches Element der Rivalität zwischen der Westeuropäischen Union (WEU) und der Nato dar. Rechtlich ist die WEU zu weltweiten Militäreinsätzen befugt, während dies der Nato ausserhalb ihres Vertragsgebietes ("out of area") bisher untersagt war. So übernahm ein ad-hoc-Gremium der WEU koordinierende Funktionen beim Einsatz europäischer Truppen im Golfkrieg, die sich insgesamt jedoch dem US-Oberbefehl beugen mussten. Besonders Frankreich, Italien und Spanien befürworten eine von der Nato-Kommandostruktur unabhängige Eingreiftruppe der WEU, eine permanente Kommando- und Koordinationsinstanz mit einer eigenen militärischen Organisation sowie den Umbau der WEU zur Verteidigungsorganisation der EG. Eine entsprechende Aufwertung der WEU degradierte die Nato zu einer Art Streitschlichtungsstelle zwischen den Europäern und den USA. Die parlamentarische Versammlung der WEU forderte im Dezember 1990 unter Hinweis auf die Golfkrise den Ministerrat auf, nun endlich eine mobile Eingreiftruppe der WEU aufzustellen, die über grosse Strecken transportiert werden kann. Im Juni 1991 setzten sich an der WEU-Ministertagung im luxemburgischen Vianden jedoch nochmals die Atlantiker (Grossbritannien, Portugal und die Niederlande) durch, die der WEU nur innerhalb der Nato gewisse Restfunktionen im Rahmen eines neuen "burden sharing" zugestehen wollen.

Die Nato hat ihrerseits die "out-of-area"-Diskussion vorerst suspendiert und auf ihre Weise die Konsequenzen aus der vollständigen Auflösung des Warschauer Paktes gezogen, der mit Beschluss vom 25. Februar 1991 militärisch und mit Beschluss vom 1. Juli 1991 politisch zu existieren aufgehört hat. Die Nato-Verteidigungsminister beschlossen an ihrer Frühjahrestagung im Juni 1991, zur Begegnung von "neuen Gefahren" die Aufstellung einer multinationalen, hochprofessionellen und hochtechnologischen Eingreiftruppe von etwa 70'000 Soldaten unter britischem Kommando, die flexibel in Tagen oder Stunden an alle denkbaren Einsatzorte geflogen werden kann ("Rapid Reaction Corps"). Gleichzeitig hielten die Minister eisern am nuklearen Ersteinsatz als "letztem Mittel" fest. Trotz der amerikanischen Abrüstungsinitiative vom 27. September 1991 geben die USA ihre laufenden Programme für neue luftgestützte atomare Kurzstreckenraketen nicht auf. "Neue Gefahren" sieht die Nato u.a. in osteuropäischen Nationalitätenkonflikten. Dort kann die Nato jedoch nicht ohne eine Änderung ihres Vertrages eingreifen, der Einsätze nur zur eigenen Verteidigung und nur im Angriffsfall zulässt. Die Nato diskutiert deshalb, für solche Fälle die Eingreiftruppe einer europäischen Organisation wie der WEU "auszuleihen". Die Nato erwägt auch, den äusserst unwahrscheinlich gewordenen direkten Bündnisfall durch die Definition eines "developing Nato cases" zu erweitern, worunter allfällige Krisen in Osteuropa oder dem Mittelmeerraum fielen, "bei denen stets die Chance einer Ausweitung zum direkten Bündnisfall in Betracht zu ziehen wäre".[12] Die Nato strebt die Möglichkeit direkter militärischer Herrschaftssicherung ausserhalb ihres Vertragsgebietes an, ohne den betroffenen Ländern ein Mitspracherecht zu geben: "Die Anpassung einer reformierten Nato-Strategie an die Kategorie eines solchen 'developing Nato case' würde daher die Sicherheit der zentraleuropäischen Staaten auch ohne deren formale Westanbindung indirekt zur 'Nato-Sache' machen", meinen affirmativ zwei bekannte deutsche Strategieexperten.[13] Wilfried Loth schlägt demgegenüber vor, möglichst rasch den gleichberechtigten Beitritt der

12 So argumentieren Michael Broer und Ole Diehl, Die Sicherheit der neuen Demokratien in Europa und die NATO, in: Europa Archiv 12, 1991, S. 367-376.
13 Broer/Diehl (Anm. 12), S. 375.

Sowjetunion und der übrigen Reformländer Osteuropas zu einer veränderten Nato vorzubereiten; nur so könne die Abkehr von der heutigen Verteidigungsdoktrin beschleunigt, eine geordnete Abrüstung erleichtert, das Mitspracherecht der Sowjetunion in europäischen und deutschen Angelegenheiten gesichert und die Kräfte der Perestroika gestärkt werden.[14] Bereits der unter dem Druck der Konservativen erfolgte Rücktritt Schewadnadses, aber insbesondere der erfolglose Putsch müssten deutlich gemacht haben, dass letztere Strategie weit friedensfördernder ist als irgendwelche Drohpolitik von seiten des Westens, die nur die Konservativen im Osten stärkt - und vice versa.

Komplementarität von Euromilitarismus und hierarchisch strukturierten Erweiterungsmodellen der EG (Renationalisierung der Sicherheitspolitik)

Die anhaltend militaristischen Konfliktlösungsstrategien der Nato und, sofern sie dazu die Mittel erhält, der WEU, werden sich in dem Masse durchsetzen können, als es nicht gelingt, kooperative Formen der friedlichen Konfliktlösung im Rahmen inter- und supranationaler Institutionen mit einem Maximum an Beteiligungsgerechtigkeit für alle Betroffenen zu entwickeln. Der brüssel-zentrierte Euromilitarismus findet seine Entsprechung in der Renationalisierung der Sicherheits- und Verteidigungspolitik in Mittel- und Osteuropa und dem eisernen Festhalten an nationalen Sicherheitsdefinitionen in den übrigen neutralen und nichtblockgebundenen Ländern Europas, nicht zuletzt der Schweiz. Paradoxerweise werden ohne supranationale Instrumente zur Bewältigung der grossen Herausforderungen der Zukunft die beschriebenen militaristischen Politiken weiter Auftrieb erhalten, obwohl die Problemlösungskapazität national organisierter Verteidigungssysteme gegen Null tendiert.

Dem Euromilitarismus entspricht ein bestimmtes Struktur- und Erweiterungsmodell der EG, das heute allerdings modifiziert worden ist.[15] Im Anschluss an die berühmte Rede des EG-Kommissionspräsidenten Jacques Delors vom 17. Januar 1989 sahen einige in Politik und Wissenschaft die Fortentwicklung der EG zu einer starken Politischen Union ("Vertiefung") noch als Alternative zur Aufnahme von neuen Beitrittskandidaten zur EG ("Erweiterung"). Delors, der in einer raschen Erweiterung der EG eine Gefahr für deren Vertiefung sah,

---

14 Wilfried Loth, Das Ende der Nachkriegsordnung, in: Aus Politik und Zeitgeschichte B 18, 1991, S. 3-10.

15 Vgl. Peter Hug, KSZE, Euromilitarismus und die Schweiz, in: Widerspruch 20, 1990, S. 20-44.

schlug damals vor, den übrigen europäischen Ländern Kooperationsmöglichkeiten unterhalb der Beitrittsschwelle anzubieten, und entwikkelte sukzessive ein *Modell konzentrischer Kreise*, das als *hegemoniale Integration*[16] gekennzeichnet werden kann: Um eine von den WEU-Ländern dominierte EG gliedern sich die EFTA-Länder in einer globalen Übereinkunft in den Binnenmarkt ein, ohne an diesem politisch zu partizipieren (Europäischer Wirtschaftsraum, EWR). Daran schliessen sich bilaterale Europaverträge für Polen, CSFR und Ungarn an sowie, nochmals abgestuft, Assoziationsabkommen mit der Türkei und den übrigen Ländern Mittel- und Osteuropas, während sich die Sowjetunion, die übrigen Mittelmeer- sowie die AKP-Staaten mit mehr oder weniger differenzierten Kooperationsabkommen begnügen müssen; insgesamt also eine zutiefst hierarchisch strukturierte Konzeption: Die EG bildet das Hegemonialzentrum, wird im Innern von einigen Grossmächten dominiert und kontrolliert ihrerseits ein politisch entmündigtes, aber wirtschaftlich abhängiges Hinterland.

Helen Wallace[17] unterschied 1989 neben diesem ersten Modell (Konsolidierung des Integrationsprozesses ohne neue Erweiterungen und Entwicklung enger, aber abgestufter Beziehungen zu allen europäischen Nachbarn) noch zwei weitere mögliche Szenarien für die Zukunft der EG in einem neuen Europa: Einmal die *Vervollständigung und Erweiterung ohne Vertiefung*, was bedeuten würde, dass die EG zwar das Binnenmarktprogramm vollendet, aber auf weitere Schritte zur Errichtung einer Europäischen Union der Zwölf verzichtet. Für die EFTA-Länder, die dies wünschen, wäre ein früher Beitritt zur Gemeinschaft möglich, und für die Länder Mittel- und Osteuropas würde ein Beitritt mittelfristig zu einer realistischen Option. Dieses zweite Modell ist zeitweise von Grossbritannien geprüft worden. Als drittes Modell lag damals die *Schaffung einer neuen gesamteuropäischen Struktur* mit dem Ziel in der Diskussion, die Priorität nicht in der westeuropäischen, sondern in der gesamteuropäischen Integration zu sehen und alle europäischen Staaten, die am KSZE-Prozess beteiligt sind, in neu zu errichtende starke konföderative Strukturen mit zwischenstaatlichen und -gesellschaftlichen Institutionen einzubinden. In diese Richtung zielen

16 Wilfried Karl, Vom Ost-West-Konflikt zur hegemonialen Integration? Friedenspolitische Perspektiven der Entwicklung in Europa, Arbeitspapiere der Berghof-Stiftung für Konfliktforschung, Berlin 1990, Nr. 41.

17 Helen Wallace, Widening and deepening. The European Community and the new European agenda, RIIA Discussion Papers, Chatham House, London 1989. Vgl. nun Helen Wallace (Hg.), The wider Western Europe. Reshaping the EC/EFTA Relationship, published for RIIA, London and New York 1991.

teilweise Vorschläge der Helsinki Citizens Assembly (HCA), die jedoch wenig Chancen auf Verwirklichung besitzen; sie sind nicht zu verwechseln mit den Vorschlägen von Mitterrand und Masowiecki für eine gesamteuropäische Konföderation, die lediglich auf einen lockeren zwischenstaatlichen Überbau zielen und im Juni 1991 erstmals an einer Konferenz in Prag diskutiert worden sind.

Inzwischen scheint eine vierte Option immer mehr an Bedeutung zu gewinnen, die ein am 26. März 1991 mit 31 zu 5 Stimmen verabschiedeter Bericht des Politischen Ausschusses an das Europäische Parlament "als die attraktivste und vielleicht auch als die realistischste" bezeichnet: "*Vertiefung* und *begrenzte Erweiterung der Gemeinschaft*". Demnach soll Brüssel Beitrittskandidaten zwar nicht unbeschränkt hinhalten, die Erweiterung der EG aber mit harten Bedingungen verknüpfen; insbesondere dürften neue Mitglieder den "Zusammenhalt der Gemeinschaft nicht gefährden": "Das Problem, das im Zusammenhang mit der deutschen Frage oder, genauer gesagt, mit der Einbeziehung des vereinigten Deutschland in die EG zu lösen ist, kann eine Möglichkeit aufzeigen, wie die Erweiterung und die Vertiefung miteinander verbunden werden können. (...) Die grösste Herausforderung für die Regierung einer Gemeinschaft mit neuen Mitgliedern wäre die Notwendigkeit, die Beschlusskapazität und die Schlichtungsfähigkeit zu vergrössern, um die Effektivität des neuen Gebildes zu gewährleisten." Dies lasse sich am besten mit einer *Neuformulierung des Konzeptes eines Europa "mit variablen Strukturen" bzw. "konzentrischen Kreisen"* erreichen, "weil diese Konzepte einen unterschiedlichen Fortschritt auf dem Weg zur Einheit mit unterschiedlichen Geschwindigkeiten für unterschiedliche Untergruppen ermöglichen", argumentiert der Bericht an das Europäische Parlament.[18] Dass ein wesentlicher Fortschritt in Richtung Politischer Union gleichzeitig Voraussetzung wie auch Bedingung für die gezielte Erweiterung der EG darstellt, ist eine Position, die sich auch im EG-Ministerrat und der Kommission abzeichnet.

So attraktiv das neue Modell "Erweiterung *und* Vertiefung" für die auserwählten Beitrittskandidaten ist, bleiben doch schwierige Fragen offen: Nach welchen Kriterien wird entschieden, wer beitrittswürdig ist? Wie kann vermieden werden, dass auch eine leicht erweiterte EG etwas anderes darstellt als ein Verbund exklusiver Staaten, die unter sich poli-

---

18 Europäisches Parlament, Bericht des Politischen Ausschusses (Berichterstatter: Herr Luis Planas Puchades) über die Erweiterung der Europäischen Gemeinschaft und die Beziehungen zu anderen europäischen Ländern vom 26. März 1991 (A3-0077/91), S. 11f, 33ff (Zitat S. 35f).

tische Entscheidungsmacht monopolisieren und das übrige Europa unter Anpassungsdruck setzen, aber von echter Mitbestimmung ausschliessen?

Supranationalität, Regionalismus und soft security policy

Die Beantwortung dieser Fragen hängt wesentlich von der Art und Zielrichtung der prinzipiell beschlossenen Errichtung der Europäischen Politischen Union sowie den Kompetenzen ab, die in Zukunft die Konferenz für Sicherheit und Zusammenarbeit in Europa (KSZE) sowie der Europarat erhalten werden. Einiges spricht dafür, dass das überkommene Abschreckungsdenken in der Nato und allfällige neue Formen des Euromilitarismus überwunden werden können. Einmal zeigt sich in zahlreichen Schlüsseldokumenten zur Sicherheitspolitik eine erstaunliche Konvergenz in der Analyse der grossen Herausforderungen der Zukunft[19], die mehr oder weniger prägnant darin übereinstimmen, "dass eine kohärente Sicherheitspolitik zur Verhinderung und Bewältigung von Konflikten insbesondere wirtschaftlichen, sozialen, religiösen, ökologischen und demographischen Umständen und Bedrohungen Rechnung tragen muss, statt sich auf militärische Vorkehrungen zu stützen"[20], eine Konzeption, die in Irland als eine mit der Neutralität kompatible "*soft security policy*" bezeichnet wird. Zumindest in der Theorie scheint der Übergang von einem antagonistischen zu einem kooperativen Sicherheitsbegriff vollzogen worden zu sein.

Zweitens wird der Beitritt Österreichs, Schwedens und allfälliger weiterer Länder zur EG einen nicht zu unterschätzenden Einfluss auf die zukünftige Ausgestaltung der Politischen Union besitzen. Je eher die neutralen Länder und die neuen Demokratien in Mitteleuropa (Ungarn, CSFR, Polen) in Brüssel Beitrittsgesuche hinterlegen und je intensiver sie diesen Schritt untereinander koordinieren und gemeinsame Vorstellungen zur Ausgestaltung der Europäischen Politischen Union entwickeln, desto weniger wahrscheinlich wird eine hegemoniale Form der

19 Dies trifft zu auf die Pariser Charta der KSZE vom 21. November 1990, das Wiener Dokument 1990 der Verhandlungen über Vertrauens- und Sicherheitsbildende Massnahmen vom 17. November 1990, Berichte des Europäischen Parlamentes wie etwa der Zwischenbericht des Politischen Ausschusses (Berichterstatter: Herr G. Romeos) über die Konferenz über Sicherheit und Zusammenarbeit in Europa ("Helsinki II") vom 24. September 1990 (A3-0226/90), aber auch auf den Sicherheitsbericht des Schweizerischen Bundesrates vom 1. Oktober 1990, der allerdings wenig angemessene Massnahmen zur Bewältigung der Zukunftsherausforderungen vorschlägt.

20 Hier zitiert aus Europäisches Parlament, Bericht des Politischen Ausschusses (Berichterstatterin: Frau M. van den Brink) über die Rolle Europas für die Sicherheit im Mittelmeerraum vom 26. März 1991 (A3-0076/91), S. 5.

europäischen Integration in "konzentrischen Kreisen". Auch ein EG-Beitrittsgesuch der Schweiz kann zur Verhinderung des Euromilitarismus beitragen![21] Länder wie Irland oder Dänemark, die der WEU bewusst ferngeblieben sind und interessante Konzepte einer "soft security policy" für eine politisch erstarkte und demokratisierte EG entwickeln, warten auf neue Bündnispartner in der EG. Drittens hängt Entscheidendes von der weiteren Stärkung und Institutionalisierung des KSZE-Prozesses ab, dem bisher die Mittel zu einer effektiven Konfliktverhütungs- und Streitschlichtungspolitik vorenthalten geblieben sind[22], obschon das Berliner Treffen des KSZE-Rates vom Juni 1991 mit der Annahme eines Mechanismus für Konsultationen und Zusammenarbeit in dringlichen Situationen einen weiteren Fortschritt brachte. Vierte Bedingung ist eine Intensivierung des Abrüstungsprozesses, damit die Mittel frei werden, die für einen erfolgreichen ökologischen Umbau der westlichen Gesellschaften und den Aufbau tragfähiger Strukturen in deren Partnerländern notwendig sind. Die Chancen, dass dies gelingt, sind durch den Golfkrieg kleiner geworden, der sich in zahlreichen Ländern als Motor für eine Umverteilung von der zivilen Gesellschaft auf den Machtblock zwischen Regierungen, Militär und diesen nahestehenden Konzernen erwiesen hat.[23]

Die inzwischen angelaufene Verfassungsdiskussion in der EG zeigt ein uneinheitliches Bild. Es bestehen aber kaum noch Zweifel, dass die Verteidigungspolitik in die im April und Juni 1990 an den Dubliner Gipfeln prinzipiell beschlossene Europäische Politische Union (EPU) integriert werden wird. Ob diese einen euromilitaristischen Charakter aufweisen oder eher in Richtung einer "soft security policy" gehen wird, ist allerdings noch gänzlich offen und hängt wesentlich davon ab, wann die EG neue Mitglieder aufnehmen wird und welche Konzeptionen diese einbringen werden. Am mit Spannung erwarteten Gipfel vom 10./11. Dezember 1991 in Maastricht unterwarfen die zwölf EG-Staaten vorerst nur einige Gebiete einer "weichen" Sicherheitspolitik einem zukünftigen Verfahren von Mehrheitsentscheidungen, so den KSZE-Prozess, die Abrüstungs- und Rüstungskontrollpolitik einschliesslich

---

21 Vgl. Peter Hug, Die Zukunft der Neutralität nach dem Ende des Ost-West-Konfliktes, in: Die Welt im Umbruch. Friedensbericht 1991, hrsg. vom Österreichischen Institut für Friedensforschung und Friedenserziehung (ÖIF) und der Schweizerischen Friedensstiftung (SFS), Wien und Bern 1991, S. 140-152.

22 Dieter Senghaas, Friedliche Streitbeilegung und kollektive Sicherheit im neuen Europa, in: Europa Archiv 10, 1991, S. 311-317.

23 Vgl. im einzelnen Peter Hug, Golfkrieg: gigantische Umverteilungsmaschine. Die volkswirtschaftlichen Wirkungen des Golfkrieges, in: Finanzplatz Informationen 1, 1991, S. 2-3.

vertrauensbildende Massnahmen, Nichtverbreitung von Atomwaffen, wirtschaftliche Aspekte von Sicherheit und Kontrolle der Kriegsmaterialexporte.

Vorschläge, auch eine "harte", auf militärische Herrschaftssicherung ausgerichtete Sicherheitspolitik in die EPU zu integrieren, fanden in Maastricht keinen Konsens. In dessen Vorfeld ging ein Vorschlag der italienischen Regierung vom 4. Februar 1991 besonders weit, der eine vollständige Integration der Westeuropäischen Union (WEU) in die EG gefordert hatte. Entsprechende Überlegungen fanden sich auch in der EG-Kommission sowie beim deutschen Bundeskanzler Helmut Kohl und dem französischen Präsidenten François Mitterand. Diese hatten bereits die EG-Regierungskonferenz vom Dezember 1990 in Rom aufgefordert zu prüfen, "wie die WEU und die Politische Union eine klare organische Beziehung herstellen und wie in der Folge die WEU, operativer ausgestaltet, schliesslich Teil der Politischen Union bilden und für sie die gemeinsame Sicherheitspolitik erarbeiten könnte".[24] Kohl und Mitterand erfuhren weitgehende Unterstützung durch den institutionellen Ausschuss des Europäischen Parlamentes, der in seinen Vorschlägen zur Änderung des EWG-Vertrages vorsah, "die im Vertrag zur Gründung der Westeuropäischen Union vorgesehenen Aufgaben auf dem Gebiete der Sicherheit und der Verteidigung" generell in die EPU zu integrieren.[25] Der Präsident des 1984 gegründeten Unterausschusses Sicherheit und Abrüstung, Hans-Gert Poettering, führte dazu im Mai 1991 aus, es sollten "die Funktionen der Westeuropäischen Union spätestens 1998, wenn der WEU-Vertrag nach 50 Jahren kündbar ist, vollständig von der Europäischen Union wahrgenommen werden. Ausserdem sollten wir parallell dazu schon jetzt ganz konkrete Schritte unternehmen, damit Länder wie Irland, Dänemark, Griechenland, die nicht Mitglied der WEU sind, und die vielleicht - wie Irland und Dänemark - auch gar nicht Mitglied werden wollen, sich schon heute an den Debatten über Verteidigungs- und Sicherheitspolitik beteiligen."[26] Einstimmig verabschiedete der Institutionelle Ausschuss ferner Verfassungsgrundlagen für die EPU, die vorsehen, dass

24 Die Dokumente der EG-Ratstagungen von Rom im Oktober und Dezember 1990 finden sich in: Europa Archiv 1, S. D1ff. (Zitate S. D10, D27 und D29).

25 Europäisches Parlament, Dritter Zwischenbericht des Institionellen Ausschusses (Berichterstatter: Herr David Martin) über die Regierungskonferenzen im Rahmen der Strategie des Europäischen Parlamentes im Hinblick auf die Europäische Union vom 31. Oktober 1990 (A3-270/90), S. 16.

26 Hans-Gert Poettering anlässlich der Debatte des Europäischen Parlamentes über die perspektiven einer EG-Sicherheitspolitik vom 15. Mai 1991, zitiert nach: Das Parlament 27, 28.6.1991.

der Rat die Kompetenz erhält, über Fragen der Aussen- und Sicherheitspolitik mit qualifiziertem Mehr zu beschliessen.[27] Deutlich weniger weit gingen Vorschläge Luxemburgs vom 20. Juni 1991 und der Niederlande vom 25. September 1991, die der EG aus Rücksicht auf die atlantischen Beziehungen bloss eine zur Nato und WEU komplementäre Sicherheits- und Verteidigungspolitik zugestehen wollen.

Der Maastrichter Gipfel übernahm schliesslich wesentliche Elemente eines Delegationsmodells mit verschiedenen Geschwindigkeiten, das Kohl und Mitterand am 14. Oktober 1991 vorgeschlagen hatten. Demnach kann die EG in Zukunft die WEU ersuchen, an Stelle der Europäischen Union militärpolitische Beschlüsse und Aktionen zu formulieren und durchzuführen. Die Delegation an die WEU dient offensichtlich dazu, eine euromilitaristische Handlungsfähigkeit zu erlangen, die im Rahmen der EG am Veto der allianzskeptischen Nicht-WEU-Mitgliedländer Dänemark und Irland scheitern müsste. Die in Maastricht zumindest teilweise erfolgreichen Regierungen Deutschlands und Frankreichs arbeiten in diesem Bereich schon seit längerem an einem Europa der "drei Geschwindigkeiten". Demnach soll sich um die Militärachse Bonn-Paris eine militärpolitische Kooperation formieren, die sich in der WEU fortsetzt und mit Hilfe einer fragmentierten Aussenpolitik fallweise in oder neben der EG fortsetzt.[28] Ausgangspunkt war 1988 ein gemeinsamer Verteidigungs- und Sicherheitsrat, der eine deutsch-französische Brigade ins Leben rief, die Kohl und Mitterand nun am 14. Oktober 1991 den anderen WEU-Staaten als "Kern für ein europäisches Korps" anpriesen und diese aufforderten, sich mit eigenen Truppen zu beteiligen. Das Korps erhalte auf diesem Wege "Modellcharakter für eine engere militärische Zusammenarbeit zwischen Mitgliedstaaten der WEU", die zu einem "integralen Bestandteil des europäischen Einigungswerkes" werden müsse.[29] Noch gibt es keine Anzeichen, ob sich weitere Staaten am Aufbau solch kostspieliger militärischer Doppel- und Dreifachstrukturen beteiligten werden, nachdem Maastricht einmal mehr die Nato als prioritäre Militärallianz bezeichnet hat. Grosse Bedeutung wird der geplanten EG-Regierungskonferenz von 1996 zukommen, an der neue sicherheitspolitische Defini-

---

27 Europäisches Parlament, Zweiter Zwischenbericht des Institionellen Ausschusses (Berichterstatter: Herr Emilio Colombo) über die verfassungsmässigen Grundlagen der Europäischen Union vom 13. November 1990 (A3-0301/90), S. 10.

28 Vgl. Albert Statz, Deutsch-französische Militärkooperation. Eine Achse der Westeuropäisierung? in: Prokla 75, 1989, S. 47-71.

29 Botschaft zur gemeinsamen europäischen Aussen- und Sicherheitspolitik von Bundeskanzler Helmut Kohl und Präsident François Mitterand vom 14. Oktober 1991, in: Europa Archiv 22/1991, S. D571-574.

tionen fällig sind. Dort wird sich entscheiden, ob die EG in die Fussstapfen der WEU tritt, deren Vertrag 1998 abläuft, oder ihren zivilen Charakter auch in friedens- und sicherheitspolitischen Belangen zu bewahren vermag.

SCHLUSSFOLGERUNGEN

Bei aller Skepsis über die Friedensfähigkeit einer zukünftigen Europäischen Union bleibt festzuhalten, dass ohne starke übergeordnete politische Instanzen die grossen Herausforderungen der Zukunft nicht zu bewältigen sind. Das gewaltige Deregulierungsprogramm auf nationalstaatlicher Ebene, das mit dem Binnenmarkt und dem EWR verbunden ist, muss seine Entsprechung in einer Stärkung politischer Interventionsmöglichkeiten auf regionaler und supranationaler Ebene finden, damit der zu erwartende Wachstumsschub nicht einseitig auf Kosten der sozial Schwachen, der Umwelt und der südlichen Hemisphäre geht. Zaghaft und verspätet beginnt sich die Schweiz an den Debatten über die Ausgestaltung des europäischen Regionalismus zu beteiligen. So nimmt inzwischen der Kanton Bern an den Konferenzen "Europa der Regionen" teil und trat am 8. Mai 1991 der Versammlung der Regionen Europas (VRE) bei, während die Kantone Graubünden und St. Gallen schon seit längerem im Regionalverband ArGe-Alpe-Adria mitwirken.[30] Bei der Diskussion, ob die Europäische Politische Union eine sanfte oder harte Sicherheitspolitik entwickeln soll, spielt die Schweiz jedoch noch Vogel-Strauss und hält sich nobel abseits. Eine möglichst weitgehende Koordinierung des eigenen Standpunktes mit den anderen neutralen und nicht (mehr) blockgebundenen Staaten in Europa im Hinblick auf einen möglichst raschen Beitritt der Schweiz zur EG ist überfällig.

---

30 Vgl. Michael Borchmann, Bericht Konferenzen "Europa der Regionen" in München und Brüssel, in: Die öffentliche Verwaltung 20, 1991, S. 879-882; Roberto Poretti, La coopération transfrontalière du Canton du Tessin, Exposé à un colloque à Delémont, 29.9.1990; Charles Rico, Les institutions interregionales transfrontalieres en Europe, in: Andrea de Guttry, Natalino Ronzitti (Hg.), I rapporti di vicinato tra Italia e Svizzera, 1989, S. 135-157; Fritz Ossenbühl (Hg.), Föderalismus und Regionalismus in Europa, Baden Baden 1990. - In Basel-Stadt verlangt Grossrat Christoph Eymann in einer Interpellation vom Juli 1991 nun Vorbereitungsmassnahmen, "um im geeigneten Zeitpunkt eine kompetente Vertretung unseres Kantons in Brüssel oder in einem Interessenvertretungsgremium der Kantone zu gewährleisten".

PRÜFUNG DER AUSSENPOLITISCHEN DASEINSFORM DER SCHWEIZ

Die Europäische Gemeinschaft und die Neutralität

Daniel Thürer

Den folgenden Ausführungen liegt das Konzept des Kleineuropas der Europäischen Gemeinschaft (EG) zu Grunde. Dies, obwohl ich Anhänger nicht einer *konzentrischen*, sondern einer *polyzentrischen* Europakonzeption bin. Ich sehe Europa also nicht als ein System von Kreisen, deren alleiniger gemeinsamer Mittelpunkt Brüssel ist, sondern als ein System verschiedener, sich gegenseitig überschneidender Kreise: der EG also, aber auch etwa des Europarates, der KSZE, der EFTA oder der OECD. Trotz dieses vielgestaltigen Europabildes beschränke ich mich im folgenden auf die Europäische Gemeinschaft. Denn nur im Verhältnis zu dieser weitaus mächtigsten, supranationalen Staatenverbindung wird die Neutralitätsproblematik eigentlich akut.

EIN PRODUKT DER GESCHICHTE

Keiner der heute bestehenden Staaten besitzt eine so lange, kontinuierliche Aussenpolitik wie die Schweiz. Die Schweizer Neutralität ist so alt wie das Staatensystem selbst. Sie wurde am ersten europäischen Staatenkongress - im *Westfälischen Frieden von 1648* - als aussenpolitische Maxime der Schweiz anerkannt. An späteren Staatenkongressen, welche die europäische Ordnung definierten und fortentwickelten, wurde die schweizerische Neutralität als ein Grundelement und stabilisierender Friedensfaktor bestätigt und gefestigt: Am *Wiener Kongress von 1815* erhielt sie einen völkerrechtlichen Status; im *Friedensvertrag von Versailles (1919)* und in verschiedenen Akten des Völkerbundes wurde sie als Aufbauelement einer sich zusehends organisierenden Staatenwelt bestätigt; und schliesslich erlebte das Konzept der Neutralität eine neue Blüte als Gleichgewichtsfaktor im Kalten Krieg im Rahmen der *Helsinki Schlussakte von 1975* und des KSZE-Folgeprozesses.

Die Neutralität ist in ihrer langen Geschichte zur eigentlichen *aussenpolitischen Daseinsform der Schweiz* geworden. Weit über ihren rationalen Zweck hinaus entfaltete sie sich zur allumfassenden "raison d'être" der Position und der Aufgabe des Landes in Europa und der Welt. Sie gestattete es dem Schweizervolk, seine einzigartigen demokratischen und föderalistischen Strukturen zu erhalten und auszubauen und der *Innenpolitik einen absoluten Primat über die Aussenpolitik* einzuräumen. Nun aber ist in den letzten Jahren und Monaten die während Jahrhunderten bestandeskräftige, sich flexibel dem Wandel der aussenpolitischen Verhältnisse anpassende, in den Turbulenzen der internationalen Politik im grossen und ganzen resistent gebliebene Neutralität der Schweiz mit einem Schlage in Frage gestellt. Grund ist die für die Schweiz epochale Herausforderung, sich der Europäischen Gemeinschaft anzunähern oder sich allenfalls um eine EG-Mitgliedschaft zu bemühen. Damit stellt sich die Frage der Vereinbarkeit der dauernden Neutralität eines Landes mit den Rechten und Pflichten eines Vollmitglieds der Europäischen Gemeinschaft.

Diese Frage wurde von zahlreichen Fachleuten erörtert. Sie gelangten zum Teil zu gegensätzlichen Ergebnissen. Ursache dieser Diskrepanz sind im Grunde genommen die zwei *verschiedenen methodischen Perspektiven und Argumentationsweisen*, aus denen die Problematik betrachtet und angegangen werden kann. Die einen Autoren bekannten sich (vorwiegend) zur Textmethode. Diese hat einen analytischen und eher statischen Charakter und führt tendenziell zum Resultat, dass die Neutralität und EG-Mitgliedschaft miteinander vereinbar seien. Andere Betrachter geben einer zielgerichteten, politischen Methode den Vorzug. Sie heben den umfassenden, dynamischen Charakter des Gemeinschaftsrechts hervor und erachten Neutralität und Gemeinschaftsrecht "à la longue" als grundsätzlich unvereinbar.

ARGUMENTATION AUF GRUND DER TEXTANALYSE

Anhänger der *wörtlichen oder Textmethode* legen - etwas vereinfacht ausgedrückt - neutralitätsrechtliche Instrumente wie das Haager Abkommen über die Landneutralität von 1907 und gemeinschaftsrechtliche Instrumente wie den EWG-Vertrag von 1957 gleichsam nebeneinander und prüfen sie auf Übereinstimmung und Widersprüche. Diese oft beinahe artikelweise vorgenommene "Synopse" führt prima vista zu offensichtlichen Widersprüchen zwischen dem Gemeinschaftsrecht und dem allgemeinen Neutralitätsrecht sowie Neutralitätsstatus der Schweiz. So garantiert das Gemeinschaftsrecht etwa den grundsätzlich *freien Warenverkehr zwischen den Mitgliedstaaten*; nach dem Haager Recht aber ist der Neutrale verpflichtet, im Kriege zu Lasten von Privatpersonen angeordnete Verbote zur Aus- und Durchfuhr von Kriegsmaterial gleichmässig auf Mitgliedstaaten und Drittstaaten anzuwenden. Eine ähnliche Pflichtenkontrolle kann sich ergeben, wenn der EG-Ministerrat - wenn auch erst im Gefolge einer Konsultation der Mitgliedstaaten im Rahmen der "Europäischen Politischen Zusammenarbeit" (EPZ) - durch verbindlichen Mehrheitsbeschluss *politisch motivierte Wirtschaftssanktionen* gegen die Partei eines internationalen bewaffneten Konflikts beschliesst, an dem auch ein EG-Staat beteiligt ist. Die Gemeinschaft verfolgt nämlich offensichtlich die Tendenz, dergestalt unter dem Kompetenztitel der Führung einer "Gemeinsamen Handelspolitik" (Art. 113 EWG-Vertrag) ihre Wirtschaftsmacht als Ordnungsfaktor in der Weltpolitik zur Geltung zu bringen. Klassischer Fall einer politisch motivierten, gegen einen kriegführenden Staat erlassenen Wirtschaftssanktion waren die Falklandbeschlüsse des Ministerrates im Jahr 1982.

Zeigen sich also beim Vergleich zwischen Gemeinschaftsrecht und Neutralitätsrecht zunächst verschiedene fundamentale Widersprüche, so verweisen die Anhänger der Textmethode zur Auflösung dieser Diskrepanzen auf verschiedene im EWG-Vertrag enthaltene *Ausnahmen- und Schutzklauseln* (Art. 223 ff EWG-Vertrag). Auf diese Bestimmungen könnte sich - so ihre Rechtsmeinung - der dauernd Neutrale berufen, um sich einer Pflichtenkollision zwischen Gemeinschaftsrecht und Neutralitätsrecht zu entziehen. Über die Zulässigkeit der Anrufung der Schutzklauseln würde nach Massgabe des EWG-Vertrages in letzter Instanz der Europäische Gerichtshof entscheiden.

ARGUMENTATION AUF GRUND DER FUNKTIONALISTISCH-POLITISCHEN METHODE

In einem offensichtlichen Kontrast zu der soeben angedeuteten Textmethode steht ein zielgerichtetes, politisches Verständnis der einschlägigen Rechtsinstrumente. Anhänger dieser Methode vertreten die Auffassung, wonach das Institut der Neutralität richtigerweise auf dem Hintergrund des umfassenden Verfassungssystems der Europäischen Gemeinschaft gesehen und begriffen werden müsse. Zum Verständnis der Europäischen Gemeinschaft als verfassungsrechtlich-politisches Phänomen sei wichtig zu wissen, dass

- das EG-Recht ein umfassendes, in sich geschlossenes Rechtssystem darstelle;

- das ganze Gemeinschaftsrecht dem nationalen Recht aller Stufen vorgehe, also einen "supranationalen" Charakter habe;

- es sich - daher die treffende Bezeichnung als "Gemeinschaftsrecht" - sowohl an die Mitgliedstaaten wie auch an die "Marktbürger" wende, also eine "Durchgriffswirkung" besitze;

- die materiellen Gemeinschaftskompetenzen ausser der militärischen Sicherheitspolitik und der Aussenpolitik heute sozusagen alle Domänen der staatlichen Politik beschlagen;

- im ganzen Rahmen der Innenzuständigkeiten die Kompetenzen auch für die Gestaltung der Aussenbeziehungen auf die Gemeinschaft übergegangen seien;

- das Gemeinschaftsrecht weitgehend durch von den Mitgliedstaaten unabhängige Organe (Kommission, Gerichtshof, Parlament) fortentwickelt angewandt werde;

- das nationale Gemeinschaftsorgan, nämlich der die Mitgliedstaaten repräsentierende Ministerrat, seit Inkrafttreten der Einheitlichen Europäischen Akte im Jahre 1987 in den meisten Fällen mit (Qualifizierter) Mehrheit beschliesst.

Kurz: *Das Gemeinschaftsrecht und das Recht der Mitgliedstaaten sind nach der Konzeption des politisch-zielgerichteten Gemeinschaftsverständnisses rechtlich und faktisch in ein Gesamtsystem verflochten, das eine Trennung der beiden Rechtssphären nicht mehr zulässt.* Dazu kommt, dass das Gemeinschaftsrecht als eine dynamische, sich in stetem Wandel und Prozess befindliche Rechtsordnung konzipiert ist. Gerichtshof und Kommission sind ihre wesentlichen Motoren und treibenden Kräfte. In einer solchen Gesamtordnung aber verliere - so diese Argumentationslinie - *das Konzept der Souveränität laufend an Bedeutung.* Die staatliche Souveränität schwinde in dem Masse dahin, in dem sich die

Gemeinschaftsordnung weiter integriere. Damit drohe aber die Neutralität hinfällig zu werden. Denn Träger und Schutzobjekt der Neutralität sei ja gerade der souveräne Staat. Die Neutralität verliere also in einem sich auf supranationaler Ebene zusammenschliessenden Europa zusehends ihren Rahmen, ihr Ziel und ihren Gegenstand.

Die hier aufgezeigte umfassende, politisch-teleologische Methode der Betrachtung und Beurteilung des Verhältnisses von Neutralität und EG-Mitgliedschaft scheint mir dem hier in Frage stehenden *politischen Gegenstand grundsätzlich angepasster und insgesamt überzeugender* zu sein als die vorerwähnte textlich-analytische Methode. Dies umso mehr, als die verglichenen Texte verschiedenen Epochen der Völkerrechtsgeschichte entstammen.

AUSBLICK

Für Zielbestimmung und Konzeption einer sich Europa zuwendenden schweizerischen Aussenpolitik scheint es mir wichtig, festzustellen, dass

- die Neutralität vom dauernd Neutralen grundsätzlich aus eigener Initiative unilateral aufgegeben werden kann;

- sie daher vom dauernd Neutralen auch modifiziert und insbesondere eingeschränkt werden kann;

- es sich bei der Neutralität also um ein nach Massgabe der übergreifenden Ordnungs- wie auch der nationalen Schutz- und Selbstbestimmungsbedürfnisse wandelbares Konzept handelt;

- in einem zusammenwachsenden Europa gewisse traditionelle Funktionen der Neutralität wohl allmählich zurücktreten oder eingeschränkt bzw. aufgehoben werden, andere aber noch lange fortbestehen können;

- dabei in einem ersten Schritt die wirtschaftliche Neutralität und später - sofern sich eines Tages ein effektives, die Grundwerte unserer Rechts- und Gesellschaftsordnung auf ebenbürtige Weise schützendes europäisches Sicherheitssystem erstellen liesse - der militärische Kern der Neutralität eingeschränkt werden könnte;

- die bewährten Dienstleistungsfunktionen des Neutralen auch in einem sich einigenden Europa noch lange sinnvoll bleiben werden - so wie etwa die Kantone Basel und Schaffhausen bei ihrem Eintritt in die Eidgenossenschaft zum "Stillesitzen", zur Leistung guter Dienste und insbesondere, für den Fall von Auseinandersetzungen zwischen anderen Kantonen, zur Vermittlung verpflichtet wurden.

Insgesamt ist es wichtig, die - früheren Generationen von schweizerischen Staatsleuten selbstverständliche Einsicht - festzuhalten, dass Neutralität ein Mittel zum Zweck ist. Wir dürfen nicht in einem Neutralitätsdogmatismus - dem Rezitieren von "reasons without reason" - erstarren und müssen bestrebt sein, konsequent auf die Grundwerte und den Grundsinn der in einer verschiedenen aussenpolitischen Gesamtsituation während Jahrhunderten bewährten, existenzsichernden schweizerischen Neutralitätspolitik durchzugreifen. Erscheinen insgesamt und langfristig zur Erreichung dieser Ziele modifizierte oder andere Instrumente als geeigneter, so ist ihnen der Vorzug zu geben.

HAT DIE NEUTRALITÄTSPOLITIK NOCH EINE CHANCE?

Friedenspolitische Überlegungen

HEINRICH OTT

VERÄNDERTE RAHMENBEDINGUNGEN

Fünf Jahre nach dem für unser Land etwas beschämenden UNO-Volksentscheid ist bei uns die Diskussion über Sinn, Funktion und Tragweite unserer Neutralität und der Neutralität überhaupt wieder in Gang gekommen. Der Bundesrat hat eine Expertenkommission eingesetzt, die sich mit dieser Frage beschäftigen soll. Es sind im wesentlichen vier Faktoren, die uns zu einem Überdenken unserer traditionellen Neutralität, dieser höchsten Maxime unserer Aussenpolitik, veranlassen. Da ist erstens die Problematik der europäischen Integration. Wie weit lässt sich die schweizerische Neutralität mit einer Teilnahme unseres Landes am Integrationsprozess vereinbaren? Würden dadurch gegebenenfalls Anpassungen unseres Neutralitätsverständnisses notwendig werden? Da ist zweitens die Wandlung der KSZE. Diese hat durch die Umwälzungen der Jahre 1989/90 ein anderes Gesicht gewonnen, und es werden ihr aller Voraussicht nach auch andere, modifiziertere Funktionen zuwachsen. So wird auch die neutralitätspolitische Rolle, die die Schweiz in diesem Gremium spielte, sich ändern müssen. Drittens müssen wir vorausblicken auf eine mögliche, ja im Grunde äusserst wahrscheinliche zukünftige europäische Sicherheitsordnung. Wird diese den Charakter einer Militärallianz haben, welche die Neutralität ausschliesst? Und viertens ist auch nach dem 1986er Entscheid das Dossier Schweiz-UNO nicht einfach geschlossen. Der Fall ist eingetreten, den man im Vorfeld jener Abstimmung aufs gründlichste diskutiert hatte: die neutrale Schweiz musste (selbstverständlich!) ein von der Weltorganisation gegen einen Staat verhängtes Embargo freiwillig nachvollziehen. Aber mehr als das: UN-Generalsekretär Javier Perez de Cuellar, der als früherer Botschafter in der Schweiz zu dieser eine persönliche und betont positive Beziehung hat, hatte wiederholt schweizerische Mithilfe bei friedenserhaltenden Aktionen der UNO erbeten und auch erhalten. Er hat überdies schweizerische Diplomaten, ausgerechnet Bürger eines Nichtmitgliedstaates, mit wichtigen und langfristigen UNO-Missionen betraut. Auch das Gesicht und die Rolle der UNO wird sich nach dem Ende des Kalten Krieges ändern und hat sich schon geändert, und es stellt sich unter diesen veränderten Umständen erneut und unter neuer Form die Frage, was ein neutraler Staat - ob Mitglied oder Noch-nichtmitglied der Vereinten Nationen - in diesem Gesamtrahmen beitragen kann und soll.

NACHDENKEN ÜBER DIE IDENTITÄT

Nachdenken über die Neutralität heisst Nachdenken über die schweizerische Identität. Ein Staat hat seine Identität nicht nur nach innen, vor den eigenen Bürgern und Einwohnern, vielleicht noch den unmittelbaren Nachbarn, sondern in unserer Zeit auch nach aussen, im Ganzen der Welt- und Völkergemeinschaft. Im 700. Jahr der Eidgenossenschaft ist es wohl angebracht, sich auf das eigene Nationalgefühl zu besinnen und dabei auch zu prüfen, ob wir irgendeinen Anlass haben zu nationalem Stolz. Patriotismus als Nationalstolz kann durchaus legitim sein und entspricht dem Bedürfnis des Menschen, sich mit seiner Heimat zu identifizieren. Aber solche Legitimität ist in unserer Zeit doch nur in dem Masse gegeben, als eine Nation etwas beizutragen hat und tatsächlich beiträgt zum Überleben und zum Wohl der Menschheit. Denn die Menschheit ist unsere grössere Heimat. Unsere Vorfahren im letzten Jahrhundert, in der frühen Zeit des Bundesstaates, waren stolz darauf, dass ihr Land ein Hort der Freiheit war im Herzen eines Europas, das weithin noch keine demokratischen Rechte kannte. Welches wird *unser* Beitrag, am Ende des darauf folgenden Jahrhunderts, sein, unsere Leistung für die Menschheit heute, da wir dem dritten Jahrtausend entgegeneilen? Über diese Frage kann man nur reden, indem man über die aussenpolitische Staatsmaxime der Schweiz, die immerwährende Neutralität, redet. Sie hat bisher unsere Stellung in der Welt bestimmt.

VERFASSUNGSRECHTLICHE ASPEKTE DER NEUTRALITÄTSPOLITIK

Dabei muss vorab festgestellt werden: Neutralität im engeren Sinne, im Sinne der Haager Konventionen, ist ein kriegsvölkerrechtlicher Begriff, der keiner Revision bedarf und von den Wandlungen der heutigen Zeit unangetastet bleibt. Der schweizerische Neutralitätsmythos dagegen, ein emotionsgeladenes, doch völlig vages Gebilde, das in der Anti-UNO-Propaganda eine wichtige Rolle spielte und letztlich auf totalen aussenpolitischen Abstentionismus zielt, ist schon lange wert, dass er zugrundegeht. Nicht das Neutralitäts*recht* ist es, das diskutiert werden muss, sondern die Neutralitäts*politik*. Ihre Zukunft ist durch die weltgeschichtlichen Veränderungen ungewiss und im guten Sinn *frag-würdig* geworden. Die Neutralitätspolitik ist eine Politik, die das Ziel verfolgt, eine als immerwährend deklarierte (auch dies ein neutralitäts*politischer* Akt!), kriegsvölkerrechtliche Neutralität nicht nur *glaubwürdig*, sondern auch *fruchtbar* zu machen in der Völkerwelt. Neutralitätspolitik greift also viel weiter aus, ist viel umfassender als das Neutralitätsrecht, welches es mit rechtlich fest umschriebenen Tatbeständen zu tun hat. Neutralitätspolitik ist eine breitgefächerte Ausrichtung der gesamten Aussenpolitik eines Staates. Sie muss sich im Unterschied zum festgeschriebenen Neutralitätsrecht immer neu auf den jeweiligen geschichtlichen Kontext ausrichten. Darum drängt sich uns heute, 1991, die Frage nach der Zukunft der Neutralitäts*politik* in einem künftigen friedlicheren Europa auf. Es ist übrigens bemerkenswert, dass unsere Bundesverfassung, die sonst die Führung der Aussenpolitik ganz in die Kompetenz des Bundesrates stellt, bei der aussenpolitischen Grundmaxime der Neutralität eine Ausnahme macht, indem sie Bundesrat und Parlament zugleich die Sorge für die Wahrung der Neutralität überträgt. Damit zwingt sie bei den Grundsatzfragen der Aussenpolitik Exekutive und Legislative zum Dialog. Es wird darum vermutet, dass dieser Parallelismus, diese Doppelkompetenz, kein unglücklicher Zufall, sondern bewusst so gewollt war. Allerdings gibt diese Vagheit auch zu Auslegungsdiskussionen Anlass. Ich habe diesbezüglich während meiner elfjährigen Amtszeit im Parlament einen spürbaren Wandel erlebt. Zwar ist man in den aussenpolitisch interessierten Kreisen des Parlaments schon frühzeitig auf die Doppelkompetenz aufmerksam geworden und hat versucht, daraus programmatisch Schlüsse zu ziehen. Doch wurde damals vonseiten der Verwaltung wie auch in dieser Hinsicht konservativer Parlamentarier noch mit Härte die einseitige These von der Alleinkompetenz des Bundesrates für die gesamte Führung der Aussenpolitik vertreten. Allmählich aber, v.a. mit dem zunehmenden Gewicht der europäischen Integrationsfrage für unsere Aussenpolitik, ist auf beiden Seiten, bei der Exekutive wie bei der Legislative, das Verständnis für den guten Sinn der Doppelkompetenz, für die Notwendigkeit des Dialogs und der Zusammenarbeit der beiden Gewalten auch in diesem Bereich, gewachsen.

Dieser Exkurs über den verfassungsrechtlichen Aspekt soll die dominierende Bedeutung der neutralitätspolitischen Diskussion für unsere Aussenpolitik unterstreichen. Auch mögliche Wandlungen und Neuorientierungen unserer Neutralitätspolitik, wie sie sich heute aufdrängen könnten, werden Thema des Dialogs zwischen den *beiden* Gewalten sein müssen.

DIE NEUTRALITÄTSPOLITIK ALS ABHÄNGIGE VARIABLE EINES EUROPÄISCHEN SICHERHEITSSYSTEMS

Nun gehört der alte Begriff der Neutralität in das Gebiet, das man heute als *Sicherheitspolitik* bezeichnet. Darum fand auch vor einigen Jahren die etwas kühne Forderung ein Echo: die Schweiz, deren Maxime die immerwährende Neutralität sei, müsste eigentlich zum "sicherheitspolitischen Denk-Platz" in Europa werden. Allerdings gehört die Neutralität nicht nur in den Rahmen einer rein militärischen Sicherheitspolitik (wie es zunächst aufgrund ihres kriegsvölkerrechtlichen Ortes scheinen könnte), sondern die Entwicklung der Verhältnisse hat es mit sich gebracht, dass der Neutralität (nämlich der Neutralitäts*politik*) bereits bei kollektiven Bemühungen der Staaten um die Verhinderung kriegerischer Konflikte ihre Bedeutung zukommt. Dies hat sich im KSZE-Rahmen gezeigt. *Neutralität steht als Idee im Kontext internationaler politischer Gestaltung.*

In erster Linie ist bei der Diskussion um die Zukunft unserer Neutralitätspolitik an ein bevorstehendes *europäisches Sicherheitssystem* zu denken. Wann ein solches errichtet werden wird und wie es aussehen könnte, lässt sich heute nicht voraussagen. Immerhin darf vermutet werden, dass die "Charta von Paris" in dieser Hinsicht nicht ohne Folgen bleiben wird. Auf alle Fälle lohnt es sich, ja ist es geboten, in dieser Hinsicht Szenarien auszudenken. Denn ohne konkrete Szenarien über das Zustandekommen eines europäischen Sicherheitssystems (sie müssen nicht als "wahrscheinlich", sondern lediglich als "realistisch möglich" qualifiziert werden können) würde die Frage, wie sich die neutrale Schweiz zu dieser oder jener Gestalt eines europäischen Sicherheitssystems stellen soll, nicht konkret und weiterführend diskutiert werden können. Die Diskussion würde ins rein Abstrakte abgleiten. Der Denkprozess würde gestoppt. Unser Durchdenken der Dimensionen und Entwicklungsmöglichkeiten unserer Neutralitätspolitik muss aber den Ereignissen vorauseilen, damit wir in einem Moment der Entscheidung nicht aus dem Handgelenk entscheiden müssen, sondern die vorgängig erarbeiteten Orientierungshilfen zur Hand haben. Wir dürfen uns nicht total von den Tatsachen überraschen lassen. Und die neuen Tatsachen können zuweilen erstaunlich rasch und unerwartet da sein, wie uns zum Beispiel die plötzliche neue Dynamik der EG oder das unvermutete Auftreten der Delors-Idee vom europäischen Wirtschaftsraum mit den zwei Pfeilern oder vor allem auch die Revolutionsjahre 1989/90 gelehrt haben.

Wie soll sich die Schweiz dem geplanten und auch voraussehbaren, wenn auch keineswegs im Detail prognostizierbaren gesamteuropäischen Sicherheitssystem gegenüber verhalten? Soll sie zuwarten bis zum Zeitpunkt X, wo die definitive Gestalt erkennbar sein wird, und dann ihre Entscheidung treffen. Mit andern Worten soll sie die Gestaltung den andern Nationen Europas überlassen, der Führung und dem Ideengut der grossen und mittleren Mächte? Wird ihr dannzumal ihre Neutralität einen Beitritt oder eine Assoziation überhaupt noch erlauben? Wird sie ohne Alternativen dastehen? Oder soll sie in einem frühen Stadium tatkräftig mitdenken und mitgestalten? Aber welche Legitimation hätte sie dazu aus der Tradition ihrer Neutralität? Welche Art von Beiträgen könnte sie aus dem Geiste dieser Neutralität heraus leisten und welche Art von Anstössen könnte sie geben?

Um solche Fragen gründlich zu verfolgen ist es wohl richtig, sich auf gewisse Tatsachen der Vergangenheit, der ferneren und der jüngsten, zu besinnen. Im 19. Jahrhundert, nach den napoleonischen Kriegen, fand die Neutralität der Schweiz Akzeptanz bei den europäischen Mächten. Sie war für diese, wegen der geographischen Lage der Schweiz, von strategischer Bedeutung. Sie lag in ihrem Interesse, nicht nur als Selbsterhaltungsmassnahme (was Neutralität immer auch ist) im Interesse der Schweiz, und das konnte so gesamteuropäisch als Dienst am Kräftegleichgewicht und am Frieden angesehen werden. - Auf dieser Linie wird man heute fragen müssen: In wessen strategischem (oder jetzt in einem weiteren Sinne: "friedensstrategischem") Interesse läge die Neutralität (oder jetzt präziser: die Neutralitätspolitik) der Schweiz - heute, in einem Europa, wo die militärische Macht- und Hegemonialkonkurrenz der Grossmächte praktisch verschwunden ist und Problemen und Konflikten ganz anderer Art Platz gemacht hat?

Diese Frage kann nicht isoliert beantwortet werden. Vielmehr muss man sehen und prüfen und weiter-denken, wozu Neutralitätspolitik fähig ist. Die schweizerische Neutralitätspolitik hat sich ja inzwischen auch weiterentwickelt, vor allem seit es die KSZE gibt. Gehörten die Guten Dienste, die sie als diplomatische Schutzmacht leistete, schon früher zum neutralitätsrechtlichen und -politischen Status der Schweiz, so haben sich im Zeitalter der multilateralen Diplomatie Bereich und Art erweitert.[1] Statt nur auf Anfrage hin in Konflikt geratene Staaten diplomatisch zu vertreten, hat sich die Schweiz zunehmend bemüht, auf dem multilateralen Parkett aus eigener Initiative eine vermittelnde Politik zu entfalten, so zusammen mit den andern Neutralen (z.T. auch Nichtblockgebundenen) bei der delikaten Aufgabe der Koordination, wenn es galt, aus wichtigen Verhandlungen die verbindlichen Konsequenzen zu ziehen bzw. entsprechende Entscheide vorzubereiten und einen Konsens zu suchen. Noch vor kurzem war die Schweiz an der Genfer KSZE-Konferenz über Minderheiten nicht nur Gastland, sondern auch alleinige Koordinatorin für das Schlussdokument. Zwar haben die Resultate dieser Konferenz den hochgesteckten Erwartungen nicht genügen können. Zuviele Widerstände regten sich noch. Doch ist das Problem der Minderheiten nach wie vor virulent, gewinnt an Schärfe, und wird in Bälde die europäischen Staaten im KSZE-Rahmen wieder beschäftigen. Die Schweiz hatte den Mut, durch ihre Einladung zur Genfer Konferenz diesen dringlichsten Konfliktherd im heutigen Europa zum erstenmal als zentrales Thema ausdrücklich zur Diskussion zu stellen und sie hat gegen anfangs starken Widerstand dieses Etappenziel auch erreicht. Dies war ein Stück erweiterter Neutralitätspolitik neuen Stils. Welches werden in Zukunft die neutralitätspolitischen Initiativen unseres Landes, welches wird deren grosse Linie sein?

---

1. Vgl. zu dieser Entwicklung der Guten Dienste auch das Buch von Raymond R. Probst, "Good Offices" in the Light of Swiss International Practice and Experience, Dordrecht/Bosten/London 1989.

NEUTRALE IN DER IDENTITÄTSKRISE

Es gilt zu realisieren, dass die neutralen Staaten Europas und unter ihnen die Schweiz (der ihre traditionelle Neutralität als Bestandteil ihrer nationalen Identität möglicherweise am meisten unter allen bedeutet) im Europa nach 1990 in eine Art *Identitätskrise* geraten sind. Früher standen sich die grossen Blöcke gegenüber, die eigentlich nicht miteinander verhandeln konnten, weil jeder Schachzug von der andern Seite jeweils sofort als blosse Propaganda ausgelegt wurde (und es allzu oft auch tatsächlich war). Hier fiel der dritten Gruppe, den N+N-Staaten, und unter ihnen besonders den vier Neutralen, die natürliche Rolle des Vermittlers zu. Dank dieser dritten Partei, die ihre Rolle getreulich und oftmals auch mit Kreativität spielte, gingen die Verhandlungen trotz allem voran, wenn auch zäh, und es wurden schon vor dem grossen Umbruch erstaunliche, weitreichende Fortschritte erzielt. Schon vor dem Umbruch durfte, dank dem KSZE-Prozess, Europa als der weltpolitisch sicherste Kontinent angesehen werden. Durch den komplexen Verhandlungsprozess mit seinen vielen Begegnungen hatte sich ein gemeinsames Augenmass für die politischen Realitäten und Möglichkeiten entwickelt, und damit ein hohes Mass an Berechenbarkeit.

Heute gibt es die Polarisierung der zwei Blöcke nicht mehr. Alle Nationen können mit allen ohne Barrieren direkt verhandeln. Es braucht keine Vermittler im alten Stile mehr. Die Rolle des Koordinators, des moderaten Moderators, des Deblockierenden in schwierigen, festgefahrenen Situationen könnte heute im Prinzip von jedem Staat, jeder Staatengruppe von Fall zu Fall übernommen werden. Es wäre zwar wohl voreilig, zu behaupten, die N+N-Staaten hätten ihre Rolle nun endgültig ausgespielt, aber sie werden sie jedenfalls nicht so wie bisher selbstverständlich weiterspielen können.

Für die Schweiz stellt sich die Frage heute so: Welches sind die Elemente unserer in jüngerer Zeit entwickelten aktiven Neutralitätspolitik, die wir in die neue und so unterschiedliche politische Konstellation gleichsam hinüberretten können? Welches ist die tiefste Wurzel, welches der geistige, der praktisch-philosophische Gehalt unserer Neutralität - jener Neutralität, die nicht nur Selbsterhaltungsmassnahme ist, sondern die wir selber (nicht nur phraseologisch, sondern in Taten) zur Solidarität und Disponibilität weiterentwickelt haben? Und welche neuen Schosse können in einem veränderten Klima dieser Wurzel noch entwachsen? Welche Züge können in den neuen Kontext über-setzt werden? Wo sind die noch allzuschwachen Ansätze, die zu verstärken und auszubauen wir jetzt, unter neuen Umständen, eine Chance haben? - Wie der Bürger einer grossen Nation stolz sein möchte auf ein grosses, mächtiges und einflussreiches Land, so möchten wir Eidgenossen als Bürger eines Kleinstaates stolz auf ein Land sein können, das durch seine Idee und durch seine Ideen einflussreich ist, das etwas weitergibt an andere von seiner politisch-menschlichen Kultur (nicht deren schlechte Elemente, aber die guten).

NEUTRAL SEIN IM KRIEG - PARTEI ERGREIFEN IM FRIEDEN

Um in dieser Umbruchslage, die auch für unsern eigenen Platz in der Völkerwelt besteht, kreativ zu sein und den Imperativen der Zeit zu entsprechen, dürfen wir vor allem nicht ein Neutralitätsprinzip ängstlich überspannen, nicht die an sich dynamische Idee der Neutralität dazu missbrauchen, um neue, ungewohnte Versuche politischen Denkens im Keim zu ersticken, sie als mit der Neutralität (was immer man dann darunter versteht) gänzlich unvereinbar sogleich auszugrenzen. Prinzipienreiterei macht phantasielos. Sie lähmt die Kreativität.

Man darf sich doch zum Beispiel ganz ruhig, schlicht logisch, folgendes überlegen: Neutralität hat - einfach vom Begriff, ja vom Wort her - dort einen Sinn und einen Platz, wo es Parteien gibt, die einander in der einen oder andern Art bekämpfen oder konkurrenzieren. Wo dies nicht der Fall ist, verliert Neutralität ihre Bedeutung. In einem Gremium, wo alle, und sei es unter Spannungen und Meinungsverschiedenheiten, für dasselbe Ziel arbeiten, ist der "Neutrale" nicht mehr neutral, sondern schlicht nur noch ein Aussenseiter. Wo der Schritt von Polarisierung und Konkurrenz zu einer wirklichen Universalität gelingt, ist Neutralität keine Möglichkeit mehr. Darum ist es auch völkerrechtlich unumstritten, dass die drei andern europäischen Neutralen neben uns (Finnland, Österreich und Schweden), vielleicht mit uns überhaupt die einzig wirklich Neutralen auf der Welt, längst schon der universal gewordenen UNO angehören. Sollte also ein allfälliges künftiges System europäischer Sicherheit wirklich im regionalen Rahmen universal sein (universalistisch auch und demokratisch in der Struktur, ohne hegemoniale Stellung einzelner Staaten), so bestünde auch für einen traditionell neutralen Staat wie die Schweiz nicht mehr der geringste Grund, den Aussenseiter zu spielen. Im Gegenteil: sobald man Neutralität als

Solidarität und Disponibilität, d.h. als Dienst an einem grösseren Ganzen interpretiert, wäre eine solche Aussenseiterstellung neutralitätswidrig.

Es sind Situationen vorstellbar, wo die völlige Universalität, sei es der UNO im globalen, sei es eines realisierten europäischen Sicherheitssystems im regionalen Rahmen, sich als nicht genügend flexibel erweisen kann. Eine universal-solidarische Stellungnahme in einem komplexen Konfliktfall, wo jeder Mitgliedstaat des betreffenden Systems sich aus Solidaritätsgründen keine Differenzierung mehr erlauben kann, könnte zur Blockierung einer Verhandlungssituation führen, bei der im Prinzip noch unausgeschöpfte Möglichkeiten zu einer Einigung bestünden. Hier wäre ein "positives Aussenseitertum" denkbar und könnte sich im gegebenen Fall als nützlich erweisen. Es könnte sich für ein (global oder regional) universales System kollektiver Sicherheit als fruchtbar erweisen, wenn Staaten exisitieren, die sich, obschon durchaus Mitglieder des Systems, aufgrund geschichtlicher Tradition und Erfahrung eine gewisse kritische Distanz erlauben können (und aufgrund eines besonderen Status auch dürfen), so dass sie auch im äussersten Fall noch als Unterhändler und Vermittler auftreten können und dadurch die Palette der Verhandlungsoptionen verbreitern. Der zeitlich nächstliegende Fall, Irak, ist dafür leider kein gutes Beispiel, weil hier der alleinverantwortliche Akteur offenbar nicht mehr fähig war, sich rationalen Erwägungen zu öffnen. Aber das braucht nicht in jedem analogen Falle so sein.

VERTRAUENSBILDUNG DURCH NEUTRALITÄT

Die Existenz neutraler Staaten, d.h. von Staaten, die sich aus eigener Tradition auf die Neutralitätspolitik verstehen, in einem kollektiven Sicherheitssystem könnte dazu dienen, dass - im Sinne der Zielsetzung des Systems - Nuancen zur Geltung kommen, die sonst nicht zur Geltung kämen. Denn zur Psychologie der Neutralitätspolitik gehört es, Vertrauen bei allen Parteien einer Konfliktsituation zu gewinnen und zu bewahren, allein aus der Tatsache heraus, dass man sich mit Sicherheit, solange die Verhandlungsphase währt, mit keinem der Kontrahenten gegen den andern solidarisieren wird und dass man keinerlei egoistische Eigeninteressen im Hinterkopf hat. Ich habe gelegentlich als Vertreter der Schweiz diese Erfahrungen selber machen können in einer Aktion geringerer Tragweite, d.h. einer solchen, die keine direkten politische Folgen zeitigen konnte. Es ging darum, im Rahmen einer Fraktion der Interparlamentarischen Union den Zypern-Konflikt zu untersuchen und darüber zu rapportieren. Beauftragt damit waren die Delegationen dreier neutraler Staaten: Finnlands, Irlands und der Schweiz. Es gelang dem betreffenden Komitee aus den drei Delegationen, bis zum Abschluss des Verfahrens die strikte Neutralität einzuhalten, sich glaubwürdig mit keiner der Konfliktparteien einseitig zu solidarisieren, dadurch das Vertrauen beider Seiten sich zu bewahren und dennoch (oder gerade deswegen!) eine substantielle Stellungnahme zur Sache selbst abzugeben. Vertrauensbildender Massnahmen können auch als Vorspiel zu einer relativ leicht zu erreichenden Einigungsformel auf konföderativer Basis dienen.

Dies ist eine politisch-psychologische Erfahrung, aufgrund derer sich eine *idée manoeuvre* für eine Neutralitätspolitik auch unter neuen Verhältnissen konzipieren lässt. - Eine solche Sonderstellung der Neutralen, die schlicht nur auf deren Neutralitätserfahrung historisch begründet wäre (aber das historische Moment hat in solchen Fällen oft ausschlaggebenden Wert), wäre auch im Rahmen der EG und ihrer EPZ denkbar. Die EPZ, falls sie sich eines Tages konsolidiert, könnte durch solche Elemente erhöhter Manövrierfähigkeit wohl nur an Stärke gewinnen.

In einem friedlicheren Europa, wie es nun schon begonnen hat, das nicht mehr durch die mögliche Konfrontation der Militärblöcke in seiner Existenz bedroht ist, vermehren sich die Minderheiten- und Nationalitätskonflikte, die zuvor noch durch die eiserne Faust des Kalten Krieges niedergehalten wurden. Man darf sich hier keinen Illusionen hingeben: Diesen Konflikten, die durchaus das gefährlichste Konfliktpotential unserer Zeit dastellen, wird man nie beikommen unter dem Regime des in UNO und KSZE phraseologisch immer noch hochgehaltenen, de facto aber auf beiden Ebenen längst durchlöcherten Prinzips einer "Nichteinmischung in die innern Angelegenheiten". Auch auf diesem sicherheitspolitisch absolut vordinglichen Gebiet der internen Konflikte müsste die Neutralitätspolitik sich bewähren. Denn auch auf diesem Felde ist Vertrauensbildung durch Neutralität, durch Abstinenz von der Durchsetzung eigener Interessen, nach allen Seiten, bei allen an einem Konflikt Beteiligten, denkbar und faktisch möglich. Die vier Neutralen Europas, die sich einander in letzter Zeit stark angenähert haben, müssten auch dieses Gebiet in ihre gemeinsame aussenpolitische Kultur aufnehmen - eine gemeinsame Kultur der Neutralitätspolitik, die man zuerst in intensiverem Erfahrungsaustausch wirklich entdecken und dann gemeinsam weiterentwickeln müsste.

FRIEDENSFÖRDERNDE INTERVENTION DURCH NEUTRALE ?

Wie wäre es gewesen, wenn im jugoslawischen Nationalitäten- und Minderheitenkonflikt, bei dieser inneren Zerreissprobe eines befreundeten, sozusagen verbündeten N + N-Staates, neben der durch ihre Dezidiertheit beispielhaften Intervention der EG, auf Initiative der neutralen Schweiz auch die übrigen acht N + N-Staaten sich zu einer Intervention beim befreundeten Jugoslawien und dessen Republiken zusammengetan hätten? Nicht um wirtschaftlichen Druck auszuüben, sondern um Ideen zur Konfliktlösung beliebt zu machen! Solche Ideen, sowohl was eine konförderative Formel für den Weiterbestand des Ganzen, wie auch was die Befriedung von Minderheitenkonflikten in einzelnen Landesteilen auf der Basis politischer Mitbestimmung und Selbstbestimmung betrifft, hätte die Schweiz aus dem Fingerspitzengefühl ihrer föderalistischen Erfahrung wohl rasch skizzieren können. Aber die Solidarität der Staatengruppe der N + N hätten einem solchen gemeinsamen Versuch die erforderliche moralische und damit politische Autorität verliehen.

Dies sind im Moment nur Spekulationen im nachhinein. Sie können aber vielleicht die These stützen, dass eine kreative, ideenreiche und auf die Realitäten der Zeit abgestimmte Neutralitätspolitik auch im neuen europäischen Klima noch und erst recht eine Chance hat.

DIE EG ALS FRIEDENSGEMEINSCHAFT

Von Jean Monnet zur Politischen Union

JÖRG THALMANN

DIE AUSGANGSFRAGEN

Es ist unbestritten, dass die Europäische Gemeinschaft viel für den Frieden in Europa getan hat. Aber meines Wissens ist diese Behauptung nie systematisch untersucht und belegt worden. Man kann finden, das sei nicht nötig, wenn die These unbestritten sei. Aber gerade in der heutigen schweizerischen EWR-Debatte und in der europäischen Debatte über die zukünftige Organisation Europas braucht es eine bewusstere Prüfung der Fragen, *ob, wie weit* und *wie* die EG friedensfördernd wirkt. Davon werden die Antworten auf viele wichtige Fragen bis in die Tagespolitik hinein beeinflusst, zum Beispiel:

- Kann und soll die künftige Gestaltung des "europäischen Hauses" mehr der EG, der KSZE oder dem Europarat anvertraut werden?

- Soll die Schweiz dieser EG beitreten? Hat sie geradezu die Pflicht dazu, oder soll sie sich im Gegenteil als potentielle Alternative oder intellektueller Gegenpol gegen ein zu mächtiges "Brüssel" davon fernhalten?

Das hier ist ein subjektiver Versuch zu ersten Antworten, mit den Mitteln, die mir zur Verfügung stehen. Sie sind nicht wissenschaftlicher, sondern journalistisch-empirischer Natur. Die Fragestellung und der Gedankengang verraten zweifellos Reminiszenzen an die Studienzeit des Verfassers, das inhaltliche Material jedoch stammt aus der 24-jährigen Beobachtung, Erfahrung und Intuition eines Aktualitätenberichterstatters in Brüssel, der jeden Tag zu einem anderen Thema springen muss. Hier wird impressionistisch gezeichnet, was systematische Forschung detailliert recherchieren und belegen sollte.

DIE GRUNDANNAHME

*** NATO und EG:** Für die Sicherheit Westeuropas im klassischen, militärisch-engen Sinn war die NATO verantwortlich, und das gemessen am Ergebnis - kein Krieg seit 1945 - mit Erfolg. Die friedensfördernde Rolle der EG steht im Schatten der Nato: Sie wird erkannt, aber als untergeordnet empfunden. Das dürfte eine Verzerrung der Wirklichkeit sein. Die Nato sorgte für die *Hardware* der Sicherheit, die EG für die *Software*. Für die *Dauerhaftigkeit* des Friedens und seine Ausstrahlung über Europa hinaus dürfte die Software wichtiger sein.

*** Krieg:** *Undenkbar*. Die Nato sorgte nur für Abwesenheit von Krieg; die EG schuf durch alltägliche Zusammenarbeit von historisch verfeindeten Nationen einen politischen Kitt, der jede Gewalt zwischen ihnen unmöglich machte. Der beliebte Spruch, Kriege unter Westeuropäern seien "undenkbar" geworden, sagt noch zu wenig: Es muss sich niemand mehr zu dieser Abstinenz zwingen, es denkt schlicht gar niemand mehr an Gewalt.

*** Präzise belegen:** Das ist die Hauptthese und Grundannahme dieser Arbeit: Diese immanente Friedens-Wirksamkeit der EG beruht nicht nur auf vagen Eindrücken, sondern lässt sich präzise belegen.

MOMENTAUFNAHME:
JEAN MONNET, DAS FRIEDENSGENIE

*** In Stein gemeisselt:** An der Luxemburger Europabrücke ist der berühmte Satz des französischen Aussenministers Robert Schuman (dessen Geburtshaus, heute eine Schuman-Forschungsstätte, einen Kilometer weiter steht) in Stein gemeisselt: "Europa wird nicht auf einen Schlag entstehen, auch nicht nach einer Gesamtkonzeption, sondern durch konkrete Werke, die zuallererst eine Defacto-Solidarität schaffen." Ein solches Werk schlug Schuman in der historischen Ansprache vom 9. Mai 1950 vor: "Zu diesem Zweck schlägt die französische Regierung vor, in einem begrenzten, doch entscheidenden Punkt sofort zur Tat zu schreiten. Die französische Regierung schlägt vor, die Gesamtheit der französisch-deutschen Kohle- und Stahlproduktion unter eine gemeinsame Hohe Behörde zu stellen in einer Organisation, die den anderen europäischen Ländern zum Beitritt offensteht."

*** "Frieden ist mehr als die Abwesenheit von Krieg":** Der in Stein gemeisselte Satz ist eine frappante Inkarnation dieses modernen Friedens-Axioms. Der Friede ist nichts ein für allemal Gegebenes, sondern muss durch tägliche Kooperation erneuert und gepflegt werden. Hat die Friedensforschung die Bedeutung dès breiten Anschauungsmaterials, das die Arbeit der EG für diese Behauptung liefert, voll erfasst? Meinen Eindrücken nach hat sie sich jahrzehntelang auf die militärische Seite der europäischen Zeitgeschichte konzentriert (atomare Aufrüstung, Raketendebatte, Abrüstungskonzepte usw.) und die aktive Komponente der Friedensarbeit, die sich jeden Tag an der EG-Front studieren lässt, vernachlässigt.[1]

*** Wort und Tat:** Die zitierten Ideen Robert Schumans stammen vom europäischen Integrationsgenie dieses Jahrhunderts, dem Franzosen Jean Monnet. Dieser hat auch Schumans Ansprache formuliert, dessen Verdienst darin besteht, die historische Tragweite des Gedankens als verantwortlicher Politiker sofort erfasst und in seinem Vorschlag an alle anderen europäischen Politiker guten Willens weitervermittelt zu haben. In den paar Tagen zwischen Monnets Erleuchtung und Schumans Rede ist das Konzept des "Friedens durch Zusammenarbeit" aus einer Idee zur politischen Aktion geworden, die ihrerseits die Keimzelle zur breiten Entwicklung des Friedens-Europas von heute war. Monnets Erinnerungen[2] beschreiben die Geschichte dieser paar Tage in atemberaubenden Einzelheiten.

*** Idee, Persönlichkeit und Politik:** Jean Monnet scheint sich nicht an der Ideengeschichte des Völkerfriedens und der europäischen Föderation (von Sully und Kant bis Spencer und Coudenhove-Kalergi)[3] inspiriert zu haben. Internationale Zusammenarbeit organisieren, Menschen zusammenführen, Staaten integrieren, supranationale Strukturen schaffen - das war ein Hobby, dem Monnet in der konkreten Arbeit und im weltweiten Kontakt mit führenden Politikern frönte.

---

1 Günther Bächler von der SFS wies mich allerdings darauf hin, dass Friedens- und Konfliktforscher, die sich mit Integrationstheorien befassen, schon immer ein Auge auf die EG geworfen haben. In jüngster Zeit hat insbesondere Dieter Senghaas, ein Schüler des Integrationstheoretikers an der Harvard Universität, Karl W. Deutsch, auf die wirtschaftliche Vernetzung und Integration als Friedensfaktor in Europa hingewiesen; vgl. Dieter Senghaas, Europa 2000. Ein Friedensplan, Frankfurt am Main 1990, S. 25ff. Vgl. auch den Beitrag von Günther Bächler in diesem Band.

2 Jean Monnet: Memoires, Paris 1976.

3 Claus Schöndube: Das neue Europa-Handbuch, Köln 1969.

*** Die Genese eines Friedensgenies:** Nach seinen Memoiren (Fussnote 2) entdeckte Jean Monnet diese Leidenschaft, als er 1914-18 den britischen und später den amerikanischen Nachschub für die kriegführenden Franzosen organisierte, was er im Zweiten Weltkrieg wiederholte. Seine Grundidee war schon damals die Fusion der Ressourcen. Der Sohn eines Cognac-Händlers trat 1923 als Stellvertretender Generalsekretär des Völkerbunds zurück, um den väterlichen Betrieb zu sanieren, und betätigte sich nebenbei als Makler für das Zusammenführen internationaler Finanzkonsortien. Beim französischen Zusammenbruch 1940 überzeugte er Churchill von der Idee, die "Fusion Frankreichs und Grossbritanniens" zu proklamieren. Ein paar Stunden vor der geplanten Ansprache trat die französische Kriegsregierung Reynaud (mit ihrem Staatssekretär de Gaulle) zurück und machte der Kapitulationsregierung Petain Platz. Zur europäischen Sternstunde wurde zehn Jahre später Monnets Inspiration, die ihm im April-Mai 1950 die Idee der Europäischen Gemeinschaft für Kohle und Stahl - der ersten EG - lieferte. Monnet schildert in seinen Memoiren nicht nur sein Lebenswerk, sondern auch das jahrzehntelange Wachsen seiner Ideen im Wechselspiel von Nachdenken und Aktion.

*** Einzigartige Konstellation:** Europa verdankt diese Sternstunde nicht nur einem einzigartigen Mann, sondern auch dem Geschenk einer einzigartigen Konstellation, die Monnet in seinen Memoiren ebenfalls anschaulich wiedergibt. Im Frühling 1950 trieb der Kalte Krieg einem neuen Höhepunkt zu, und Europas Nationen drohten wieder in nationalegoistische Interessenpolitik zurückzufallen. Die schweren Drohungen Stalins liessen Frankreich das Gefühl der Erbfeindschaft mit Deutschland in dem Moment überwinden, als ihnen Robert Schuman eine einfache, ehrgeizige, aber auch praktische und psychologisch gerade noch verdauliche Aktion vorschlug. Der Zweite Weltkrieg hatte die Völker dermassen aufgewühlt, dass sie diesmal zu einer in der Geschichte einmaligen Versöhnung bereit waren. Der Erste Weltkrieg war gerade so weit weg, dass die Ressentiments verblasst waren, und noch so nahe, um die richtigen Lehren aus den damaligen Fehlern (Versailles) zu ziehen.

DIE EG ALS FRIEDENSMACHT: BEISPIELE

*** Die Organisation des Friedens:** Aus dieser Konstellation entstand im Mai 1950 die Uridee einer "Europäischen Gemeinschaft", die sich in konkreter Zusammenarbeit bewähren sollte. 1952 trat die "Gemeinschaft für Kohle und Stahl" in Kraft, 1958 die "Europäische Wirtschafts-Gemeinschaft" EWG und die Euratom. Die Aufbauarbeit von 1952 bis zum Binnenmarkt von 1993 und, mit dem Horizont 2000, den Plänen einer Wirtschafts- und Währungs- und einer politischen Union inkarnierte und inkarniert immer noch die ursprüngliche Monnet-Konzeption.

*** Alltag und Kleinarbeit:** Die vollständige Schilderung würde auf eine vielbändige "Geschichte der EG von 1950 bis 1991" hinauslaufen. Es könnten weitere Momentaufnahmen folgen - nicht nur von den grossen Akten wie der Schaffung der EWG 1955-58, sondern auch von der täglichen mühsamen Kleinarbeit, wo sich das Friedensziel in den Mäandern ökonomischer Motive, nationaler Interessenvertretung und bürokratischer Verwaltung zu verlieren scheint. Hier sollen einige punktuelle Beispiele die These skizzieren, dass die Existenz und Arbeit der EG tatsächlich für die Aufrechterhaltung des Friedens sorgt, ohne dass das der Öffentlichkeit bewusst ist.

*** Der Friede: Schon selbstverständlich?** In *Westeuropa* ist die Friedenswirkung so evident, dass die ältere Generation dafür keine Beweise braucht. Die jüngere umgekehrt nimmt die Tatsache, dass Krieg in Westeuropa aus jeglicher Vorstellungskraft verschwunden ist, nicht mehr bewusst zur Kenntnis und kritisiert an der EG alles Kritisierbare: die Bürokratie, den Papierkrieg, die Langsamkeit und - fälschlicherweise - den "Zentralismus". Die Gefahr, mit der Kritik eine Anti-EG-Stimmung zu schaffen und auf die Länge auch deren Friedenswirkung zu verspielen, ist nicht ganz von der Hand zu weisen.

*** Papier statt Krieg:** Vielleicht hilft es zum Verständnis, sich vorzustellen, dass die Streitfragen, für deren Regelung die EG Unmengen von Papier (auch für die Übersetzungen in neun Sprachen) verbraucht, früher in regelmässigen Abständen zum Krieg führten. Sowohl der "Papierkrieg" wie die Langsamkeit kommen daher, dass die EG gerade keine zentralistische Diktatur ist, sondern zwölf Länder langwierige Verhandlungen führen, bis aus den Interessen aller - auch kleiner Gruppen und Länder - ein allseits akzeptabler Kompromiss geworden ist.

*** Verzicht auf Gewalt:** In *Osteuropa* hat die westeuropäische Integration - das heisst de facto: die EG - in Arbeitsteilung mit den USA und der Nato den gewaltlosen Zusammenbruch des Kommunismus zustandegebracht. Salopp formuliert: Reagans Politik des "Zutoderüstens" sorgte für den Zusammenbruch und die EG dafür, dass er gewaltlos vor sich ging. Die Gründung der EWG 1958 ging direkt auf die Niederschlagung des ungarischen Aufstands gegen die Sowjetunion 1956 zurück. Damals wurde klar, dass jede Unterstützung osteuropäischer Freiheitsbestrebungen *mit Gewalt* zum *Weltkrieg*, vielleicht zum *Atomkrieg* führen würde. Ein mitbestimmendes Motiv für die Gründung der EWG war der bewusste Verzicht auf jeden militärischen Eingriff in Osteuropa in der unbestimmten Hoffnung, die westeuropäische Integration so stark, anziehend und vorbildlich zu machen, dass die Osteuropäer irgendwann *gewaltlos* freizukriegen wären.[4]

*** Gewaltlose Utopie wird Wirklichkeit:** Was damals utopisch schien, ist über die KSZE-Charta von Helsinki 1975, die "Charta von Prag" 1977, die ungarischen Wirtschaftsreformen, Solidarnosz in Polen und Gorbatschows Perestrojka bis zur Öffnung der Berliner Mauer Wirklichkeit geworden. Die östlichen Regimegegner machten den Anschluss an die Integration Westeuropas zu ihrem Ziel[5], so wie unter den Widerstandsbewegungen gegen Hitler und Mussolini die Vorstellung einer zukünf-

---

4 Dorothee Wilms, Bundesministerin für innerdeutsche Beziehungen, am 24. 1. 1989 vor der Friedrich-Ebert-Stiftung in Bonn, spricht von der "Magnettheorie": "Ein einiges, freies Europa gibt den Völkern jenseits der heutigen europäischen Teilungslinie die Hoffnung, dereinst am weiteren Ausbau eines solchen Europas mitwirken zu können. Konnte man vielleicht in den fünfziger Jahren noch Zweifel haben am Erfolg der freiheitlichen Staats- und Wirtschaftsordnungen des Westens, so sind diese Zweifel Ende der achtziger Jahre angesichts der Anziehungskraft der westeuropäischen Integration und ihrer Effektivität - auch und gerade für die Staaten und Völker Osteuropas - nicht mehr erlaubt. Die 'Magnettheorie' der früheren Jahrzehnte wird heute zur Wirklichkeit." (Bulletin des Presse- und Informationsamtes der Bundesregierung, Bonn 26.1.1989.)
Dorothee Wilms zitiert aus Kanzler Kohls Bericht zur Lage der Nation: "Wir vertrauen auf die grosse Anziehungskraft des europäischen Einigungswerks. Indem wir uns in der Europäischen Gemeinschaft immer enger zusammenschliessen, handeln wir auch im Interesse der Menschen im anderen Teil unseres Kontinents und in der Hoffnung, dass sie eines Tages in freier Selbstbestimmung dieses Werk des Friedens mitgestalten können."

5 Z.B. gemeinsamer Aufruf von 120 osteuropäischen Bürgerrechtlern aus Ungarn, CSSR, Polen und DDR zum 30. Jahrestag des ungarischen Aufstands 1956: "... Wir erklären unsere gemeinsame Entschlossenheit, für politische Demokratie in unseren Ländern, für deren Unabhängigkeit, für einen auf dem Prinzip der Selbstverwaltung basierenden Pluralismus und für die friedliche Wiedervereinigung des geteilten Europa zu kämpfen." Basler Zeitung 20.10.1986.

tigen Föderation Europas zirkulierte.[6]

* **Demonstrationskultur:** Von kapitaler Bedeutung für den Triumph der Gewaltlosigkeit in Osteuropa mit Ausnahme Rumäniens waren die Leipziger Montagsdemonstrationen. Sie inspirierten sich zweifellos an den friedlichen Antiraketen-Demonstrationen in Westdeutschland, die vom DDR-Regime wenige Jahre früher hocherfreut in die eigenen Fernsehsender eingespiesen worden waren. Die ostdeutsche Jugend und Intelligentia entnahm ihnen dann nicht den antiamerikanischen Inhalt, sondern die pazifistische Methode des Protests gegen die eigene Regierung. Der Beitrag des Musters der gewaltlosen Demonstrationskultur, die sich seit 1968 in Westeuropa entwickelte, an die Befreiung Osteuropas wäre eine Sonderstudie wert.

* **Ein Axiom und seine Wirkung:** Die *Deutsche Wiedervereinigung* verdankt ihren geschmeidigen Vollzug einem weniger bekannten bzw. als Selbstverständlichkeit empfundenen Axiom Jean Monnets: der vollen Gleichberechtigung Deutschlands im EG-Kreis. (Memoiren S. 364-65.) 1950, fünf Jahre nach Kriegsende, war das revolutionär, doch hat sich die Regel "keine Sonderrechte!" bis auf jüngste beunruhigende Abweichungen (Ausnahmeregelungen im Binnenmarkt, insbesondere für Grossbritannien) in allen EG-Phasen gehalten. Die deutsche Ministerin für gesamtdeutsche Fragen, Dorothee Wilms, machte ab 1988 den ominösen (falschen) Hinweis, es gebe in den Römer EG-Verträgen eine Klausel, welche im Fall einer deutschen Wiedervereinigung eine Neuaushandlung erlaubten.[7] In diesem Fall wäre es für die Deutschen möglich und eine grosse Versuchung gewesen, sich aus der westlichen Verflechtung zu lösen und in eine ost-westliche Schaukelpolitik zurückzufallen.[8] Später korrigierte Frau Wilms: Es handle sich um einen

6 Schöndube S. 22-24 (Text) und 151-157 (Dokumente).

7 Dorothee Wilms am 26.10.1988 im Presse- und Informationsbüro der EG-Kommission in Bonn: "Für den Fall einer Lösung der deutschen Frage sehen die Römischen Verträge eine Überprüfung der Verträge über den gemeinsamen Markt vor. Dieser Vorbehalt wirkt auch im Rahmen der Einheitlichen Europäischen Akte und der Weiterentwicklung der EG fort." (Bulletin des Presse- und Informationsamtes der Bundesregierung, Bonn 4.11.1988.)

8 Dorothee Wilms am 21.4.1989 vor dem Landesarbeitskreis christlich-demokratischer Juristen in Bremen: "Ich sehe gegenwärtig - und wohl auch auf längere Sicht - im europäischen Einigungsprozess keinen Anlass und kein Erfordernis für förmliche Wiedervereinigungsvorbehalte, wie sie da und dort in der aktuellen Diskussion gefordert werden. Für einen solchen Vorbehalt gibt es derzeit keinen Anknüpfungspunkt, an dem er festgemacht werden könnte. Sollten aber solche Anlässe und Erfordernisse jemals entstehen, wird diese Bundesregierung das verfassungsrechtlich Gebotene tun. Sollten die in der Präambel des Grundgesetzes angesprochenen Ziele der Einheit Deutschlands und der Einheit Europas wirklich einmal in einen verfassungsrechtlich

(offenbar einseitigen deutschen) "politischen Vorbehalt", dem kein Partner widerspreche. Nach 35jähriger Praxis war jedoch jeder Gedanke an einen Sonderstatus eines EG-Landes undenkbar geworden. Es gab für Bonn in keinem Moment einen Anfasspunkt, um ein auch nur ansatzweises Ausscheren Deutschlands aus der EG zu artikulieren (Fussnote 8).

* **Römisches Staatsbewusstsein?** Die führende ordnungspolitische Rolle wird der kollektiven Führerschaft der EG zunehmend bewusst. In Sätzen, die an den Gestaltungswillen altrömischer Staatenlenker erinnern, beschrieben die zwölf EG-Regierungschefs diese Rolle an ihrem Strassburger Gipfeltreffen vom 8./9.12.1989: "In dieser Zeit der tiefgreifenden und raschen Veränderungen bildet die Europäische Gemeinschaft einen festen Bezugspunkt mit starker Ausstrahlungskraft. Sie bleibt der Eckstein einer neuen europäischen Architektur und - in ihrem Willen zur Öffnung - der ruhende Pol eines künftigen europäischen Gleichgewichts."

DIE AUSSTRAHLUNG DER EG-FRIEDENSPRAXIS

* **Über die Grenzen:** Die Ausstrahlung der Friedenspraxis der EG über ihre Grenzen hinaus wäre näher zu untersuchen. Für den revolutionären Umschwung in *Osteuropa* sind ein paar Ansatzpunkte vorgestellt worden. Zur Aufrechterhaltung des prekären Gleichgewichts ohne offenen Ausbruch von Gewalt in den *Baltischen Staaten* lieferten zwei subtile Eingriffe der EG vermutlich einen kleinen Beitrag. Der militärische Schutz der irakischen *Kurden*, und damit ein erster internationaler Sieg des Prinzips, dass Menschenrechte und Minderheitenrechte über dem Nichteinmischungsprinzip stehen, wurde der UNO auf Anregung des britischen Premiers John Major vom Luxemburger EG-Gipfeltreffen im April 1991 vorgeschlagen. Die Bemühungen der EG-Trojka in *Jugoslawien* haben den Slowenen einen ersten Teilerfolg und auf die Länge vermutlich die Unabhängigkeit gesichert.

---

begründeten Konflikt zueinander geraten, wird sie handeln, wie ihre Vorgängerregierungen es schon getan haben: Ich erinnere an dieser Stelle an den politischen Wiedervereinigungsvorbehalt im Zusammenhang mit den Römischen Verträgen 1957, der übrigens von keinem der anderen Vertragspartner bestritten wurde oder wird." (Bulletin Bonn 25.4.1989.)

* **Jugoslawien, die EG, die Neutralen und die Neutralität:** Für Kroatien ist die Wirkung der EG-Bemühungen ungewiss, eines jedoch steht fest: Ausser der EG hat in Europa niemand die Kraft, das Prestige und die Unparteilichkeit für eine Vermittlung. Gerade die "Neutralen" blieben, weil ohnmächtig, völlig passiv: Die Rolle, die sie nach ihrem Selbstverständnis spielen sollten, übernahm die EG. Nur Österreich wirkte aktiv - aber ohne ausgleichende Wirkung, weil es nicht von allen Jugoslawen als neutral empfunden wurde. Die Neutralität der formal Neutralen hat in den Gewaltsituationen jugoslawischen Typs, die im heutigen Europa die wahrscheinlichsten sind, keine friedensfördernde Kraft mehr. Eine Chance dafür hat nur die EG, weil man in ihr - und nur in ihr - das Potential einer friedlichen Ordnungsmacht erkennen kann.

* **Modellwirkung:** Gewisse sicher nicht entscheidende, aber auch nicht zu verachtende Wirkungen entfaltet das Modell kontinentaler Integration mit der Versöhnung von Erbfeinden durch wirtschaftliche Zusammenarbeit auch an anderen Stellen des Globus. ASEAN in Asien und regionale Zusammenschlüsse in Lateinamerika nennen die EG als Vorbild. Die Re-Demokratisierung der Staaten Lateinamerikas und die Abschaffung der Apartheid in Südafrika dürften ebenfalls von der Demonstration des alten Kontinents gestützt worden sein, wie und vor allem *dass* Konflikte friedlich gelöst werden können.

DIE SCHWEIZ UND DIESES EUROPA

* **Falsche und richtige Frage:** Wenn die EG das Werkzeug einer unauffälligen, aber in täglicher Anstrengung *notwendigen* Friedensarbeit für Europa ist, dann hat das radikale Folgen für das Schweizer Europa-Bild. Dann wirkt die gängige Schweizer Fragestellung: "Was für Vorteile und Nachteile bringt uns ein Beitritt zum EWR oder zur EG?" unangemessen, fast frivol; mindestens dann, wenn sie die einzige oder wichtigste Frage bleibt. Dann lautet die richtige Frage:

"Wollen wir den Frieden in Europa mitgestalten?"

Folgen dieser neuen Frageordnung sind zum Beispiel:

* **Territorium:** Alle Fragen werden nicht mehr nur für unser Territorium gestellt, sondern für den Raum ganz Europas. Beispiel *Umwelt*: Eine leichte Verminderung der Umweltqualität in der Schweiz wäre

hinzunehmen, wenn durch die aktive Schweizer Mitarbeit in Europa die gesamteuropäsche Umweltlage verbessert werden kann. Im Augenblick lastet die Verantwortung für die Verbesserung der EG-Umwelt ganz auf den Schultern der umweltbewussten EG-Minderheit Deutschland, Dänemark und Holland.

* **Risikobereitschaft:** Friedenspolitisch unhaltbar würde der oftgehörte Satz "Wir wissen ja noch nicht, was aus der EG wird"! Kein EG-Staat weiss, was aus der EG wird. Ohne die Risikobereitschaft, im Interesse der Zusammenarbeit und des Friedens ein Schicksal mit ungewisser Zukunft zu teilen, gäbe es keine EG und vielleicht in Europa balkanische Zustände.

* **Bewaffnete Neutralität:** Die gültige Schweizer Politik wendet 95 Prozent ihrer Energie für einen Fall auf, der heute 5 Prozent oder weniger Wahrscheinlichkeit hat: die Abwehr eines konventionellen militärischen Angriffs an unseren Landesgrenzen. Die heute wahrscheinlichen Fälle sinnvoller militärischer Verteidigung sind auch für die Schweiz alle so, dass sie nur zusammen mit dem übrigen Europa angegangen werden können.

* **Mitgestalten:** Ein Mitmachen in der EG würde nicht mehr als Unterwerfung unter den "Brüsseler Zentralismus" empfunden, sondern als das, was es im EG-Alltag für sämtliche heutigen Mitgliedländer ist: ein aktives Mitgestalten am künftigen friedlichen, demokratischen, rechtsstaatlichen und föderalistischen Europa. Nicht ein Abtreten, sondern ein Teilen von Souveränität.

Kehren wir nochmals zur Frage zurück: *Wollen wir den Frieden in Europa mitgestalten?*

Auf diese Frage kann die Antwort selbstverständlich nur ein überzeugtes Ja sein. Gegner eines EG- oder EWR-Beitritts werden sich durch diese Art der Fragestellung ungebührlich in die Enge gedrängt fühlen. Es stimmt, dass für mich persönlich nur ein Beitritt zum EWR und möglichst schnell auch zur EG ein befriedigender Entscheid der Schweiz wäre. Ich kann mir indes durchaus vorstellen, dass Andersdenkende auch bei dieser Fragestellung zu einem Alleingang neigen können. Diesen Alleingang müssen sie aber *als Schweizer Beitrag zum europäischen Frieden rechtfertigen*. Überzeugende Argumente *dafür* habe ich bisher noch nicht gehört.

WER DEN LANGEN WEG ZUR EUROPÄISCHEN FRIEDENSORDNUNG GEHEN WILL, MUSS FRÜH AUFBRECHEN

Sozialethische Orientierungen für eine europäische Friedensarchitektur

PIUS HAFNER

Europa ist heute in aller Munde. Es ist zum Schlagwort und auch zum Streitobjekt in der politischen Auseinandersetzung geworden. Dabei steht zumeist der westeuropäische Integrationsprozess oder genauer das Verhältnis der Staaten der Europäischen Gemeinschaft untereinander und gegenüber Drittstaaten im Vordergrund. Seltener hingegen gerät Europa als Ganzes ins Blickfeld. Damit verbindet sich meines Erachtens die Gefahr, dass die westeuropäische Integration, wenn sie zu forsch vorangetrieben wird, für den Aufbau einer gesamteuropäischen Friedensordnung eher hinderlich als förderlich ist. Denn eine rasche Verfestigung der westeuropäischen Integration kann zu neuen Ausgrenzungen und in der Folge zu neuen Blockbildungen in Europa führen. Deshalb erscheint es notwendig, vermehrt über Europa als Ganzes nachzudenken, sich zu überlegen, wie und nach welchen Kriterien aus christlich-ethischer Sicht eine gesamteuropäische Friedensarchitektur gestaltet werden sollte. Dies ist das Anliegen der folgenden Zeilen, wobei der Verfasser sich in hohem Masse auf die Ergebnisse einer ökumenischen Arbeitsgruppe abstützt, für die er selber als Sachbearbeiter und Autor tätig war.[1]

AUSGANGSPUNKT

Ethischen Überlegungen, wollen sie nicht im luftleeren Raum stehen,

---

1 Institut für Sozialethik des SEK/Schweizerische Nationalkommission Justitia et Pax (Hrsg.), Frieden in Europa. Eine Herausforderung für die Schweiz, Bern 1991. - Der dort vorgelegte Text wird in diesem Artikel teilweise wörtlich übernommen.

muss eine sorgfältige Situationsanalyse vorausgehen. Diese ist aber in bezug auf Europa im Rahmen eines kurzen Artikels kaum zu leisten. Stattdessen soll an dieser Stelle bloss das Fazit einer eingehenderen Analyse, welche die bereits erwähnte ökumenische Gruppe erarbeitete, festgehalten werden. Es kann wie folgt zusammengefasst werden:

Das alte Sicherheitssystem in Europa ist zusammengebrochen. Durch den allmählichen Zerfall des ehemaligen Ostblocks, inklusive der östlichen Hegemonialmacht hat sich eine neue Situation ergeben, die Gefahren wie Chancen in sich birgt. Die Hauptgefahr liegt im neu aufbrechenden Nationalismus und Ethnozentrismus sowie, damit verbunden, im Rückgriff auf fundamentalistische Haltungen und Denkweisen. Ähnlich gross ist auch die Gefahr, dass an die Stelle der alten ideologischen Gräben wirtschaftliche und soziale Verwerfungen treten. Die hauptsächliche Chance besteht hingegen darin, die gegenwärtige Phase des Umbruchs zum Abbau nationaler, religiöser, wirtschaftlicher und sozialer Gegensätze zu nutzen und ein neues interkulturelles und demokratisches Europa aufzubauen.[2]

NOTWENDIGKEIT EINES UMFASSENDEN ETHISCHEN ANSATZES

Aus diesem Fazit ergibt sich für die Ethik die Aufgabe, Handlungsorientierungen für eine neue Friedensarchitektur Europas zu erarbeiten. Dabei darf sie sich nicht auf eine militär- und sicherheitspolitische Sichtweise beschränken, sondern muss umfassender ansetzen. Denn eine Friedensordnung, die diesen Namen verdient, darf nicht nur auf die blosse Eindämmung von Konfliktpotentialen begrenzt werden, sondern sie muss auch Instrumente zur Überwindung vorhandener Spannungen und Gegensätze umfassen. Entsprechend kann die Ethik nicht nur auf die Kriegsverhinderung, sondern sie muss ebenso auf die Friedensförderung ausgerichtet sein und sich, allgemein formuliert, an der über- und vorgeordneten Idee des guten Lebens orientieren.

DIE WELT ALS GANZES IM BLICK BEHALTEN

Vor der Beschäftigung mit europäischen Problemen ist zu bedenken:

2 Frieden in Europa (Anm. 1), S. 8ff.

Europa steht nicht allein da, sondern ist Teil der Welt, mit den Menschen und Völkern in anderen Kontinenten in vielfältiger Weise verbunden. Diesem Sachverhalt müssen alle Bemühungen um eine europäische Friedensarchitektur unbedingt Rechnung tragen. Im Zeitalter der weltweiten Interdependenz kann kein Land und kein Kontinent für sich allein eine Friedensordnung aufbauen ohne Berücksichtigung der berechtigten Anliegen der übrigen Länder und Völker.

Aus ethischer Sicht drängt sich dieser Schluss nicht nur aus Opportunitätsgründen auf. Dieser ergibt sich für eine auf Universalisierbarkeit ausgerichteten Ethik aus einer Werthaltung, welche das Ganze über die einzelnen Teile stellt. Entsprechend dürfen die Politiker nicht "nur" das Wohl der Europäerinnen und Europäer im Auge haben, die Schweiz eingeschlossen, sondern das menschenwürdige Leben aller Menschen muss oberstes Ziel jeglicher Politik sein. Dies besagt, dass eine europäische Friedensordnung nicht auf dem Buckel der Menschen in anderen Erdteilen oder künftiger Generationen errichtet werden darf, sondern stets die eine Welt für alle im Blick haben muss. Oder in den Worten der katholischen Soziallehre ausgedrückt: Das Weltgemeinwohl, theologisch gesprochen das "salus mundi" (Heil der Welt), geht dem Wohl Europas vor.[3]

Dieser "kategorische Imperativ" hat vielfältige Konsequenzen. Er reicht vom Verzicht auf jegliche wirtschaftliche Ausbeutung der Entwicklungsländer bis hin zur drastischen Verminderung des Ressourcenverbrauchs und des CO_2-Ausstosses in Europa und Nordamerika.[4] Perspektivisch wird von uns letztlich verlangt, zu einem Lebensstil zu finden, der insofern universalisierbar ist, als er ohne Schaden für die Menschheit von heute und morgen von allen Menschen dieser Erde gepflegt werden könnte. Letzteres ist heute keineswegs der Fall. Denn würden die Milliarden Menschen im Süden den gleichen aufwendigen, ressourcenverschlingenden und umweltverschmutzenden Lebensstil pflegen wie wir, so wäre wohl innert Kürze ein ökologischer Kollaps die Folge. Not tut daher das Konzept eines "sustainable development", einer nachhaltigen Entwicklung, wie es derzeit etwa von Stephan Schmidheiny propagiert wird[5] - nicht nur für die Entwicklungsländer,

3 Vgl. zum Vorrang des Weltgemeinwohls u.a. auch die neuste Sozialenzyklika "Centesimus annus" von Papst Johannes Paul II., Nr. 58 (abgedruckt u.a. in: Schweizerische Kirchenzeitung 159, 1991, S. 314-337.

4 Siehe dazu insbesondere: Die Rolle der Kirchen beim Schutz der Erdatmosphäre. Bericht einer ökumenischen Konsultation von Kirchen aus Industrienationen der nördlichen Hemisphäre, Bern 1991, S. 20ff.

5 Vgl. dazu beispielsweise das Interview von Walter Schiesser mit Stephan Schmidheiny

sondern auch und gerade für den Norden.[6]

SICHERHEITSPOLITISCHE GRUNDWERTE

Zu einem universalisierten menschenwürdigen Leben gehört ebenfalls die Überwindung der politischen Institution des Krieges. Dies gilt zum einen im Hinblick auf die ungeheuren Mittel, die nach wie vor statt zur Lösung der grossen Menschheitsprobleme für militärische Zwecke, also letztlich für die Vorbereitung auf einen möglichen Krieg ausgegeben werden. Der Grossteil dieser Ausgaben entfällt trotz der überwundenen Feindschaft noch immer auf die KSZE-Mitgliedstaaten, deren Rüstungsanstrengungen bis anhin nicht der abnehmenden Bedrohung entsprechend verringert wurden. Zum andern stellt ein grosser europäischer Krieg solange eine äusserst ernsthafte Gefahr für das Überleben der Menschheit dar, als in einem solchen Krieg eine atomare Auseinandersetzung droht. (Ein solcher Krieg wurde - nebenbei bemerkt - in den letzten Jahren zwar zusehends unwahrscheinlicher, ist aber nach wie vor nicht vollständig auszuschliessen.) Aus beiden Argumenten ergibt sich die klare Forderung nach rascher Abrüstung und Vernichtung der Massenvernichtungswaffen, um die Chancen für das Überleben Europas und der Menschheit zu erhöhen. Darüber hinaus bedarf es vermehrter - auch internationaler - Anstrengungen zur Vermeidung von ökologischen Grosskatastrophen.

Zur Überwindung der politischen Institution des Krieges sind gewaltfreie politische Strategien und die Schaffung von Instrumentarien zur Regelung von Konflikten unabdingbar. Das Ethos des Gewaltverzichts beansprucht auch im Verhältnis zwischen den Staaten Geltung.[7] Dabei stellt der Gewaltverzicht ein Ziel dar, das durch Strategien der Gewaltminimierung erreicht werden soll. Solche Strategien können darin bestehen, vorhandene Gefahren jedweder Art abzubauen und Konflikte zu entschärfen, Regeln für nicht-kriegerische Konfliktlösungen zu entwickeln und völkerrechtlich zu vereinbaren sowie gewaltfreie Widerstandsformen einzuüben. In der gegenwärtigen Situation des Umbruchs

---

in: NZZ, 8./9. Dezember 1990.

6 Nur so ist, nebenbei bemerkt, letztlich auch der Süd-Nord-Migration beizukommen. Solange der Lebensstil unserer westlichen Industriegesellschaften sich nicht ändert, wird er weiterhin eine Sogwirkung für Leute aus Entwicklungsländern ausüben.

7 Zur näheren Begründung siehe Schweizerische Nationalkommission Justitia et Pax (Hrsg.), Gewaltfreies Handeln in unserer Gesellschaft. Anstösse zur Diskussion, Bern 1988, S. 127f.

bietet sich für Europa die einmalige Chance, solche Strategien des Gewaltverzichts im Rahmen einer europäischen Friedensordnung in die Tat umzusetzen. Für die Schweiz besteht in diesem Rahmen etwa die Möglichkeit, ihre eigenen vielgepriesenen Erfahrungen im Bereich der Schiedsgerichtsbarkeit in die internationale Diskussion einzubringen und sich aktiv für institutionalisierte Mechanismen der friedlichen Streitbeilegung in Europa einzusetzen.

Der Gewaltverzicht in den Beziehungen zwischen Staaten ist nicht erreichbar ohne den Verzicht auf die Durchsetzung nationaler Interessen um jeden Preis. Die einzelnen Staaten müssen vielmehr bestrebt sein, ihre eigenen Interessen in Einklang mit denjenigen anderer Staaten zu bringen; ja, der einzelne Staat muss angesichts der Interdependenz der Probleme im Interesse der Menschheit zu handeln lernen. Entsprechend ist die eigene Sicherheit eines Staates am besten nicht gegen andere, sondern mit anderen Staaten zusammen zu verwirklichen. Aus dieser Einsicht heraus entwickelte die UNO ihr System kollektiver Sicherheit, durch welches die Gewalt auch im Verkehr zwischen den Staaten an das Recht gebunden werden sollte. Vergleichbare Systeme kollektiver Sicherheit auf weltregionaler Ebene, gerade in Europa, könnten mithelfen, dieser Idee in der Praxis zum Durchbruch zu verhelfen.[8]

KEIN FRIEDEN OHNE GERECHTIGKEIT UND RESPEKT VOR DER MITWELT

Wie im Rahmen des ökumenischen Prozesses für Gerechtigkeit, Frieden und die Bewahrung der Schöpfung immer wieder betont wird[9], lässt sich der Frieden sowohl auf innerstaatlicher Ebene wie auch im internationalen Bereich nicht ohne Gerechtigkeit und Respekt vor der Mitwelt verwirklichen. Soll Frieden mehr sein als die blosse Abwesenheit von Krieg, ist er mit der Idee der Gerechtigkeit, der gerechten Friedensordnung zu verbinden, wie dies schon in der biblischen Kurzformel "opus iustitiae pax" (Der Friede ist das Werk der Gerechtigkeit) zum Ausdruck kommt. Ohne politische und soziale Gerechtigkeit, ohne Achtung und Förderung der Menschenrechte gibt es höchstens einen

8 Damit würden, wie Dieter Senghaas bemerkt (Europa 2000. Ein Friedensplan, Frankfurt am Main 1990, S. 22), auch "Abrüstungsschritte weit grösseren Ausmasses als bisher geplant vorstellbar".

9 Vgl. zum Beispiel: Schlussdokument der Europäischen Ökumenischen Versammlung "Frieden in Gerechtigkeit" vom 15.-21. Mai 1989 in Basel, Nr. 28-34.

Scheinfrieden, der in sich wieder die Wurzeln für gewaltsame Auseinandersetzungen trägt. Gerechtigkeit bedeutet dabei, wie dies vor allem im Wirtschaftshirtenbrief "Gerechtigkeit für alle" der katholischen Bischofskonferenz der Vereinigten Staaten betont wird[10], nicht zuletzt auch Beteiligungsgerechtigkeit. Diese kann umschrieben werden als die gleiche Möglichkeit aller, sich an den sie betreffenden Entscheiden auch aktiv zu beteiligen. Bezogen auf die internationale Ebene verbindet sich damit das Postulat der gleichberechtigten Teilnahme aller Staaten und ihrer Bewohner/innen an den sie betreffenden Entscheidungsprozessen.[11] Auf europäischer Ebene scheint dieses Postulat der gleichberechtigten Teilnahme aller Staaten bisher am besten in der KSZE und im Europarat verwirklicht zu sein.

In ähnlicher Weise ist der Friede unter den Menschen nicht ohne den Frieden mit der Natur möglich. Eine "Friedensordnung", die dies missachtet, tut nicht nur der Mitwelt Gewalt an, sondern erweist sich auch als unsolidarisch mit den kommenden Generationen wie mit den heute schon ökologisch Benachteiligten. Sie verstösst letztlich gegen das Überleben der Menschheit. Die Schädigung der Mitwelt bildet überdies immer häufiger eine direkte Ursache von nationalen wie internationalen Konflikten.[12]

DIE VISION DES GESAMTEUROPÄISCHEN HAUSES

Die Rede vom "Europäischen Haus" stammt meines Wissens von Michail Gorbatschow, der diesen Begriff 1987 in seinem Buch über die Perestroika eingehend vorstellte.[13] In der Zwischenzeit ist dieses "Haus"

---

10 Wirtschaftliche Gerechtigkeit für alle. Katholische Soziallehre und die US-Wirtschaft, Hirtenbrief der katholischen Bischofskonferenz der USA, Frankfurt am Main 1987, S. 63 (Nr. 71).

11 Dies gilt es insbesondere in der Zusammenarbeit mit den Entwicklungsländern noch vermehrt zu beachten, wie das die Schweizerische Nationalkommission Justitia et Pax in einer neueren Studie deutlich gemacht hat: Weltweite Partnerschaft. Die multilaterale Entwicklungszusammenarbeit der Schweiz, Bern 1991.

12 Mir scheint es in diesem Zusammenhang sehr begrüssenswert, dass sich die Schweizerische Friedensstiftung in einem Forschungsprojekt zusammen mit anderen Institutionen mit diesen Zusammenhängen von Ökologie und Frieden näher auseinandersetzen wird.

13 Deutsch: Michail Gorbatschow, Perestroika, München 1987, insbesondere S. 247ff. - Herrn Prof. Dr. Hans Würgler verdanke ich den Hinweis, dass Adolf Hitler bereits am 7. März 1936 vor dem Reichstag vom europäischen Haus mitsamt der darin wohnenden europäischen Familie sprach (zit. in: Hagen Schulze, Die Wiederkehr Europas, Berlin 1990, S. 73, Anm. 10). Dadurch wird dieser Ausdruck allerdings

zu einer Vision geworden, die viele Menschen beschäftigt. Damit ist es beinahe zwangsläufig gegeben, dass der Begriff des europäischen Hauses je nach ethischer Perspektive unterschiedlich gefüllt wird. Im folgenden halte ich mich vorab an die Bedeutung, welche ihm seitens der Kirchen verliehen wurde.

Die Vorstellung eines gemeinsamen europäischen Hauses wurde durch die Europäische Ökumenische Versammlung im Mai 1989 in die Kirchen hineingetragen. Sie erinnert uns nach den Worten des Schlussdokuments dieser Versammlung daran, "dass alle Menschen und Staaten in Europa gemeinsame Grundlagen haben, Gemeinsamkeiten in ihrer Geschichte, ihrem kulturellen Erbe und ihren Werten".[14] Sie kann darüber hinaus auch als ethisches Leit-"Bild" für eine künftige europäische Friedensordnung dienen. Denn für ein gemeinsames Haus tragen seine Bewohnerinnen und Bewohner eine gemeinsame Verantwortung. Auf die Dauer hat das Haus nur Bestand, wenn die Bewohnerinnen und Bewohner sich gegenseitig helfen, frei miteinander sprechen können und keine Forderungen aneinander stellen, die sie nicht selber zu erfüllen bereit sind.

Für das friedliche Nebeneinander in einem Haus bedarf es einer nicht von oben auferlegten, sondern gemeinsam bestimmten Hausordnung, die laufend den sich wandelnden Bedürfnissen anzupassen ist. Für diese Hausordnung hat die Europäische Ökumenische Versammlung von Basel die folgenden grundlegenden Hausregeln formuliert, die ein Stück weit eine Zusammenfassung meiner bisherigen ethischen Überlegungen darstellen:

- "das Prinzip der Gleichheit aller Bewohner(-innen), seien sie stark oder schwach,

- die Anerkennung von Werten wie Freiheit, Gerechtigkeit, Toleranz, Solidarität und Partizipation,

- eine positive Einstellung gegenüber Anhängern verschiedener Religionen, Kulturen und Weltanschauungen,

- offene Türen und Fenster - mit anderen Worten: viele persönliche

---

nicht automatisch zu einem negativ gefärbten Begriff. Dies ist umso weniger der Fall, als er in der nationalsozialistischen Propaganda später keinen festen Platz erhielt.

14 Schlussdokument (Anm. 9), Nr. 66.

Kontakte und viel Gedankenaustausch,

- Konfliktlösung durch Dialog und nicht durch Gewalt".[15]

In dieser Hausordnung kommt so etwas wie ein *gemeinsames europäisches Ethos* zum Ausdruck, welches trotz vieler Widersprüche und Verkehrungen aus der europäischen Geschichte herauskristallisiert werden kann. Stephan H. Pfürtner hat in der Einführung zum Sammelband "Ethik in der europäischen Geschichte" dieses gemeinsame europäische Ethos zu vergegenwärtigen versucht.[16] Nach ihm ruht es insbesondere auf den folgenden Grundpfeilern:

- die Ausdifferenzierung von Politik und Religion, die dazu führt, dass keinem Herrscher, ja überhaupt keiner Person göttliche oder gottähnliche Attribute zuerkannt werden dürfen;

- die Einsicht und die Entscheidung dafür, dass allen Menschen die gleiche unverfügbare Würde zukommt;

- die Tradition von Sozialität, die anerkennt, dass das Recht auf die eigene Freiheit ein Ja zur Freiheit des anderen in sich schliesst;

- die Wertschätzung der Demokratie als Staatsform, weil und insofern sie die Partizipation der Einzelnen ermöglicht;

- die Rechtsidee, derzufolge dem Recht eine Regulierungsfunktion der Macht zukommt und Recht vor Macht zu gehen hat;

- die aus einer leidvollen Geschichte gewonnene Einsicht in die Notwendigkeit des Völkerfriedens.

Dieses gemeinsame europäische Ethos gewinnt Gestalt in den Menschenrechten, wie sie in Europa in den letzten Jahrzehnten in verschiedener Form positivrechtlich verankert wurden:

- *in der Europäischen Menschenrechtserklärung (1950),*
- *in der Europäischen Sozialcharta (1961),*
- *in den Schlussakten der Konferenz über Sicherheit und Zusammenarbeit in Europa (1975),*

---

15 Schlussdokument (Anm. 9), Nr. 67.

16 Stephan H. Pfürtner (Hg.), Ethik in der europäischen Geschichte, Bd. II, Berlin/Köln/Mainz 1988, S. 9ff.

- *im Dokument des Kopenhagener Treffens der Konferenz über die menschliche Dimension der KSZE (1990), sowie*
- *in der Charta von Paris (1991).*

Sie alle stellen Ansätze dar, die universalen Menschenrechte auf weltregionaler Ebene zu kodifizieren und ihnen dadurch eine höhere rechtliche Geltung zu verschaffen. Die grössere rechtliche Verbindlichkeit erhalten die Menschenrechte insbesondere durch die Möglichkeit zur Individualbeschwerde gegen ihre Verletzung bei einem internationalen Gericht, welche die Europäische Menschenrechtskonvention vorsieht, sowie durch die Relativierung des völkerrechtlichen Verbots der Einmischung in die inneren Angelegenheiten eines anderen Staates, im Falle von eindeutig feststellbaren Menschenrechtsverletzungen im betreffenden Land. Eine solche Relativierung enthalten die neuesten KSZE-Dokumente, wie die Charta von Paris und das Schlussdokument des Kopenhagener Treffens über die menschliche Dimension der KSZE.[17]

Das skizzierte, oft nur schemenhaft erkennbare europäische Ethos gilt es zu bewahren, weiterzuentwickeln und in den Dialog mit anderen Völkern und Kulturen einzubringen.[18] Das europäische Haus steht nicht für sich allein, ihm kommt auch eine wichtige Funktion innerhalb der Weltgemeinschaft zu. Es trägt zusammen mit den anderen "Hausgemeinschaften anderer Erdteile" auch Verantwortung für die Welt als Ganzes. Diese Verantwortung kann es nur wahrnehmen, wenn es ein offenes Haus ist, mit vielen Türen und Fenstern zur Südseite. Seine Bewohner/innen sollen sich nicht auf Kosten der Bewohner/innen anderer Häuser bereichern und deren Wohnumfeld zerstören. Vielmehr haben sie, wie bereits dargelegt, ihren Lebensstil so zu verändern, dass er von allen Bewohnern/innen dieser Erde übernommen werden könnte, ohne dass innert Kürze das "Ökosystem Erde" zusammenbräche. Darin liegt wohl auch auf individueller Ebene die eigentliche Herausforderung, der wir uns ganz entschieden stellen müssen.

---

17 Dies zeigt sich sowohl in den im Dokument des Kopenhagener Treffens der Konferenz über die menschliche Dimension der KSZE vom 29. Juni 1990 vereinbarten gegenseitigen Informationspflichten betreffend Menschenrechtsverletzungen als auch im darin bekundeten Willen zur Zusammenarbeit in Menschenrechtsfragen.

18 Damit ist auch gesagt, dass die Rede von einem europäischen Ethos nicht im Zeichen eines neuen Eurozentrismus oder europäischen Messianismus stehen darf. Entsprechend darf sie nicht mit einer Abwertung der aussereuropäischen Kulturen einhergehen. Dazu besteht aufgrund der europäischen Geschichte gerade des 20. Jahrhunderts mit all ihren Greueln auch kein Anlass.

DIE VERANTWORTUNG DER SCHWEIZ

Der Schweiz als Inhaberin einer zwar kleinen, aber äusserst luxuriös eingerichteten Wohnung im europäischen Haus kommt sowohl innerhalb der Hausgemeinschaft wie in der Welt als Ganzes eine spezielle Verantwortung zu. Gerade die 700-Jahr-Feier der Eidgenossenschaft sollte für sie - im Sinne des biblischen Halljahres[19] - Anlass sein, innezuhalten und sich ihrer Verantwortung für eine gerechtere und friedlichere Welt neu bewusst zu werden. Dabei geht es in einem ersten Schritt darum, zu erkennen, welche Elemente ihrer eigenen Innen- und Aussenpolitik Gewaltverhältnisse beinhalten und dem Weltgemeinwohl widersprechen.[20] Die bewusst oder unbewusst praktizierte Gewalt ist schrittweise zu beseitigen und damit entsprechend der ethischen Norm europafähig und "weltfähig" zu sein bzw. zu werden. Weltoffenheit schliesst im Sinne des Postulats Unteilbarkeit der Solidarität ausdrücklich mit ein, dass mithin die Armen im eigenen Land wahrgenommen und ihnen zu einer menschenwürdigen Existenz verholfen wird, wie dies beispielsweise die drei Landeskirchen in einem 1983 veröffentlichten Memorandum deutlich gemacht haben.[21]

Im Interesse Europas wie der ganzen Völkergemeinschaft, aber gleichermassen aus einem richtig verstandenen Eigeninteresse heraus, muss die Schweiz an der Erarbeitung und Durchsetzung einer tragfähigen Ordnung für beide mitwirken. Das bedingt nicht nur eine Überprüfung ihrer bisherigen neutralen Position aufgrund der gewandelten Verhältnisse in Europa, sondern darüber hinaus auch ein Nachdenken sowohl über die weitere Berechtigung als auch die Grenzen nationalstaatlicher Souveränität angesichts der längst nicht mehr einzelstaatlich zu lösenden Probleme Europas und der ganzen Welt. Beide, Neutralität und Souveränität, finden aus sozialethischer Sicht dort ihre Grenzen, wo ihre Durchsetzung den Überlebensinteressen Europas und der Welt zuwiderläuft.[22]

---

19 Vgl. Schweizerisches Ökumenisches Komitee für Gerechtigkeit, Frieden und die Bewahrung der Schöpfung (Hrsg.), Zum Leben befreien - Das Jubiläumsjahr als Chance, Bern 1989, insbes. S. 11ff.

20 Vgl. dazu: Gewaltfreies Handeln (Anm. 7), S. 128f.

21 Internationale Solidarität - Test für unser Land, Memorandum der drei Landeskirchen zur öffentlichen Entwicklungshilfe der Schweiz, Bern/Lausanne 1983.

22 Vgl. Eine neue Schweiz im neuen Europa. 10 Thesen der Kommission für soziale Fragen des SEK, Bern 1991, These 5.

Im Nord-Süd-Konflikt wie auch in den durch das Wohlstandsgefälle innerhalb Europas bedingten Auseinandersetzungen ist das Festhalten der Schweiz an einer neutralen Position weitgehend eine reine Fiktion. In sozial und wirtschaftlich bedingten Verteilungskonflikten, die künftig wohl eine der Hauptherausforderungen der internationalen Beziehungen darstellen werden, ist die Schweiz aufgrund ihrer Stellung als wohlhabende Industrienation eindeutig Partei. Es handelt sich um strukturell bedingte Probleme, die es zur Pflicht machen, Partei zu ergreifen, da ein Verzicht darauf einer direkten oder indirekten Unterstützung der ungerechten Situation gleichkommt, wie dies Albert Nolan mit Blick auf strukturelle Konflikte in Südafrika deutlich gemacht hat.[23] Bei sozioökonomischen und weiteren Konfliktkonstellationen - beispielsweise infolge von krassen Menschenrechtsverletzungen - kann sich die Schweiz, will sie ethisch geleitet handeln, nicht einfach neutral verhalten, sondern muss sich solidarisch mit den Schwachen, Benachteiligten und Unterdrückten zeigen und so zur Beseitigung struktureller und personaler Gewalt beitragen.

Ein starres Neutralitäts- und Abgrenzungsdenken erschwert das Einstehen für die positiven Werte, welche die Schweiz in den internationalen Dialog der Völker und Kulturen einbringen könnte. Als solche erscheinen etwa die Erfahrung des Zusammenlebens in einem multikulturellen und multireligiösen Staat, das mit dem Bekenntnis zur kulturellen Vielfalt verbundene Ja zu lokaler und regionaler Selbstbestimmung sowie die Anerkennung des - auch aus der Sicht christlicher Sozialethik bejahten - Subsidiaritätsprinzips, das sich gegen alle Machtkonzentrationen richtet. Voraussetzung des glaubwürdigen Einstehens für diese Werte gegenüber der Umwelt ist allerdings, dass sie auch im eigenen Land, beispielsweise in der Migrationspolitik, weiterhin tagtäglich Beachtung finden und in die Tat umgesetzt werden.

EIN LANGER WEG

Auch wenn es heute in Europa - wie noch bis vor kurzem - nicht mehr darum geht, eine stabile Koexistenz von Gesellschaften mit unvereinbaren politischen und sozialen Ordnungen zu finden, sondern die dauerhafte Kooperation demokratischer Rechtsstaaten sicherzustellen, so bleibt die Aufgabe doch schwierig und ist nicht ohne Unwägbarkeiten.

23 Albert Nolan, Partei ergreifen, hrsg. von der Schweizerischen Nationalkommission Justitia et Pax und der Deutschen Kommission Justitia et Pax, Bern 1985, S. 10f.

Als solche müssen beispielsweise der Reformkurs in der Sowjetunion oder auch nach dem misslungenen Putschversuch, oder die Entwicklung im Balkan, insbesondere auf dem Gebiet des ehemaligen Jugoslawien, angesehen werden. Längerfristig von entscheidender Bedeutung dürfte insbesondere sein, ob das ökonomische Gefälle zwischen West- und Osteuropa überwunden werden kann. Diese Herausforderung ist wohl umso schwieriger zu meistern, als es gleichzeitig gilt, die Ökonomien in allen Teilen Europas "auf ein ökologieverträgliches Wirtschaften hin umzupolen".[24] Die Chancen hiezu sind allerdings zumindest günstiger als noch vor wenigen Jahren, da sich infolge der Veränderung der politischen Strukturen in Europa die bisherige Fixierung auf die militärische Sicherheit lockerte, wodurch Kräfte und Mittel für eine Neuorientierung auf die ökologische Sicherheit hin frei werden (könnten).

Der Weg zu einer dauerhaften und für die Natur tragfähigen europäischen Friedensordnung ist sicherlich noch weit. Gerade für die Bewältigung eines langen Weges muss man aber früh aufbrechen, um das Ziel noch vor der Dunkelheit zu erreichen. In diesem Sinn darf uns die blosse Länge nicht davon abhalten, uns auf den Weg zu begeben und als einzelne wie als Gemeinschaft tatkräftig am Aufbau einer europäischen Friedensarchitektur mitzuwirken. Nicht nur, um die Erkenntnis des Guten und Gerechten zu bemühen, sondern um als einzelne und als Gemeinschaft danach zu handeln. An diese Losung hat sich, wenn mir diese Bemerkung bei meiner bescheidenen Kenntnis seiner Person gestattet ist, gerade auch Alexandre Hay gehalten, dem dieses Buch gewidmet ist.

24 Senghaas (Anm. 8), S. 31.

DIE EUROPÄISCHE SICHERHEITSPYRAMIDE

Ein Bau der "neuen Vernunft"

GUSTAV DÄNIKER

"Der Bedarf nach Modellen für das neue Europa, die Notwendigkeit, über den Horizont des Alltags und der gegenwärtigen Realitäten hinauszublicken, liegen auf der Hand." (Prof. Winfried Lang, Wien)

Noch ist die Debatte über die neue "Sicherheitspolitik der Schweiz" nicht abgeschlossen; vor allem das Parlament wird sich noch mit der darin formulierten Strategie auseinandersetzen, die deutlich von Wandel und Übergang geprägt ist. Dominierend ist entsprechend das Bestreben, der Schweiz möglichst alle strategischen Optionen offenzuhalten. Einer der Kernsätze des Berichts lautet denn auch: "Das Ziel besteht heute darin, nichts nach wie vor Gültiges preiszugeben, keine Entscheide zu fällen, die erst später getroffen werden können, aber auch nichts zu versäumen, was zu einer neuen Sicherheitsordnung beitragen kann, die auch uns am besten dient." Gerade beim letzten Gedanken geht es um die Konsequenz aus dem Zerfall des Ostblocks und der kampflosen Räumung des sowjetischen militärischen Vorfeldes in den mitteleuropäischen Staaten. Welche Art von Sicherheitsstruktur anstelle des prekären Gleichgewichts zwischen den beiden grossen Militärbündnissen tritt, ist nicht nur für den neutralen Kleinstaat von erstrangiger Bedeutung. Eine ganze Reihe verschiedener Modelle und Vorstellungen stehen heute zur Diskussion.

MODELLE WESTLICHEN URSPRUNGS: NATO UND WEU

In rascher Reaktion hat die Nato auf den grossen Umbruch reagiert. Sie hat in ihrer Londoner Erklärung von 1990 dem ehemaligen Gegner die Hand zur Partnerschaft geboten; sie ermöglichte ihm durch Verzicht auf jegliche Ausnützung ihrer Siegerposition im Kalten Krieg die Zustimmung zum Eintritt der ehemaligen DDR in das westliche Bündnis. Und sie hat ihm sogar die Schmach, eine kampfunfähige riesige Armee noch jahrelang auf Nato-Boden stehen lassen zu müssen, einigermassen erträglich gemacht.

Die Nato will aber auch künftig eine zentrale Rolle spielen. Als primär politisches Bündnis will sie dank ihrer atlantischen Brückenfunktion die Stabilität Europas weiterhin garantieren und zu diesem Zweck auch eine gewisse Ausdehnungspolitik betreiben.

Entsprechend wird die Westeuropäische Union (WEU) wohl weiterhin im zweiten Glied verbleiben. Ob sie sich gelegentlich zum europäischen Pfeiler eines transatlantischen Sicherheitssystems mausert oder gar die militärische Struktur einer EG unter Einbezug früherer Ostblockstaaten bilden kann, ist unsicher.

Nachteilig könnte sich aus gesamteuropäischer Sicht bei beiden Modellen der rein westliche Ursprung auswirken; eine künftige europäische Sicherheitsordnung sollte nämlich unter Einbezug der Sowjetunion konzipiert werden, wenn sie Bestand haben soll. Was wäre denn ihr langfristiger Nutzen, wenn sie doch nur wieder auf eine Ost-West-Konfrontation hinausliefe, die endlich überwunden schien?

VOM GLEICHGEWICHT ZUR SICHERHEITS-GEMEINSCHAFT

Im Lichte späterer Entscheidungen scheint es notwendig, die Frage nach der Zukunft der Sicherheit in Europa sowohl grundsätzlicher als auch in einem breiteren geographischen Rahmen anzugehen. Nach Prof. Winfried Lang, Wien, stehen vier Modelle im Vordergrund:

1. Das Gleichgewicht der Kräfte als Verlängerung des bisherigen Zustandes in Europa, wobei die politische Entwicklung mit der Auflösung des Warschauer Paktes dieses Modell bereits überholt hat, auch wenn der Vertrag über den Abbau der konventionellen Streitkräfte in Europa noch darauf Bezug nimmt.

2. Ein System kollektiver Sicherheit, das primär auf Vertrauensbildung

und Rüstungsreduktion beruht. Die Zusammenarbeit auf nichtmilitärischem Gebiet soll auch die militärischen Strukturen positiv beeinflussen.

3. Eine Sicherheitsgemeinschaft als Zusammenschluss von Staaten, zwischen denen Gewaltanwendung undenkbar geworden ist und die - nicht zuletzt aus Kostengründen - sicherheitspolitisch und militärisch gemeinsam auftreten. Gleichsam das Modell eines Staatenbundes zwischen einer supranationalen Organisation und einer Militärallianz.

4. Ein regionales System kollektiver Sicherheit mit der Möglichkeit wirtschaftlicher und militärischer Sanktionen gegen internationale Friedensbrecher oder Störenfriede in den eigenen Reihen, gleichsam also ein regionales UNO-Modell gemäss Kapitel VIII der UNO-Charta.

Das erste Modell ist bereits obsolet, das zweite befindet sich zur Zeit gleichsam "en rodage", doch wird es, wie das Verhalten der Europäer im Golfkrieg soeben deutlich gezeigt hat, den vielfältigen denkbaren Anforderungen nicht genügen können.

Für das dritte Modell liegt eine ganze Reihe von Vorschlägen vor. Insbesondere hat Prof. Reiner Huber, München, acht Möglichkeiten zur Erzielung militärischer Stabilität in Europa untersucht. Sein Fazit lautet: "Man erkennt, dass eine Lösung des Stabilitätsdilemmas mit militärischen Mitteln vorwiegend davon abhängt, inwieweit taktische, operative und strategische Mobilität durch geeignete und verifizierbare Beschränkungen der Bewaffnung, Struktur, Dislozierung und Doktrin der Streitkräfte eines zukünftigen europäischen Sicherheitssystems entflochten werden können."

Huber und andere lenken den Blick mit Recht auf die militärischen Realitäten. Denoch ist ausser den Abmachungen betreffend Reduktionen der konventionellen Streitkräfte wenig passiert, ja man streitet sich sogar nach wie vor um Auslegungen des Pariser Vertrages über die Reduzierung konventioneller Waffen in Europa (CFE-I). Der Westen hat östliche Umgehungsversuche ausgemacht, die dem Geist des Vertrages zuwiderlaufen, und trotz Avancen an die Nato ist nach wie vor nicht klar, wohin die mittel- und osteuropäischen Staaten tendieren. Als nächsten Schritt militärische Stabilität zu erzielen ist somit nicht nur ein legitimes, sondern auch ein für uns wichtiges Ziel.

Eine mehr politische Annäherung an das dritte Modell stellt der vom deutschen Sozialdemokraten Egon Bahr entwickelte Plan dar. Auch wenn ein Teil seiner Annahmen bereits überholt ist, lohnt es sich, seinen Ansatz zur Kenntnis zu nehmen, weil Bahr grundsätzliche Fragen angeht, die auch bei anderen Modellen beantwortet werden müssen.

Bahr sieht eine "Europäische Sicherheitsgemeinschaft" (ESG) von zunächst acht Staaten Zentraleuropas (D, DK, BENELUX, P, CSFR, H) vor, die einen Rückfall in das Neben- und Gegeneinander bindungsfreier Nationalstaaten ausschliessen soll. Er fordert von den Mitgliedern eine Friedenserhaltungspflicht, eine Friedensförderungspflicht, eine Schiedspflicht, eine Beistandspflicht, eine Rüstungsbegrenzungspflicht, aber auch einen Verzicht auf alle früheren Bindungen und einen Souveränitätsverzicht.

Die Streitkräfte dieser ESG wären einerseits Territorialheere unter nationalem Kommando und andererseits eine unter zentralem Kommando stehende multinationale schnelle Eingreiftruppe, um bei Verletzung des Friedens die Durchsetzung von Schiedssprüchen zu gewährleisten.

Dieses Modell würde nach Bahr einmal die Überwindung der Blöcke bedeuten und könnte durch spätere Erweiterung sowie den Einschluss der Supermächte dennoch übergreifend konzipiert und verankert werden. Das grössere Deutschland wäre in einer solchen ESG militärisch ebenso eingebunden wie wirtschaftlich in der EG. Der Nachteil einer mindestens temporären Neutralisierung Mitteleuropas liegt ebenso auf der Hand. Zu schwach, um sich selbst zu verteidigen, und zu stark, um eine Quantité négligeable zu sein, wäre seine Abhängigkeit von der Sowjetunion zwangsläufig.

DIE KSZE ALS SICHERHEITSGARANT?

Westliche Sicherheitsexperten haben der neuen schweizerischen Sicherheitspolitik vorgeworfen, sie gebe sich Illusionen über die Möglichkeiten der "Konferenz für Sicherheit und Zusammenarbeit in Europa" (KSZE) hin. Diese werde niemals die nötige Autorität erreichen, um unbotmässige Einzelstaaten zu friedlichen Verhalten zu zwingen. In der Tat gibt es zur Zeit weniger Verfechter einer gesamteuropäischen Sicherheitslösung als noch vor einem Jahr. Man sieht die inneren Konflikte und die Schwierigkeiten für ein harmonischen Zusammenleben der europäischen Völker heute klarer und deutlicher.

Dennoch ist die Leistung der KSZE für die Sicherheit unseres Kontinents bereits beachtlich. Was ihr Prozess an vertrauensbildenden Massnahmen und Schritten zur Rüstungsreduktion gebracht hat, übertrifft alle anderen ähnlichen Bestrebungen. Selbst der epochemachende bilaterale Vertrag über die Verschrottung der Mittelstreckenwaffen (INF) wäre ohne ihre Vorarbeit kaum denkbar gewesen. Die Zusammenarbeit aller Eurostaaten auf nichtmilitärischem Gebiet beeinflusst im positiven Sinne auch deren militärische Strukturen.

Der Pariser KSZE-Gipfel von 1990 bestätigte denn auch erfreulicherweise den Trend zur Bemühung um eine kooperative Sicherheitsordnung. Der Vertrag über die Reduktion der konventionellen Waffen in den bisherigen Paktstaaten (CFE-I) ist unterzeichnet und trotz temporären Schwierigkeiten auf dem Wege zur Ratifizierung. Regelmässig sollen Konsultationen auf der Ebene der Verteidigungsminister stattfinden und ein Institut zur Konfliktverhütung gegründet werden. In Fortsetzung des "Doktrinenseminars" von 1989 sollen sich auch die hohen Militärs aller KSZE-Staaten immer wieder treffen und Defensivstrukturen diskutieren. Und nicht zuletzt sollen Verhandlungen über weitere konventionelle Rüstungsreduktionen unter Einbezug aller 34 Mitgliedstaaten (CFE-II) aufgenommen werden.

Sind damit die sicherheitspolitischen Limiten der KSZE wirklich bereits erreicht? Könnte nicht aus ihrer heutigen losen Struktur allmählich und schrittweisen einmal eine potente europäische Selbstbehauptungsorganisation werden?

EINE "EUROPÄISCHE SICHERHEITSPYRAMIDE"?

Wenn mit der Zeit das erwähnte "europäische System kollektiver Sicherheit mit der Möglichkeit wirtschaftlicher und militärischer Sanktionen gegen internationale Friedensbrecher oder Störenfriede in den eigenen Reihen" geschaffen werden soll, darf man die langfristigen Möglichkeiten einer weiterentwickelten und institutionalisierten KSZE nicht von vornherein ausschliessen. In ihrem Rahmen liesse sich von unten nach oben und Schritt für Schritt eine "Europäische Sicherheitspyramide" mit etwa folgender Struktur aufbauen (*siehe Graphik*):

Europäische Sicherheitspyramide

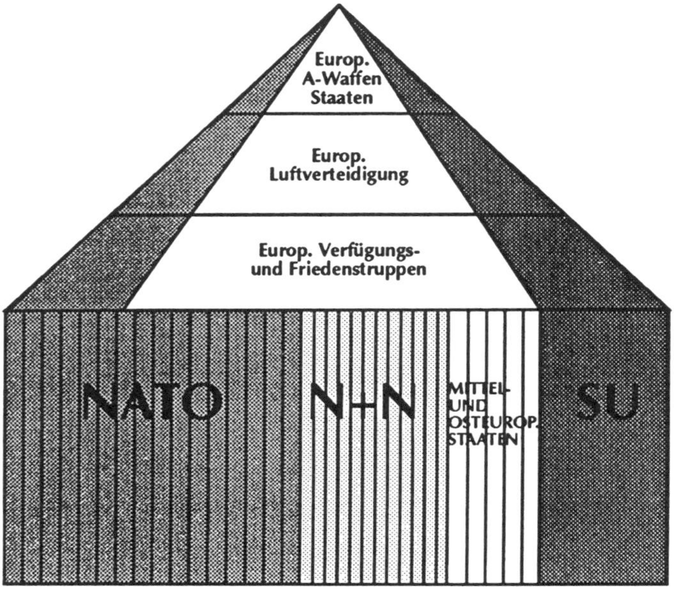

TERRITORIALARMEEN DER NATIONALSTAATEN
"schützen, retten, helfen"

Die Basis würden *"Territorialarmeen"* unter nationalem Kommando bilden, welche einen mit dem Motto "Abhalten, Schützen, Helfen" umrissenen multifunktionalen Auftrag zu erfüllen hätten, der im Bedarfsfall auch im Sinne nachbarlicher Hilfe grenzüberschreitend wirksam werden könnte. Diese erste Stufe ist in den Eurostaaten beinahe überall bereits vorhanden; sie müsste freilich in vielen Fällen auch in der Schweiz - noch zielgerichteter angenähert und als Teil eines Ganzen konzipiert werden.

Über dieser untersten Pyramidestufe gäbe es eine zweite Stufe "rasch einsetzbarer Verfügungstruppen" aus bestens gerüsteten und ausgebildeten Berufssoldaten sowie "Europäische Friedenstruppen" für internationale UNO-Einsätze. Ob diese Verbände multinational oder national rekrutiert werden müssten, ist eine sekundäre Frage; wichtig wären in erster Linie ihre Schlagkraft und Mobilität. Auf dieser Stufe wären wohl auch die nötigen Seestreitkräfte und die ebenso wichtigen Land-

und Seetransportmittel anzusiedeln.

Darüber befände sich eine dritte Stufe gemeinsamer *"Luftüberwachung, Luftverteidigung und Luftunterstützung"*. Sie wäre für die Sicherstellung der militärischen Handlungsfreiheit gerade in diesem multipolaren Sicherheitssystem von entscheidender Bedeutung.

An der Spitze der Pyramide befänden sich schliesslich die *"europäischen Atomstreitkräfte"* in einer kollektiven Abschreckungsrolle.

Entscheidender Vorteil dieses Modells ist, dass alle bereits bestehenden Sicherheitsstrukturen und nationalen Verteidigungsapparate darin Platz finden. Anpassungen - allerdings zum Teil tiefgreifender Art - werden zur Eingliederung genügen. Nicht nur die Nato als Ganzes sowie die Armeen der N+N-Länder (neutrale und nicht-paktgebundene) und jene der mittel-osteuropäischen Staaten für sich, sondern sogar die Sowjetarmee könnten Elemente dieser Pyramide stellen.

Dennoch würde das Modell natürlich nur dann funktionieren, wenn sich die europäischen Staaten auf gemeinsame sicherheitspolitische Entscheidungsmechanismen und Führungsstrukturen einigen könnten. Trotz der zahlreichen Warnungen, man dürfe diese auf einen solchen Zweck überhaupt nicht vorbereitete Organisation nicht überfordern, lässt sich auf weite Sicht eine institutionalisierte KSZE mit Generalsekretariat, Sicherheitsrat und gemeinsamen Militärkommando durchaus denken. Natürlich müsste auch das Prinzip der Einstimmigkeit der Beschlüsse verlassen werden können, wenn es um rasche Reaktionen auf gewaltsame Übergriffe geht.

Ob es Chancen für die Verwirklichung eines solchen Modells gibt, wird seine vertiefte Diskussion erst einmal zeigen müssen.

Zumindest ein historisches Erfolgsbeispiel eines solchen Prozesses ist bekannt: In ähnlicher Weise haben sich die Schweizer Kantone im letzten Jahrhundert bereitsgefunden, ihre militärischen Einsatzbefugnisse und die aufwendigen Spezialwaffengattungen an eine gemeinsame Oberinstanz zu delegieren, umgekehrt aber die Infanterie unter ihrer Hoheit zu behalten. Und was an diesem Beispiel auch für uns heutige Europäer besonders interessant ist: Die 1817 eingeleitete Entwicklung einer gemeinsamen Sicherheitsstruktur ging der politischen Einheit voraus. Sie wurde geformt, noch bevor der schweizerische Bundesstaat geschaffen war, und sie hat sogar einen Bürgerkrieg überdauert. Auf beiden Seiten gab es viele Offiziere, die sich von der gemeinsamen Militärschule in Thun her kannten und schätzten. Wahrscheinlich ein Hauptgrund, weshalb der Sonderbundskrieg von 1847 so rasch, unblutig und ohne dauernden Hass zu Ende ging.

SUCHE NACH GESCHEITEN ÜBERGANGSLÖSUNGEN

Wir nannten die "Europäische Sicherheitspyramide" ein Modell für übermorgen, das schrittweise angenähert werden muss, sobald seine Wünschbarkeit einmal erwiesen ist. Wir sehen solche Schritte im militärischen, im politischen und im äusserst wichtigen sicherheitspolitischen Bereich.

Militärisch geht es zunächst um die Verwirklichung des CFE-I-Vertrages. Sie wird einige Jahre beanspruchen. Anschliessend werden die konventionellen Streitkräfte massiv reduziert sein und weitgehend neue Strukturen aufweisen. Man kann sich über diesen Erfolg freuen und darf gleichzeitig nicht vergessen, dass auch das schwerbewaffnete Nach-CFE-Europa das nach wie vor herrschende Misstrauen zwischen Staaten und Staatengruppen widerspiegelt.

Es kann deshalb nicht nur darum gehen, den Missbrauch des heute noch zugelassenen Potentials zu verhindern und seine Verwendung zu überwachen, sondern darum, künftige Ordnungsmuster zu entwerfen, die mit noch weniger Waffen auskommen, weil sie aus einem neuen Geist heraus konzipiert sind.

Während bisher die paktgebundenen Staaten verhandelten, muss es im Rahmen von CFE-II möglich werden, allen 34 europäischen Staaten, oder wieviele es nach den inneren Unruhen in der Sowjetunion und Staaten Osteuropas auch immer sein werden, weitere Rüstungsreduktionen aufzuerlegen, um die militärische Stabilität auf einem noch tieferen Niveau zu erzielen. Parallel dazu lassen sich wohl auch die sogenannten sicherheits- und vertrauensbildenden Massnahmen weiter ausbauen.

Unterdessen werden die Nationalstaaten und die Bündnisse ihre Streitkräfte weiter unterhalten und modernisieren. Die lange Zeitspanne, die selbst bei gutem Verlauf bis zur Vollendung der gemeinsamen Sicherheitspyramide vergehen wird, erfordert ein umsichtiges, zeit- und lagegerechtes Vorgehen. Nirgends darf ein Vakuum entstehen, und es wäre unklug, mit Hinweis auf das Kommende bereits auf wichtige Elemente nationaler Verteidigung verzichten zu wollen. Andererseits ist es ebenso wichtig, dass man sich den Weg zur gemeinsamen Sicherheitsordnung nicht unnötig verbaut. Streitkräfteplaner werden sowohl den Istzustand und die nächste Zukunft wie das Endziel im Auge behalten müssen.

Was früher nicht nur utopisch, sondern im höchsten Masse weltfremd und gefährlich war, rückt damit in den Bereich des Möglichen: Den "best case" präventiver Stabilität herbeizuführen, zu fördern und zu unterstützen, ist nicht nur wirtschaftlicher und effizienter, als sich allein auf den "worst case" auszurichten, es ist zugleich auch menschenwürdiger.

KRIEGSVERHINDERTUNG STATT KRIEGSFÜHRUNG

Seit langem hat zwar die Atomwaffe die Strategen und verantwortlichen Regierungen zur Einsicht geführt, dass es besser sei, auf Kriegsverhinderung statt auf Kriegsführung zu setzen. Aber selbst die aus Furcht vor Selbstvernichtung geborene Verhaltensweise hat den Einsatz konventioneller militärischer Gewalt bis anhin nicht verhindert. Nun wandelt sich der Abrüstungsprozess allmählich vom Dauerversuch gegenseitiger Übertölpelung zur konstruktiven Bemühung um Verminderung von Angriffspotentialen und die Chancen stehen so gut wie nie zuvor, dass mindestens in Europa jenes Denken Einzug hält, das Karl Jaspers bereits vor dreissig Jahren als Hinwendung zu einer "neuen Vernunft" gefordert hat. Die gesamteuropäische Sicherheitsordnung könnte nicht zuletzt auf solchen Überlegungen fussen.

Mindestens so wichtig ist natürlich der politische Bereich. Hier wird sich letztlich zeigen, ob Europa als Ganzes zusammenwächst oder in neue Teilstücke zerfällt. Höchstwahrscheinlich stehen unserem Kontinent in nächster Zeit noch eine ganze Reihe innerstaatlicher Unruhen, grenzüberschreitender Turbulenzen oder gar offener Konflikte bevor. Entscheidend wird aber auch hier sein, ob das Zusammengehörigkeitsgefühl, das sich in den letzten Monaten und Jahren innerhalb Europas verbreitet hat, weiter wächst oder wieder abstirbt.

Schliesslich sei der schwer fassbare, aber umso wichtigere sicherheitspolitisch-psychologische Bereich angesprochen. Es geht hier darum, die Sicherheitsexperten und den militärischen Nachwuchs aller europäischen Länder immer wieder zusammenzuführen und vor gemeinsame Probleme der Friedenssicherung zu stellen. Waren es früher Einzelpersonen, die anlässlich von internationalen Konferenzen über die schier unüberwindlichen Barrieren hinweg das Gespräch suchten, das aber sehr häufig ideologisch und propagandistisch verfälscht war, scheint es aufgrund bisheriger KSZE-Erfahrungen in Zukunft möglich, Feindbilder weiter abzubauen, und die gegenseitigen Sicherheitsvorstellungen und -bedürfnisse besser kennen zu lernen. Die *"Empathie"*, die Einfühlung in das Denken der anderen, kann bereits in dem in Paris gesetzten neuen Rahmen geübt werden; als geistige Vorbereitung und semantische Voraussetzung des gemeinsamen Baus einer "Europäischen Sicherheitspyramide" wird sie unverzichtbar sein. Zur zentralen Bedingung wird deshalb in diesem wahrhaft historischen Versuch, dass die gemeinsame Verständigung an Stelle der bis vor kurzem herrschenden "babylonischen Sparchverwirrung" tritt.

Teil III

FRIEDE UND FREIHEIT

DEMOKRATIE UND STREITKRÄFTE

Zur militärischen Identität westeuropäischer Gesellschaften

Karl W. Haltiner

Wenn das Prinzip der Gleichheit nicht nur in einer einzigen Nation verwirklicht wird, sondern zugleich auch bei mehreren Nachbarvölkern, wie man es heute in Europa sehen kann, so werden die Einwohner dieser verschiedenen Länder trotz der Verschieden-heit der Sprache, Gebräuche und Gesetze wenigstens in einem Punkt übereinstimmen, nämlich in der Furcht vor Kriegen und in der Friedensliebe. Vergeblich bewaffnen Ehrgeiz oder Zorn die Fürsten, eine Art von universeller Gleichgültigkeit und Wohlwollen beruhigt sie gegen ihren Willen und nimmt ihnen das Schwert aus der Hand: so werden Kriege seltener.
(Alexis de Tocqueville 1835)[1]

PROBLEMSTELLUNG

Nach einer militärischen Identität westeuropäischer Demokratien zu fragen heisst, nach Gemeinsamkeiten und Verbindendem zu suchen. Das ist aus mehreren Gründen kein leichtes Unterfangen:

- Kaum ein anderer Kontinent blickt auf so viele interne kriegerische Konflikte zurück wie Europa. Nationale Gegensätze, kulturelle Vielgestaltigkeit und unterschiedliche machtpolitische Interessen dominierten über Jahrhunderte das kulturell Gemeinsame der westeuro-

1 Alexis de Tocqueville, Die Demokratie in Amerika, Frankfurt am Main/Hamburg 1956, S. 172.

päischen Gesellschaften.

- Obwohl die überwiegende Zahl westeuropäischer Staaten eine über hundertjährige Tradition der allgemeinen Wehrpflicht kennt, reichen die Wehrtraditionen der einzelnen Nationen zumeist noch weiter zurück und unterscheiden sich teilweise erheblich. Was hat zum Beispiel die französische Militärtradition, in der die Fremdenlegion bis heute einen festen Platz einnimmt, mit der schweizerischen Miliztradition gemeinsam? Wo gibt es Verbindendes zwischen einer britischen, am ehemaligen Weltreich orientierten und von der maritimen Insellage bestimmten Wehr- und Sicherheitspolitik und derjenigen Österreichs?

- Trotz oder gerade wegen der Einbindung aller grossen und einer Reihe mittlerer westeuropäischer Staaten mit Ausnahme Frankreichs in die Nordatlantische Verteidigungsgemeinschaft Nato sind ernsthafte Versuche zur Ausformulierung einer spezifisch westeuropäischen Verteidigungs- und Militärpolitik oder gar zur Bildung gemischtstaatlicher Streitkräfte über papierene Ansätze nicht hinausgekommen.[2] Es waren zumeist sicherheitspolitische Gründe, aus welchen die Neutralen Westeuropas sich sowohl einem gemeinsamen Verteidigungsbündnis als auch einer verstärkten politischen Einigung Europas verweigerten. Trotz Nato bestimmt das nationale Element bis heute die Militärpolitik.

- Mit dem Zerfall des Ostblocks und der Herausbildung von Demokratien nach westlichem Muster in Osteuropa hat die wichtigste verbindende sicherheitspolitische Klammer der Westeuropäer, nämlich die militärische, politische und ideologische Ausrichtung auf die Abwehr des Kommunismus, an Bedeutung eingebüsst. Ja mehr noch: der Bedrohungszerfall im Osten hat die schon seit einigen Jahren geführten Diskussion über die soziale Funktion von Streitkräften neu entfacht. Wie rasch angebliche Konstanten sich ins scheinbare Gegenteil verkehren können, zeigt das Beispiel der Schweiz. Blieb dort der Satz "Die Schweiz hat keine Armee, sie ist eine Armee" bis vor wenigen Jahren demoskopisch nachweisbar unbestritten, so hiessen im November 1989 unerwartet 36,5% der Stimmenden ein Volksbegehren zur Abschaffung der Armee gut. Die Aussichten auf eine dauerhafte Sicherheitsordnung in Europa auf der einen und eine vertiefte politische westeuropäische Integration auf der anderen Seite lassen alte sicherheitspolitische Fragen zudem obsolet und neue, wie etwa die ei-

---

2 Als Ausnahme wäre hier die deutsch-französische Brigade zu nennen.

ner möglichen Internationalisierung der westeuropäischen Streitkräfte, erst allmählich aktuell werden.

Aus diesen Gründen scheint es wenig erfolgversprechend, Gemeinsames auf der Ebene nationaler Militärtraditionen und -doktrinen zu suchen. Wenn es so etwas wie eine gemeinsame militärische Identität westeuropäischer Demokratien überhaupt gibt, dann wohl am ehesten auf der Ebene der gesellschaftlichen Integration der Streitkräfte. Hier sind für die Zeit nach dem Zweiten Weltkrieg, insbesondere seit den späten sechziger Jahren[3] dieselben Probleme und Entwicklungstrends bei der Legitimation des Militärs, der Bewertung des Soldatenberufs, der in Ansätzen voranschreitenden Demokratisierung der Streitkräfte und beim Verhalten gegenüber den Bürgern, die sich dem Militär verweigern, zu konstatieren. Diesbezügliche Gemeinsamkeiten wurzeln zweifellos im weitgehend gleich verlaufenden technisch-ökonomischen und soziokulturellen Wandel, der nach dem Zweiten Weltkrieg verstärkt einsetzte, sich in den frühen siebziger Jahren beschleunigte und an Dynamik bis heute nur wenig eingebüsst hat - einem Wandel, der die sicherheits- und militärpolitischen Rahmenbedingungen aller Nationen in ähnlicher Weise verändert haben dürfte. Dieser sozio-kulturelle Umbruch wird im folgenden knapp skizziert. Anschliessend werden daraus thesenartig einzelne Trends im zivil-militärischen Verhältnis abgeleitet, die in allen oder den meisten westeuropäischen Staaten zu beobachten sind und dadurch so etwas wie eine gemeinsame militärische Identität begründen.

DER SOZIOKULTURELLE UMBRUCH WESTEUROPAS IN DEN VERGANGENEN VIERZIG JAHREN

Der amerikanische Historiker David Landes hat die Industrielle Revolution und die mit ihr einsetzende gewaltige Steigerung der technisch-ökonomischen Produktivkräfte als Entfesselung des Prometheus bezeichnet, weil sie dem Menschen geradezu göttliche Kräfte bei der Umgestaltung seiner wirtschaftlichen Situation verlieh. Man kann sich fragen, ob sie diese Wirkung auch erzielt hätte ohne die beinahe zeitgleich verlaufenden demokratischen Revolutionen in den USA und in Westeuropa, welche eine grundlegende Neuordnung politischer Machtverhältnisse einleiteten. Das Beispiel der ehemals kommunistisch re-

3 Vgl. dazu K.W. Haltiner, Milizarmee-Bürgerleitbild oder angeschlagenes Ideal?, Frauenfeld 1985, S. 13f.

gierten Staaten des Ostens scheint zu belegen, dass ein anhaltendes Wirtschaftswachstum ohne demokratische politische Strukturen auf Dauer unmöglich ist. Die Werte Freiheit, Gleichheit, Solidarität und Garantie der Menschenrechte sind seither zum unverzichtbaren Bestandteil der politischen Kultur westeuropäischer Staaten geworden[4] auch wenn sich ihre Gestaltungskraft hier erst mehr als hundert Jahre nach ihrer Proklamation und nach mörderischen Weltkriegen zu entfalten begann. Man darf deshalb behaupten, dass die modernen Gesellschaften des westlichen Typs ohne Rekurs auf den nach 1945 einsetzenden und in den späten sechziger Jahren sich beschleunigenden rasanten Struktur- und Wertwandel gar nicht verstanden werden können. Einige Stichworte zum Strukturwandel mögen das illustrieren[5]:

- eine Zunahme des Lebensstandards gemessen am BSP pro Kopf um den Faktor 5-7 in den letzten vierzig Jahren, während für die hundert Jahre zuvor lediglich eine Verdoppelung zu verzeichnen war[6],

- eine im Zeitraum von nur zwei Jahrzehnten rasant gewachsene nationale und internationale Mobilität,

- eine rasch voranschreitende Urbanisierung,

- ein allgemein steigender durchschnittlicher Bildungsgrad in einem Mass, dass von einer Intellektualisierung in den modernen Bildungsgesellschaften gesprochen werden muss,

- eine beschleunigt ablaufende arbeitsteilige und funktionale Differenzierung und Spezialisierung der Berufs- und Arbeitswelt[7],

- eine gestiegene und weiterhin rasch wachsende Wissensakkumulation[8],

- eine zunehmende Durchdringung aller Lebensbereiche mit modernen Technologien,

---

4 Vgl. dazu R. Meyer, Value Change in the Swiss Population, International Review of Sociology, Bd. 17, 1981, S. 48ff.

5 Vgl. G. Ambrosius/W. H. Hubbard, Sozial- und Wirtschaftsgeschichte Europas im 20. Jahrhundert, München 1986; D. Otten, Die Welt der Industrie, Entstehung und Entwicklung der modernen Industriegesellschaften, Bd. I u. II, Reinbek b. Hamburg, 1986.

6 Ambrosius/Hubbard (Anm. 5), S. 130.

7 Ambrosius/Hubbard (Anm. 5), S. 52ff.

8 R. Kreibich, Die Wissensgesellschaft, Frankfurt am Main 1986.

- eine wachsende Bedeutung und globale Verbreitung von Informations-, Kommunikations- und Medientechnologien, wodurch die Weltgesellschaft immer mehr zum Massstab für lokales politisches Handeln wird.

Automatisierung und Informatisierung werden nach aktuellen Prognosen nicht nur den Produktions- und Dienstleistungsektor in noch nicht abzusehendem Ausmass verändern, sondern auch alle anderen Lebensbereiche völlig durchdringen[9] - ein nicht unbedeutender Prozess, wenn man sich vor Augen hält, dass Information und Kommunikation gewissermassen das gesellschaftliche Bindegewebe darstellen, die rasche Verbreitung dieser Technologien mithin an Fragen des gesellschaftlichen Zusammenhalts rührt.

Diesem Strukturwandel entspricht ein nicht nur, aber primär in westlichen Gesellschaften zu beobachtender, seit den 70er Jahren beschleunigt verlaufender Wandel handlungsleitender Wertvorstellungen und sozialer Normen. Gemeinschaftsbetonende Lebensstile, gekennzeichnet durch soziale Nähe bei gleichzeitig hoher sozialer Kontrolle, wie sie in vorindustrieller Zeit vorherrschten und heute am ehesten noch im kleinen ländlichen Dorf zu finden sind, wurden durch gesellschaftsbezogene, städtisch-kosmopolitische Lebensstile abgelöst. Geschlossene, dem einzelnen verbindlich vorgegebene Sinn- und Wertordnungen haben sich aufgelöst und an Geltungskraft eingebüsst. In der modernen Gesellschaft findet sich das Individuum immer weniger in vordefinierte soziale Deutungsmuster eingebettet. Diese sind zur Privatangelegenheit geworden. Der Verbindlichkeitsverlust der Wertgeltung befreite den Einzelnen stärker als je zuvor in der Geschichte vom Anpassungsdruck des Kollektivs und gibt ihm heute mehr als früher die Möglichkeit, sich die Gruppen, denen er angehören möchte, selber auszuwählen. Die damit einhergehende Tendenz zur Privatisierung oder gar zur Vereinzelung manifestiert sich konkret in der in allen westlichen Staaten zu beobachtende wachsende Zahl an Einpersonenhaushalten, den abnehmenden Verheiratungsquoten und der tendenziell sinkenden Kinderzahl pro Paar.[10] Diesem Zuwachs an individueller Dispositionsfreiheit steht allerdings die Gefahr einer Orientierungsverunsicherung, eines Bindungs- und Geborgenheitsverlustes in der modernen Gesellschaft gegenüber.

9 Otten (Anm. 5), Bd. II, S. 555ff.

10 Für die Schweiz: H. Sommer/F. Höpflinger, Wandel der Lebensformen und soziale Sicherheit in der Schweiz, Ch-Grüsch 1989.

Wertvorstellungen, d.h. die grundlegenden Orientierungsmasstäbe für das soziale Handeln, werden heute auch im Bewusstsein der Bevölkerungen zunehmend als relativ und als veränderbar empfunden. Dieses Relativitätsbewusstsein hat die Bereitschaft vermindert, die Autorität herkömmlicher Wertvermittler wie Familie, Schule, Kirche, Nation oder Militär fraglos anzuerkennen. Es stieg dadurch die Kritikbereitschaft. Werte wie Toleranz, auch und gerade gegenüber abweichendem Verhalten, sowie Gleichwertigkeit im Sinne eines wachsenden Verständnisses für andere Standpunkte haben an Bedeutung gewonnen. Zusammen mit der Beschleunigung des Lebensrhythmus, der gestiegenen räumlichen Mobilität und der weltweiten informatorischen Vernetzung begannen sich Werte der Tradition und überkommene Gruppenbindungen zu lockern, die Perspektiven für globale Zusammenhänge zu weiten.

Eine Reihe von Studien belegt diese Tendenzen für die westliche Staatenwelt.[11] Konkret haben alle sogenannten Akzeptanz- oder Konformitätswerte, welche den einzelnen ins Kollektiv einbinden, wie etwa Gehorsam, Pflichterfüllung, Ordnung, Ansehen an relativem Gewicht verloren. Komplementär dazu gewannen Individualitätswerte wie Autonomie, eigene Zeitverfügung, Selbstbestätigung und Egalitätswerte wie Gleichbehandlung aller, Chancengleichheit, Humanität und Toleranz an Bedeutung.[12] Der amerikanische Politologe Ronald Inglehart glaubte, diesen Wertwandel in die griffige, aber krude Formel eines Wandels von materiellen, d.h. Ordnung, Wohlstand und militärische Sicherheit betonenden, zu mehr postmateriellen, d.h. Selbstentfaltung, Umwelt und freie Meinungsäusserung betonenden Werten fassen zu können. In umfangreichen Studien hat Inglehart überdies zu zeigen versucht, dass eine erhöhte Protestbereitschaft und die seit den 60er Jahren zunehmende Bürgeraktivierung im Zusammenhang mit dieser Wertesubstituierung gesehen werden müsse.[13] Auch wenn man diese stark

---

11 Eine kritische Übersicht mit vielen Hinweisen auf einzelne Studien findet sich bei H.U. Luthe und H. Meulemann, Wertwandel-Faktum oder Fiktum? Bestandesaufnahme und Diagnose aus kultursoziologischer Sicht, Frankfurt a. M. und New York 1988.

12 Eine Zusammenfassung vieler eigener empirischer Studien in der BRD gibt H. Klages in: Wertedynamik - Über die Wandelbarkeit des Selbstverständlichen. Zürich und Osnabrück 1988. Vgl. ferner R. Meyer, Konformität und Autonomie, Werte und Wertordnungen in der Schweizer Bevölkerung, Habilitationsschrift, Bern 1984 (mimeo). Eine neuere Werteanalyse präsentiert A. Melich, Die Werte der Schweizer, Bern u.a. 1991.

13 S. Barnes, M. Kaase et al., Political Action: Mass Participation in Five Western Democracies, Beverly Hills 1979.

vereinfachende dichotomisierende Sicht nicht zu teilen vermag, so beeindruckt die Datenfülle, die Inglehart im Verlaufe der letzten zwanzig Jahren in vergleichenden Untersuchungen westlicher Gesellschaften zur Stützung seiner Thesen zusammengetragen hat.[14]

An die Stelle gefühlsmässiger und traditionaler Bindungen trat ein instrumentelles Nutzenverhältnis zu den grossorganisatorisch verfassten Einrichtungen moderner Gesellschaften. Instrumentell heisst, dass sich die Bindung an Institutionen verstärkt über deren Einschätzung als persönlich nützlich und dienlich vollzieht. Sichtbar wird das an der Verschiebung von einem "väterlichen" zu einem "mütterlichen" Staatsbild, das durch wohlfahrtsstaatliche Verteilungsaufgaben geprägt wird. Entsprechend haben Werte, die sich über die Aufgabe des Staates als Daseinssicherung aufbauen, wie etwa Verteilungsgerechtigkeit, materielle Besitzstandswahrung in Grenzlagen, Sicherheit vor technisch bedingten Risiken, Schutz der natürlichen Umwelt, einen enormen Bedeutungszuwachs erfahren. Demgegenüber werden Werte der nicht unmittelbar individualbezogenen, äusseren Sicherheit vergleichsweise geringer betont. Der politische Brennpunkt westeuropäischer Demokratien verlagerte sich denn auch in der Nachkriegszeit von der Aussen- und Sicherheitspolitik zur Innen- und Wirtschaftspolitik. Dazu kommt, dass nach demokratischer westlicher Auffassung der Staat nicht über die Gesellschaft zu herrschen hat, sondern selbst durch gesellschaftliche Entwicklungen bestimmt wird. Demokratisierung bedeutete damit eine der Werterelativierung ähnliche Geltungsbegrenzung politischer Wahrheitsansprüche. Diese Tendenzen dürften die Wahrscheinlichkeit auf ein Minimum vermindert haben, dass in Westeuropa je liberaldemokratische parlamentarische Demokratien gegeneinander Krieg führen werden.

Sucht man nach einer vereinfachenden Formel für diese in allen westlichen Gesellschaften verlaufende Modernisierung, so muss von einem Individualisierungsprozess auf der einen und einem Bedeutungsverlust traditionaler Institutionen und Sinnbezüge auf der anderen Seite gesprochen werden.

---

14 R. Inglehart, Kultureller Umbruch, Wertwandel in der westlichen Welt, Frankfurt a. M. und New York 1989.

Karl W. Haltiner

WEHRPOLITISCHE UND WEHRKULTURELLE ENTWICKLUNGSTRENDS IN DEN WESTEUROPÄISCHEN NACHKRIEGSGESELLSCHAFTEN

Der skizzierte ökonomisch-technologische und soziokulturelle Wandel, der sich für die gesamte westliche Staatenwelt nachweisen lässt, hat die politischen und sozialen Rahmenbedingungen für die Legitimation nationaler Sicherheitspolitik und die Integration des Militärs nachhaltig und für die meisten Westeuropäer in ähnlicher Weise verändert. Welche dominanten Trends lassen sich dabei ausmachen, welche Entwicklungen berechtigen dazu, von Elementen einer gemeinsamen Identität zu sprechen? Die wichtigsten scheinen die folgenden zu sein:

1. Das Entstehen einer sicherheitspolitisch kritischen Öffentlichkeit als Machtfaktor.

2. Die affektive Entsymbolisierung der Wehrpflicht sowie die innen- und aussenpolitische Entwertung des Militärs im Zuge des umfassenden Wert- und Bedrohungswandels.

3. Ein Trend zur Demokratisierung und Zivilisierung der Streitkräfte.

4. Die institutionelle Sicherung des Bürgerprimats in den Streitkräften.

5. Die Institutionalisierung von legitimen und respektierten Alternativen zum Wehrdienst.

Erster gemeinsamer Trend: Das Heranwachsen einer kritischen Öffentlichkeit zu einem sicherheitspolitischen Machtfaktor in den letzten zwanzig Jahren

In der westlichen Öffentlichkeit sind sicherheitspolitische Zielsetzungen und Institutionen nicht erst seit dem Fall des Eisernen Vorhanges, sondern seit mehr als zwanzig Jahren in stets zunehmendem Mass zum Gegenstand permanenter öffentlicher Diskussionen geworden. Diese Sensibilisierung setzte zeitlich ein mit dem Vietnamkrieg, dessen Schrecken in den neu entstandenen Fernsehgesellschaften praktisch täglich affektiv miterlebt werden konnten. An den Anti-Vietnamdemonstrationen, die zum ersten Mal in der Nachkriegszeit die kommende politische Macht populistischer Bewegungen demonstrierten, entzündete sich eine erste sicherheitspolitische Protestwelle, die sich alsbald gegen die Wehrpflicht, das öffentliche Auftreten des Militärs, die Rüstung und die nukleare Abschreckung zu richten begann und schliesslich in den westeuropäischen Friedens- und Alternativbewegungen ihren Höhepunkt fand. Zugleich schwoll die Literatur zum Thema "Alternative Verteidigungsmodelle" an und die Friedens- und Konfliktforschung erreichte eine vorher nie gekannte Publizität. Begleitet wurde diese Mobilisierung von einer je nach Gesellschaft einmal stärker, einmal schwächer sich manifestierenden innermilitärischen Unrast und einer Zunahme aller Formen des Wehrentzugs. Kritik und Aktivismus entzündeten sich in der Regel an Einzelereignissen, entwickelten sich aber jeweils häufig zu einer prinzipiellen Auseinandersetzung um die Grundsätze der offiziellen Sicherheitspolitik. Die gesellschaftliche Rolle und der soziale Standort des Militärs wurden ebenso in Frage gestellt, wie dessen innere Gestaltung, die nationalen und blockorientierten Strategiekonzeptionen ebenso wie die Effizienz und Sinnhaftigkeit der Verteidigungseinrichtungen, die ethische Rechtfertigung der Gewalt ebenso wie die nationale Verteidigungswürdigkeit. Die Form der Spannungsartikulation reichte von der sachlichen Debatte bis hin zum kritisch-ironisierenden Stil, mit dem militär- und sicherheitspolitische Probleme in den Massenmedien oft abgehandelt wurden, von der individuellen Verweigerung bis hin zur Protestmobilisierung grösserer Gruppen.[15] Dabei entstand im Verlauf der letzten zwanzig Jahre in westlichen Staaten als Machtfaktor eine kritische öffentlichkeit, die fortan sicherheits- und rüstungspolitische Entscheidungen und miliärische Aktionen an den Prinzipien der Verhältnismässigkeit und politisch-moralischen Begründbarkeit zu messen begann. Das Beispiel der öffentlichen Anteilnahme am Golfkrieg im Winter 1991 steht hierzu keineswegs im Widerspruch, im Gegenteil! Wie nie zuvor wurden die möglichen Reaktionen der Öffentlichkeit in den strategischen und sogar operativen Entscheidungen antizipiert, wurden die Massenmedien im Bewusstsein ihrer politischen Meinungsführermacht unter steter Kontrolle gehalten. Die voraussetzungslose Selbstverständlichkeit, mit denen Sicherheitspolitik und Streitkräfte zu Beginn des Kalten Krieges noch hatten rechnen können, ist heute verschwunden. Ähnlich wie die Energie- und Ökopolitik hat sich die Sicherheitspolitik mit ihren Institutionen zu einem jener Kristallisationspunkte entwickelt, an denen sich, emotional teilweise hoch aufgeladen, konträre Wertvorstellungen konkretisieren und eine weitreichende, oft diffuse Verdrossenheit gegenüber herkömmlichen Problemlösungsmustern artikuliert. Sicher-

15 Vgl. dazu die Auflistung konkreter Ereignisse bei K. W. Haltiner (Anm. 3), S. 13ff.

heitspolitik ist in Westeuropa heute zum ständigen gesellschaftlichen Reflexionsthema geworden.

Die Tatsache, dass diese Entwicklung in allen westeuropäischen Staaten nachgewiesen werden kann, lässt sich mit Hinweisen auf isolierbare Auslösefaktoren, auf politisches Fehlverhalten im Einzelfall oder auf ungelöste sicherheits- und militärpolitische Probleme eines einzelnen Staates nicht befriedigend erklären. Wohl werden Protestaktionen, wie etwa das Militärabschaffungsvolksbegehren in der Schweiz, zumeist nur von Minderheiten getragen. Aber diese Aktivierung vollzieht sich nicht im gesellschaftlichen Abseits. Sie hat vielmehr ein Klima der Toleranz und teilweise der Verunsicherung in den Gesellschaften als Ganzes zur Voraussetzung. Insofern deutet sie auf eine Veränderung traditioneller Bewertungsmuster nicht nur bei Minderheiten, sondern bei einer breiteren öffentlichkeit hin. Es drängt sich deshalb auf, die Erklärung für die neue sicherheitspolitische Sensibilisierung nicht in irgendwelchen "Zeiterscheinungen" und "Modetrends" zu suchen, sondern tiefer in jenem Wandel der Wertstrukturen, wie er eingangs skizziert wurde.

Zweiter gemeinsamer Trend: Affektive Entsymbolisierung der Wehrpflicht und politische Entwertung der Streitkräfte durch den Wert- und Bedrohungswandel

Die Ausformung moderner Wehrpflichtigenheere ist in Westeuropa und in den USA eng mit der Entstehung des modernen Nationalstaates verknüpft. Ihre Legitimität wurzelt im wesentlichen in der Berufung auf nationale Souveränität und Identität sowie im Bürgerstatus ihrer Soldaten.[16] Die neuen Massenheere übernahmen damit ebensosehr eine innenpolitisch emanzipatorische wie eine aussenpolitische Funktion. Mit der Berufung auf die nationale Symbolik offerierte sich ein historisch neues, affektives Identifikationsmuster, das im 19. und 20. Jahrhundert beträchtliche Mobilisierungskraft sowohl im offensiv-aggressiven wie im defensiven Sinn zu entwickeln vermochte. Insoweit die neuen Massenheere sich als Träger des Nationalgedankens und als Symbole der Teilhabe am bürgerlichen Staat etablierten, wurden sie als "Schule der Nation" zu gesellschaftlichen Integrationsfaktoren ersten Ranges. Der einleitend skizzierte strukturelle und normative Wandel scheint nun diese Legitimationsgrundlagen gleich von mehreren Seiten her erschüttert zu haben:

- Mit abnehmender Bedeutung nationaler und patriotischer Wertbezü-

---

16 M. Janowitz, Military Institutions and Citizenship in Western Societies, in: Armed Forces and Society, Vol. 2, No. 2, February 1976, S. 185-204.

ge und einer mehr instrumentellen Gesellschaftsorientierung veränderte sich die Identifikation mit den Streitkräften in gleicher Richtung. Wie der Staat zunehmend unter dem Gesichtspunkt der Dienstleistung und der Wohlfahrtssicherung gesehen wird, so erhielten Verteidigungseinrichtungen nunmehr den Status einer Versicherung, deren Existenz als sozialnutzenschwaches "notwendiges Übel" zwar mehrheitlich bejaht, deren Prämie aber gegen diejenige wohlfahrtsstaatlicher Einrichtungen aufgerechnet wird. Das Militär ist heute nicht mehr "Hort nationalen Selbstgefühls", seine gesellschaftliche Legitimation vollzieht sich immer weniger über den Bezug auf affektive Wertsymbole wie "Nation", "Heimat" oder das "Land", sondern über seine Effizienz und Nützlichkeit als sicherheitspolitisches Instrument des Staates. In der Konnotation mit den Begriffen "Nation", "Land", "Volk" war das Militär Symbol gemeinschaftsbezogener Werte und Interessen, in der Konnotation mit dem Bergriff "Staat" wird es, wie Bahn und Post, unter dem einer Dienstleistungsperspektive gesehen. Entsprechend begann sich das Bewusstsein für die Komplementärbeziehung von Bürger- und Soldatenstatus abzubauen, die Beziehung des einzelnen zum Militär insgesamt wurde funktionaler, distanzierter und auch indifferenter. Das Militär büsste seine ehemals zentrale gesellschaftliche Bedeutung ein.[17] Es ist in den modernen westeuropäischen Gesellschaften zu einer sozial peripheren Einrichtung geworden.

- Verstärkt wurde diese mehr gesellschaftspolitisch bedingte Neubewertung der Streitkräfte durch eine nachhaltige Veränderung der internationalen Rahmenbedingungen, innerhalb welcher sich Sicherheitspolitik seit dem Ende des Zweiten Weltkriegs vollzieht. Mit wachsender Internationalisierung der Politik, der Ausbildung ideologischer Blocksysteme und supranationaler Sicherheitsgemeinschaften wie auch durch das System nuklearer Abschreckung, basierend auf dem Waffenmonopol weniger Grossmächte, büssten kleinere und mittlere Nationen sicherheitspolitisch an Souveränität ein. Das nukleare Abschreckungssystem zur Zeit des Kalten Krieges stützte sich nicht mehr auf Nationen, sondern auf weltweite Machtblöcke. Begünstigt wurde dadurch eine "Entstaatlichung" der nationalen Verteidigung. Der Bezug verlagerte sich vom Territorium auf eine Ideologisierung der Verteidigung vor dem Hintergrund globaler Ost-West-Feindbilder. Die unmittelbare Beziehung zwischen äusserer Bedrohung und nationaler

17 Vgl. dazu für die Schweiz: K.W. Haltiner, a.a.O. 1985, sowie K.W. Haltiner, Der Bürger und seine Verteidigung, Sicherheitspolitische Meinungsbilder in der Schweiz - Auswertung einer Repräsentativbefragung, Bern 1986 (mimeo).

Unabhängigkeit, zwischen der aussenpolitischen Funktion von Verteidigungseinrichtungen und ihrer Rolle als nationale und einheitsstiftende Symbole begann mit dem verteidigungspolitischen Souveränitätsverlust der Nation zu zerfallen.

- Eine erhebliche zusätzliche Infragestellung erfuhr die Legitimation der Sicherheitspolitik und der nationalen Streitkräfte durch den militärischen Bedrohungswandel. Während es bis zum Zweiten Weltkrieg möglich und im Normalfall das Ziel der Kriegsführung war, die Verteidigungsfähigkeit des Gegners auszuschalten um die politischen Ziele zu erreichen, so war das im Nuklearzeitalter nicht mehr ohne weiteres möglich, ohne gleichzeitig nicht nur die eigene, sondern zugleich die Zerstörung eines Erdteils oder der ganzen Welt zu riskieren. Sichtbar wurde dieses Risiko erstmals im Kalten Krieg zwischen Ost und West. Aus dieser Tatsache resultierte allmählich in der Öffentlichkeit ein völlig neuartiges gesellschaftspolitisch relevantes Bedrohungsbild und ein ebenso neuartiges permanentes Bedrohungsbewusstsein, das sich nicht mehr am nationalen oder regionalen, sondern am globalen Rahmen zu orientieren begann. Die potentielle Unkontrollierbarkeit der Vernichtungsdrohung über den Kreis der Kriegsbeteiligten hinaus rückte die militärische Gewalt als Mittel nationaler Sicherheit in den Augen insbesondere weiter Teile der westlichen Bevölkerung zunehmend in einen neue Sinndimension. Unter den Bedingungen einer auf konventionelle Weise geführten, begrenzbaren Auseinandersetzung stellte sich die Frage nach der Verteidigungsfähigkeit, -notwendigkeit und -willigkeit anders als unter dem nicht zu kalkulierenden Risiko der Selbstvernichtung auch im Falle einer legitimen Verteidigung. Die nationale Sicherheit begann sich von der Staatsräson zu lösen. War die Konsensfindung in der Militärpolitik früher von der Frage des "Wie" bestimmt gewesen, so drohte sie nun, trotz nach wie vor mehrheitlicher Zustimmung zu einer militärischen Verteidigung in allen westlichen Staaten[18] zusehends mehr von der moralischen Frage nach dem "ob überhaupt" bestimmt zu werden. Auch hierfür bietet die durchaus zwiespältige Reaktion der europäischen Öffentlichkeit auf den militärischen Aufmarsch der Al-

---

18 Vgl. dazu eine 14-Länder-Übersicht zur Bereitschaft, für das eigene Land zu kämpfen, nach EMNID (Sept. 1989), abgedruckt bei: W. Vogt, Akzeptanzerosion und Friedensprozess, in: J. Giller/H. Danzmayr/U. Rumerskirch (Hrsg.), Sicherheitspolitik und Bedrohungsbewusstsein, Schrift des Instituts für militärische Sicherheitspolitik an der Landesverteidigungsakademie, Wien 1990 (mimeo). Ferner für Österreich: SWS-Meinungsprofile, Braucht Österreich ein Bundesheer?, SWS-Rundschau Heft 4/1989, S. 535ff.; für die Schweiz: K.W. Haltiner, Nachbefragung zur Abstimmung vom 26.11.1989 "Schweiz ohne Armee", EMD/GA, Bern 1990 (mimeo).

lianzstaaten im Vorfeld des Golfkrieges von 1991 ein anschauliches Beispiel.

- Stand die Thematisierung der Glaubwürdigkeit militärischer Verteidigung unter der nuklearen Bedrohung in den siebziger und frühen achtziger Jahren im Vordergrund, so gesellte sich etwa ab Mitte der achtziger Jahre ein weiterer Infragestellungsschub hinzu, als sich die Anzeichen für eine neue Bedrohung globalen Ausmasses, nämlich die Gefährdung der natürlichen Lebensgrundlagen, zu mehren begannen. Ereignisse wie Tschernobyl, auffällige klimatische Anomalien und die unerklärliche Zunahme von Naturkatastrophen liessen die Bürgerinnen und Bürger in den westlichen Mediengesellschaften allmählich gewahr werden, wie sehr lokale Ereignisse sich global auszuwirken vermochten. Eindrücklicher hätte die Vernetzung verschiedener Bedrohungsformen gar nicht ausfallen können. Solche Ereignisse liessen die Begrenztheit staatlicher Problemlösungskapazität rasch sichtbar werden und förderten eine Globalisierung der Sicherheitsperspektive. Durch die Reformen und schliesslich die revolutionären Umbrüche in Osteuropa rückte in Westeuropa die alte, bisher die Sicherheitspolitik bestimmende militärische Bedrohung völlig in den Hintergrund. Nicht nur sehen sich die Streitkräfte Westeuropas heute einem sicherheitspolitischen Bedeutungsverlust ausgesetzt, sie sehen sich überdies mit dem Vorwurf konfrontiert, unnötigerweise gerade jene Ressourcen zu beanspruchen, die für die Bekämpfung der neuen Bedrohungen viel dringender gebraucht würden.

Militärische Selbstbehauptung hat damit in Westeuropa aufgehört, eine primäre Staatsaufgabe zu sein. Sie ist heute eine unter vielen.

Dritter gemeinsamer Trend: Im Zuge einer zunehmenden Zivilisierung und Demokratisierung der Streitkräfte emanzipiert sich der westeuropäische Soldat

In den meisten westeuropäischen Gesellschaften lässt sich ein anhaltender Prozess der Zivilisierung und Demokratisierung der Streitkräfte beobachten. Diese Entwicklung resultiert zunächst aus dem gesamtgesellschaftlichen Anpassungsdruck, hat aber ebensosehr innermilitärische Ursachen.

Dem Trend nach verloren und verlieren, wie gezeigt, offenbar gerade solche Werte und Handlungsmuster im Zivilen an Relevanz, welche in der militärischen Sozialordnung nach wie vor eine funktionale Notwendigkeit darstellen: Gehorsam, Disziplin, Selbstdisziplin, Ordnung, Tradition. Demgegenüber gewannen mit der Rangerhöhung von Erziehungszielen wie individuelle Autonomie, Selbstfindung, Entfaltung der Persönlichkeit, Demokratisierung und Mitbestimmung Werte an Bedeutung, für welche das militärische, hierarchische Kollektiv mit seinem rigiden Disziplinbegriff eher ungünstige Voraussetzungen zu bieten hat. Zudem nimmt in der modernen, an rationaler Effizienz orientierten Industriegesellschaft die Bedeutung des affektiv-rituellen Symbolhandelns für das Individiuum ab. Personalisierte Autoritätsbezüge werden zunehmend durch anonyme, d.h. von Personen gelöste, bürokratische Herrschaftsformen ersetzt, während sie im militärischen Bereich nach wie vor dominieren. Die gestiegene Verunsicherung über das Prinzip "Gewalt" als Ultima ratio lässt zudem die militärischen Sozialisationsmechanismen teilweise als moralisch unvereinbar mit modernen Leitbildern der Menschenerziehung erscheinen. Auf der Ebene von Normen und Werten hat sich deshalb vornehmlich in den westlichen Wehrpflichtenheeren der Kontrast zwischen dem zivilen Umfeld und der ungleich stärker normierten, symboldichten militärischen Sozialordnung verschärft.[19] Das Unvereinbarkeitsempfinden verstärkt die psychische Distanzierung zum militärischen Lebensbereich, bewirkt beim Einbezug in den Befehlsverband eine Rollendiskrepanz, die sich in Spannungen und Konflikte umsetzt. Die Anfälligkeit der Wehrpflichtigen für psychischen Stress, für Motivationskrisen und für Frustrationsintoleranz hat zugenommen.[20] Dies speziell in jenen militärischen Handlungsbereichen, in welchen die geforderte Leistung innerhalb eines stark formalisierten und standardisierten Handlungsrahmens (Drill, repetitive Bewegungsformen) erbracht werden muss und in welchem die Integration in den Befehlsverband über eine ritualisierte Symbolik und Traditionspflege erfolgt, die als befremdlich empfunden wird, weil sie in den Verdacht gerät, Affekte für Werte zu mobilisieren, die nicht mehr akzeptiert werden.

Insgesamt bauten sich mit voranschreitender zivil-militärischer Wert-

---

19 Zur Diskussion der Inkompatibilitätsthese, d.h. der These von der Unvereinbarkeit moderner Industriegesellschaften und Militär vgl. W. Vogt, Zivil-militärisches Verhältnis (Inkompatibilität), in: E. Lippert/G. Wachtler, Frieden - Ein Handwörterbuch, Opladen 1988.

20 Vgl. für Österreich: K. Semlitsch, Empirische Studien zur Verteidigungsbereitschaft junger Österreicher im Zeitvergleich, in: A. Khol et el. (Hrsg.): Österreichisches Jahrbuch für Politik '87, Wien u. München 1988; für die Schweiz: E. Leutenegger, Jugend und Armee, Die Entwicklung der Einstellung zur Armee während der Rekrutenschule, St. Galler Diss., Bamberg 1986. K.W. Haltiner/ J. Stadelmann, Motivationsstudie 90, EMD/GA, Bern 1990 (mimeo). Ähnliche Befunde weisen diverse Studien des Sozialwissenschaftlichen Instituts der Bundeswehr im München, SOWI, aus (P. Klein).

orientierungsdivergenz und dem erwähnten Trend zu einer instrumentellen Bewertung der Streitkräfte gerade jene sozialen Anreize ab, durch welche die individuelle Dienstleistung bisher einen positiv sanktionierten Pflichtcharakter erhielt. Der Wehrdienst hat dadurch in der westlichen Gesellschaft seinen Prestigewert eingebüsst. Der allgemeine Konformitätsdruck auf den einzelnen zur pflichtgetreuen Absolvierung seiner Dienstleistung hat abgenommen, das Militärentzugsverhalten hingegen zu. Mit dem Empfinden für die Gegensätzlichkeit von zivilem und militärischem Lebensbereich begann überdies der Rechtfertigungsbedarf für militärische Sonderformen zu steigen. Es verdichteten sich die Forderungen, die Gestaltung des Militärs stärker dem Zivilen anzupassen, es sozialverträglicher zu machen.

Zu diesem gesellschaftsbedingten äusseren Druck gesellte sich ein binnenmilitärischer, die Gestaltung der Streitkräfte dem zivilen Lebensbereich weitestgehend anzupassen. Die waffentechnologische Entwicklung hatte in den Streitkräften eine dem Zivilen analoge und funktionale Differenzierung und Spezialisierung bewirkt. Die Wehrpflichtigenstreitkräfte verloren dadurch ihren Massenheercharakter endgültig.[21] Sogar in der Schweizer Miliz beträgt der Anteil Infanterie heute bloss noch rund 40%, der Anteil nonkombattanterlogistischer Truppenteile ist dagegen im steten Anstieg begriffen.[22] Die zunehmende Angleichung an zivilwirtschaftliche und industrielle Organisations-, Bürokratisierungs- und Managementpraktiken machte es indessen immer schwieriger, die formale und normative Gestaltung des Militärs als Sonderfall zu rechtfertigen. Es sind deshalb im Militär ähnliche Veränderungen in der Autoritäts- und Führungsstruktur zu beobachten wie in der zivilen Gesellschaft. Überzeugungsarbeit und Sachautorität traten an die Stelle von Befehlstaktik, Statusbetonung und Amtsautorität. Die Stellung des Untergebenen erfuhr eine erhebliche Aufwertung.[23]

Im Gefolge der vorab in den siebziger Jahren wachsenden Demokratisierungs- und Individualisierungstendenzen wie auch durch den innermilitärischen Strukturwandel erhielten Forderungen nach einer verbesserten Rechtsstellung und Schutz gegen Vorgesetztenwillkür raschen

---

21 M. Janowitz, The Decline of the Mass Army, in: Military Review 52, 1972; J. van Doorn, The Soldier and Social Change, Beverly Hills and London 1975; C. Kelleher, Mass Armies in the Seventies. The Debate in Western Europe, in: Armed Forces and Society, Vol. 5, Nr. 1, 1978.

22 Haltiner (Anm. 3), S. 55.

23 M. Janowitz/R.W. Little, Militär und Gesellschaft, Boppard 1965; W. Mosen, Eine Militäsoziologie, Technische Entwicklung und Autoritätsprobleme in modernen Armeen, Neuwind und Berlin 1967.

Auftrieb. In den vielen westeuropäischen Staaten formierten sich, zunächst häufig gegen den Widerstand vorgesetzter Stellen, Soldatengewerkschaften und Wehrpflichtigenverbände. Diesen gelang es, ihre Position mit den klassischen Mitteln des "Trade Unionismus" rechtlich zu konsolidieren[24], die Rechtsstellung des Soldaten zu verbessern und zivilen Anstellungsbedingungen anzunähern. Man denke etwa an die Arbeitszeitenregelung in den niederländischen, dänischen und österreichischen Streitkräften, an die Rechtsmittel des Soldaten gegen Vorgesetztenentscheide, an die Aufwertung der Zivilgerichtsbarkeit auf Kosten der Militärgerichte, an die Ausformulierung von Persönlichkeitsrechten und Garantien für die freie Meinungsäusserung sowie die materielle Besserstellung. Der Europäische Gerichtshof hielt 1976 fest, dass Art. 11 der Europäischen Menschenrechtskonvention, das Gewerkschaftsrecht, auch auf Angehörige der Streitkräfte Anwendung zu finden habe. Ein im Eurpäischen Parlament 1984 mit grosser Mehrheit verabschiedeter Antrag über das Koalitionsrecht der Angehörigen von Streitkräften wird u.a. begründet mit der "Erwägung der Tatsache, dass Soldaten nicht von der demokratischen Gesellschaft isoliert werden dürfen und die Demokratie, die sie schützen, selbst erlebbar bleiben müsse".[25] Die parlamentarische Versammlung des Europarates hat 1979 und wiederholt 1988 den Angehörigen von Streitkräften und Milizen explizit das Recht auf Gründung beruflicher Organisationen garantiert. Man kann, die Koinzidenz der Trends überblickend, von einer wachsenden Emanzipation und von einer Zivilisierung der Arbeitsbedingungen des Soldaten sprechen, die insgesamt die Individualisierungstendenzen in den zivilen westlichen Gesellschaften widerspiegeln.

Vierter gemeinsamer Trend: Institutionelle Sicherung des Bürgerprimats in den Streitkräften

Anders als in den osteuropäischen Staaten kann in westlichen Staaten nicht nur von einer gelungenen Entpolitisierung, sondern auch von einer institutionellen Absicherung des Bürgerprimats in den Streitkräften gesprochen werden. Es entspricht mittlerweile dem Selbstverständnis westlicher Streitkräfte, dass dem Bürger-Soldaten auch innerhalb des

---

24 Beispielhaft für die Niederlande, den europäischen Vorreiter in dieser Entwicklung: G. Teitler, Conscript Unionsm in the Dutch Army, in: G. Harries-Jenkins/J. van Doorn, The Military and the Problem of Legitimacy, Berverly Hills 1976. Eine Übersicht zum Stand des Koalitionsrechtes für Mitglieder von Streitkräften findet sich im Bericht über das Koalitionsrecht der Angehörigen von Streitkräften, Sitzungsdokumente 1983-84 des Europäischen Parlamentes, 20. Febr. 1984.

25 Absatz des Antrages über das Koalitionsrecht der Angehörigen der Streitkräfte im Europäischen Parlament, angenommen am 12.4.1984. Europäisches Parlament, Sitzungsdokumente 1983-84, PE 84 688, Ausgabe in deutscher Sprache, S. 5.

Militärs die bürgerlichen Grundrechte, für die er notfalls sein Leben einzusetzen hat, weitestgehend gewahrt bleiben sollen. Der Vorrang ziviler vor militärischer Prinzipien in der Soldatenerziehung und im Selbstverständnis des Berufssoldatenstandes hat seine wohl stärkste Ausprägung im Modell der Inneren Führung der Bundeswehr erfahren. Ähnliche institutionalisierte Praktiken kennen die Schweiz, Österreich, die Niederlande und die nordischen Staaten.

Fünfter gemeinsamer Trend: Institutionalisierung von legitimen und respektierten Alternativen zum Militärdienst

In allen westeuropäischen Gesellschaften begann in den späten 60er Jahren die Zahl der Wehrdienstverweigerer gleichzeitig und sprunghaft anzusteigen. Diese erstaunliche Koinzidenz kann ohne Bezugnahme auf die sich beschleunigenden Individualisierungs- und Demokratisierungstendenzen kaum erklärt werden, auch wenn in dieser Zeit die rechtliche Liberalisierung, teils als Reaktion auf den wachsenden Problemdruck, deutliche Fortschritte machte.[26] Denn zugleich begann sich, wie das Beispiel der Schweiz zeigt, der Charakter der Verweigerung zu verändern. Erfolgte sie früher primär als Folge der Zugehörigkeit zu bestimmten religiösen Gruppen, die solches forderten, also aus eher konformistischen Motiven heraus, so begannen nun private, individualethische und symbolische Formen des Widerstandes gegen die Staatsgewalt überhandzunehmen.[27] Nachdem das Recht auf Kriegdienstverweigerung zu Beginn dieses Jahrhunderts nur gerade in den skandinavischen Staaten und den Niederlanden erste Anerkennung gefunden hatte, setzte die offizielle Tolerierung in den übrigen westeuropäischen Staaten erst ab den fünfziger Jahren ein. Die meisten verankerten in den sechziger Jahren gesetzlich das Recht auf Wehrdienstverweigerung oder bauten es weiter aus, nachdem der Europarat 1967 Grundsätze für deren Anerkennung verabschiedet hatte. Alle westeuropäischen Staaten ausser Griechenland und der Schweiz kennen heute die Einrichtung des Zivildienstes.

In der öffentlichen Meinung, die anfänglich den Zivildienern gleichgültig bis ablehnend gegenübergestanden hatte, setzte in den achtziger Jahren ein nachhaltiger Umschwung ein. Wehrdienstverweigerer stossen vielfach nicht mehr bloss auf Tolerierung, sondern auf Respekt und Hochachtung. In einzelnen Staaten liegt das Ansehen der Zivildiener

---

26 Vgl. die Übersicht bei Haltiner 1985 (Anm. 3), S. 17.

27 K.W. Haltiner, The Secularization of Conscientious Objection - The Case of Switzerland. Paper prepared for the International Symposium on International Perspectives on Conscientious Objection, Utrecht 1990.

heute über jenem der Soldaten.[28] Ausserdem sind die Zivildienste in vielen westeuropäischen Staaten zu unverzichtbaren Stützen staatlicher Sozial- und Gesundheitspolitik geworden, sodass eine Abkehr von der Wehrpflicht diese in erhebliche Schwierigkeiten bringen müsste.[29]

Zivildienste werden im westlichen politischen Selbstverständnis heute als Ausdruck der Toleranz gegenüber Minderheiten und als Garantie der Menschenrechte verstanden. Wie schon bei der innermilitärischen Aufwertung des Soldaten, manifestiert sich auch in dieser Entwicklung eine zunehmende Priorisierung des Individuums vor Forderungen des Kollektivs.

SCHLUSSFOLGERUNGEN UND AUSBLICK

Sucht man nach Grundtendenzen, die eine gemeinsame militärische Identität westeuropäischer Demokratie an der Schwelle zum 21. Jahrhundert konstituieren, so steht zweifellos der Bedeutungsschwund des Militärischen als gesellschaftliche Bezugsgrösse und als Sinnbild nationaler Identität im Vordergrund. Traditionell der Wehrpflicht zugeschriebene und für deren Legitimierung bedeutsame Symbolfunktionen werden den Streitkräften heute abgesprochen. Das Militär stellt in keinem westeuropäischen Staat mehr jenes Faszinosum dar, von dem bis Mitte dieses Jahrhunderts eine besondere, sozial positiv sanktionierte Anziehungskraft ausging. Streitkräfte werden heute nüchtern als Instrumente staatlicher Sicherheit gesehen und auf ihre funktionale Effizienz hin beurteilt. Durch den militärischen Bedrohungswandel und das Auftauchen neuer, zivilisatorischer Bedrohungen von globaler Dimension haben sie eine innen- und aussenpolitische Entwertung hinnehmen müssen. Die Entwicklung des Verhältnisses Gesellschaft-Militär ist geradezu beispielhaft für jenen Rationalisierungs- und Entsymbolisierungsprozess, den Max Weber treffend als Entzauberung beschrieben

---

28 Auf die Frage "wer leistet Ihrer Ansicht nach mehr für die Gesellschaft: der Präsenzdiener beim Bundesheer oder der Zivildiener?" stellten 1000 befragte Österreicher 1989 die Zivildiener (39%) vor die Präsenzdiener (24%), 36% stellten beide gleich; Befragung des Dr. Fessel + GFK-Institutes für Meinungsforschung, Studie 89/95.290, "Inside Austria". Ähnlich urteilen die Deutschen: Vgl. G. Herdegen, Der Meinungstrend dreht sich, in: Rheinischer Merkur/Christ und Welt, Beilage vom 31.3.1989, S. 21, wiederabgedruckt bei W. Vogt (Anm. 18), S. 88.

29 J. Kuhlmann/E. Lippert, Conscientious Objection in the Federal Republic of Germany, Paper prepared for the International Symposium on International Perspectives on Conscientious Objection, Utrecht 1990.

hat.[30] In Anlehnung an die in der Religionssoziologie gebräuchliche Verwendung des Begriffs als Bedeutungsverlust des Sakralen, könnte man von einer **Säkularisierung des Militärischen** sprechen. Militärische Selbstbehauptung ist heute in Westeuropa zu einer nachrangigen Staatsaufgabe geworden. Komplementär zum politischen und symbolischen Bedeutungsabbau der Streitkräfte erfuhr der einzelne in seiner Stellung als Soldat, als Bürger in den Streitkräften, aber auch als Verweigerer des Waffendienstes in den westeuropäischen Demokratien eine nachhaltige Aufwertung. Hierin liegt die gemeinsame militärische Identität Westeuropas.

Diese gemeinsame militärische Identität befindet sich heute zweifellos in einer Krise - einer Krise, die nicht erst durch den militärischen Bedrohungszerfall im Osten ausgelöst, durch diesen aber akut geworden ist. Verunsicherung allenthalben ist spürbar. Auf die grundlegenden Veränderungen der sicherheitspolitischen Landschaft Europas haben die Westeuropäer bisher bloss quantitativ, nicht qualitativ reagiert. Statt zu fragen, ob neue verteidigungspolitische Bedürfnisse neue Militärstrukturen erfordern, werden unter dem Stichwort "Redimensionierung" die herkömmlichen fortgeschrieben: weniger Rüstung, weniger Personal, weniger Präsenzzeiten. Kein Verteidigungsetat Westeuropas ist von Kürzungen verschont geblieben. Nur: genügt das? Die Streitkräfte Westeuropas sehen sich heute derart grundlegend veränderten internationalen und gesellschaftlichen Rahmen- und Legitimationsbedingungen gegenüber, dass tiefreichende Anpassungsprozesse füher oder später unabdingbar werden. Dabei stellen sich unter anderem folgende Probleme und Fragen:

- Vieles deutet daraufhin, dass mit dem Ende des bipolaren politischen Weltsystems die Wahrscheinlichkeit von High-level-Konflikten ab, diejenige von Low-level-Konflikten und von regionalen kriegerischen Auseinandersetzungen indessen zugenommen hat. Die Chancen für eine dauerhafte Befriedung Westeuropas waren noch nie so gut wie heute. Dank der Demokratisierung im Osten stehen die Westeuropäer dem Ideal der kriegsfreien Gesellschaften, von denen Tocqueville und andere Sozialphilosophen des 19. Jahrhunderts - vgl. das diesem Aufsatz vorangestellte Zitat - träumten, heute so nahe wie nie zuvor in ihrer Geschichte. Diese regionale Entwicklungschance kontrastiert jedoch scharf mit der globalen: Der weltweiten Bevölkerungsexplosion steht eine Verknappung der Ressourcen und der natürlichen Lebensgrundlagen gegenüber. Verteilungskämpfe, eine Zu-

30 M. Weber, Wirtschaft und Gesellschaft, Tübingen 1972[5], S. 308ff. und 468ff.

nahme von Migrationsströmen und ökologisch bedingten Katastrophen sind zu erwarten. Europa als ganzes wird von den Auswirkungen dieser Entwicklung kaum verschont bleiben. Welche politischen, sicherheitspolitischen und militärpolitischen Bedürfnisse und Konsequenzen ergeben sich daraus mittel- und längerfristig für die westeuropäischen Demokratien? Welche sicherheitspolitischen Gefahren bergen insbesondere der wirtschaftliche Zerfall und die Renationalisierungstendenzen Osteuropas?

- Allen Rückschritten zum Trotz zeichnet sich mittelfristig die politische Integration Westeuropas als Möglichkeit ab. Dabei ist von gesamteuropäischen Sicherheitskräften zwar immer häufiger die Rede, ohne dass indessen bis heute institutionell konkretisierte Entwürfe vorlägen.[31] Zweifellos sind solche von der Beantwortung der Frage abhängig, welche äussere Souveränität den einzelnen Nationen überlassen bleiben soll und wie weit der nationale Rahmen für Streitkräfte weiterhin angemessen ist. Immerhin würde die Preisgabe der alleinigen Verfügungsmacht über das nationale Gewaltmonopol symbolisch den wohl wichtigsten Schritt zu einer gemeinsamen europäischen Staatlichkeit darstellen. Welche Verteidigungsstrukturen wird ein vereinigtes Europa unter der Perspektive der Weltentwicklung benötigen? Wird es je gesamteuropäische Streitkräfte geben? Wenn ja, welche Form werden diese aufweisen? Welche sind unter dem Blickwinkel bisheriger nationaler Militärtraditionen überhaupt denkbar und wahrscheinlich? Könnte sich im vereinigten Europa ein ähnliches Mehrebenen-Streitkräftemodell etablieren, wie es die Schweiz mit ihrer Trennung von Militärkompetenzen für Bund und Kantone kennt? Welches wären die Konsequenzen eines solchen Schrittes für bestehende Bündnisstrukturen und für die Osteuropäer? Welche weltpolitische Funktion und welche besonderen Aufgaben kämen den Streitkräften der neuen Grossmacht zu? Wäre das Organisationsprinzip der allgemeinen Wehrpflicht hierfür noch angemessen?

- In Reaktion auf neue Bedrohungsformen und Risiken nichtmilitärischer Art haben viele westliche Staaten das Aufgabenspektrum ihrer Streitkräfte formell oder informell zu erweitern begonnen. Aufgaben wie Grenzschutzdienst und Abwehr illegaler Immigration, Hilfe bei der Drogen- und Terrorbekämpfung, Katastrophenhilfe und Umweltschutzaufgaben werden diskutiert oder bereits wahrgenommen. Nach-

31 Am EG-Gipfeltreffen in Maastricht im Dezember 1991 wurde eine verstärkte Koordination der Sicherheits- und Aussenpolitik durch den Europäischen Rat beschlossen und die gemeinsame Verteidigungspolitik als Fernziel ausdrücklich erwähnt.

haltig an Bedeutung gewonnen haben friedenssichernde Funktionen aller Art, von Arms control-Aufgaben bis hin zu Peace-keeping-Missionen, von der Durchführung bewaffneter Interventionen mit Polizeicharakter im Auftrag der Vereinigten Nationen bis hin zur Wehrpolitikberatung in osteuropäischen Nationen. Wird Gewaltandrohung, so mag man mit Blick auf diese Entwicklung fragen, auch inskünftig noch primäres Ziel von Streitkräften bleiben oder bloss eines unter anderen werden? Wieweit ist diese Multifunktionalisierung im Rahmen bisheriger Militärstrukturen verkraftbar und sowohl innenpolitisch wie ökonomisch legitimierbar? Welches sind die möglichen Auswirkungen eines Wandels vom Krieger-Soldaten zum Helfer- und Diplomaten-Soldaten auf die soldatische Identiät, auf die Rekrutierung und Ausbildung von militärischem Personal?

- Die enorme Produktivkraft und der hohe Lebensstandard moderner Gesellschaften des westeuropäischen Typs beruhen auf einem sehr hohen Grad an funktionaler Arbeitsteilung und Spezialisierung. Technisch, ökonomisch und sozial ist das Zeitalter der Massenproduktion und des Massenkonsums jenem der individualorientierten Produktefertigung auf der Basis hochflexibler und hochgradig automatisierter Herstellungsverfahren gewichen. Demgegenüber ruht die Verteidigung der meisten Staaten Westeuropas nach wie vor auf dem Massenheer, der dem Prinzip der levée en masse entstammenden allgemeinen Wehrpflicht. Ist deren Beibehaltung mit Blick auf die anspruchsvoller gewordenen Aufgaben unter Kosten- und Effizienzgesichtspunkten militärisch weiterhin wünschbar und vertretbar? Wie weit bedingen sich Wehrpflicht und demokratische Staatsform politisch gegenseitig? Wie lässt sich künftig ohne unmittelbare grenznahe Bedrohung die allgemeine Wehrpflicht in Westeuropa vor einer sicherheitspolitisch sensiblen öffentlichen Meinung weiterhin rechtfertigen, wie können Wehrpflichtige ohne grosse Reibungsverluste dazu motiviert werden, ein Jahr oder mehr ihres Lebens für die Abwehr einer nur noch schwer fassbaren Bedrohung hinzugeben? Wie gross ist die Gefahr einzuschätzen, dass zwecks Vermeidung von Entfremdungseffekten die Wehrpflichtigenarmeen der westeuropäischen Demokratien derart sozialverträglich gestaltet werden müssen, dass sie darüber ihre Kriegsfähigkeit verlieren? Diese Fragen werden heute in Deutschland, Frankreich und Italien teils in Fachkreisen, teils öffentlich dikutiert. Welches aber wären die Alternativen zur allgemeinen Wehrpflicht? Stellt eine allgemeine Gemeinschaftsdienstpflicht mit einer freiwilligen Soldatenoption eine politisch, ökonomisch und militärisch tragfähige Lösung dar? Oder bietet sich eine solche letztlich nur im Rahmen von Berufsstreitkräften nach amerikanischem oder britischem Vorbild an? Als wie gewichtig würde sich dabei das auf dem alten Kontinent verbreitete liberal-demokratische Misstrauen gegenüber militärischer Macht erweisen?

Diesen und anderen Fragen werden die westeuropäischen Demokratien auf der Suche nach einer gemeinsamen neuen militärischen Identität nicht ausweichen können.

DIE INTEGRATION EUROPAS ALS HERAUSFORDERUNG AN DIE KIRCHEN

Sozialethische Überlegungen: Ziele und Wertkonflikte

HANS-BALZ PETER

EINLEITUNG[1]

Die Schweiz steht vor wichtigen Entscheidungsfragen im Blick auf die Beteiligung am Prozess einer europäischen Integration - einer europäischen Einigung, wie sie seit dem Zweiten Weltkrieg vorerst in einem beschränkten Rahmen mit dem Zweck der Grundlegung für dauernden Frieden und Wohlfahrt angestrebt wird und inzwischen zum Teil bereits verwirklicht ist. Aufgrund der west- und der gesamteuropäischen Entwicklung der vergangenen Jahre kommt die Schweiz um eine klare Weichenstellung für ihr Verhältnis zur EG nicht mehr herum. Herausgefordert durch das feste Vorhaben der EG, im Jahr 1992 den seit den Römer Verträgen angestrebten Europäischen Binnenmarkt zu verwirklichen, geht es in den kommenden Monaten und Jahren konkret um den *Entscheid*:

- Beitritt zur EG (die dann allenfalls bereits durch andere neutrale und durch mittel- und osteuropäische Länder erweitert ist),

- Schaffung des EWR (Europäischer Wirtschaftsraum), bestehend aus der EG (12 Länder) und den EFTA-Staaten (7 Länder) als Einheit

- oder pragmatischer Alleingang der Schweiz mit der Hoffnung auf punktuelle Abkommen, wobei diese Option eine mehr isolationi-

---

1 Eine Rohfassung dieses Textes wurde als Referat gehalten anlässlich der Wochenend-Tagung vom 15./16. Juni 1991, gemeinsam veranstaltet vom Institut für Sozialethik des SEK, dem Amt für Arbeit und Wirtschaft der Ev.-ref. Kirchen Bern-Jura und der Ref. Heimstätte Gwatt; s. Dokumentation: Die Integration Europas als Herausforderung an die Kirchen, ISE-Texte 12/91.

stische oder eine mehr internationalistische Tendenz haben könnte.

WAS SOLL DIE SCHWEIZ TUN?

Dass die europäische Integration eine Herausforderung an die Kirchen darstellt, ist vermutlich noch keine allgemein verbreitete Erkenntnis. Auch wenn sie für die schweizerischen Kirchen in vieler Hinsicht neu erscheint, ist damit ein Problemfeld von ausserordentlicher Weite, Komplexität und Dynamik angeschnitten, auf dem sich unsere Nachbarkirchen - in den Ländern der EG - schon mit einer gewissen Selbstverständlichkeit bewegen. Für die Schweiz und die Kirchen in diesem Land geht es vorerst darum, ein bestimmtes Verhältnis zu oder mit der EG zu finden. Die Fülle der im Beziehungsfeld "Schweiz - Europa" gestellten Fragen - sie umfassen die wirtschaftliche, politische, soziale und ökologische sowie in all diesen eben die ethische Dimension - kann nicht im Rahmen dieses Beitrages bewältigt werden, sie zwingt vielmehr zu rigoroser Beschränkung. Dabei müssen notwendigerweise bestimmte Aspekte und Details zu kurz kommen. Ich will die Aufmerksamkeit auf einige Dinge lenken, die meines Erachtens in der bisher wirtschaftspolitisch dominierten Mediendiskussion zu wenig beachtet wurden. Soweit es sich um Werte oder Ziele handelt, folge ich bereits einem dynamischen ethischen Programm: zu kurz gekommenen Werten zur Beachtung zu verhelfen. Damit ist freilich noch nicht das (immer nur vorläufig) "abschliessende" Urteil vorweggenommen.

Ich beobachte in der aktuellen Europa-Diskussion in der Schweiz, die sich so unbequem und unausweichlich auf eine grundlegend politische Entscheidung zugedrängt sieht, eine weit verbreitete *Verlegenheit*, ja *Ratlosigkeit*: Verlegenheit einerseits ob der Fülle von Informationselementen, die gleichzeitig "bewältigt" werden müssen und sich doch immer noch verändern, anderseits ob ihrer nicht recht einschätzbaren Verbindung zu einer Anzahl von Werten, Normen und Zielen, die wir als Verbindlichkeiten in Kopf und Herz haben.

Dabei fällt mir auf, dass die Einschätzung der Werte und Errungenschaften der Schweiz bei vielen Menschen angesichts der Frage, was wir denn in diesem Jubiläum des 700jährigen Bestehens feiern sollen, weit kritischer ausfällt als dann, wenn ein engeres Verhältnis zur EG zur Sprache kommt: Viele generell kritische Zeitgenossen sind dann überraschend geneigt, ganz im Sinn des historischen Sonderfalls die alten staatspolitischen Vorzüge zur Geltung zu bringen, als da sind: Unabhängigkeit, damit wir (auch sozial oder ökologisch) so gut sein können, wie wir können und wollen; funktionierende direkte Demokratie und Mitbestimmung; Kleinheit, unbedrohlich und von Hegemonie bedroht. Andererseits: wirtschaftliche Vorteile aus einem grossen europäischen Binnenmarkt, Offenheit für Personen- und Kapitalverkehr winken: das Abwägen fällt schwer. Darum Ratlosigkeit.

Sie trifft meiner Beobachtung nach nicht nur auf einen grossen Teil der Bevölkerung[2] zu (und deshalb hat die Europafrage vermutlich die Finanzordnungs-Abstimmung[3] weit weniger beeinflusst als zum voraus angenommen); sie betrifft auch die Wirtschaftsunternehmungen und ihre Verbände bis hin zum Vorort.[4] Von Kennern der Privatwirtschaft werden die entschiedenen EG-Befürworter und -Gegner auf vielleicht je 10 - 20%, die Unentschiedenen aber auf 60 - 80% geschätzt. Sie gilt auch für die Parteien - die Spannweite der Meinungen, Vorurteile und Urteile sind innerhalb der Parteien überdies wohl kaum kleiner als zwischen ihnen. Sie gilt auch für jene, die sich bereits heroisch für einen Standpunkt - wobei diese Festlegung symbolhaft als "Bekenntnis" zu Europa bezeichnet wird[5] - entschieden haben: Sie sind bei der gegenwärtigen Dynamik der Verhandlungen weniger Resultat allseitigen Abwägens und noch nicht endgültige Handlungsgrundlage als mit zahl-

---

2 Vgl. R. Wegmüller, Europa-Umfrage 1991. Schlusskommentar des Institutes DemoSCOPE, Integrationsbüro EVA/EDV (Hrsg.), Bern 1991. Immerhin sprachen sich im Mai 1991 49% der Befragten in einer repräsentativen Stichprobe für einen direkten oder indirekten (über den EWR) Beitritt der Schweiz zur EG aus; dabei waren 24% für Direktbeitritt, 25% für den EWR als Übergang, 17% als Dauerlösung, und 32% sprachen sich für einen Alleingang aus. Erstaunlich, dass bei der differenzierten Befragung die Vorteile in der kulturellen Entwicklung als grösser eingestuft wurden als bezüglich der wirtschaftlichen Entwicklung.

3 Volksabstimmung vom 2. Juni 1991, bei der ein neugeordnetes Finanzierungsmodell für den Bund und damit auch die Umwandlung der indirekten Steuer in eine "europakompatible" Mehrwertsteuer abgelehnt wurde; dabei kam wohl mehr "Betroffenheitsdemokratie" bezüglich irgendwelcher partieller Nachteile zum Zuge als "Europafeindlichkeit". Vgl. Dieter J. Niedermann, Die Schweiz und Europa - staatspolitische Aspekte. GfS Schweiz. Ges. f. prakt. Sozialforschung, Zürich 1990, S. 7.

4 Vorort (Hg.), Die schweizerische Wirtschaft und der europäische Wirtschaftsraum. Stand und Perspektiven. Schweiz. Handels- und Industrieverein, Zürich 1990.

5 Als Beispiel sei hingewiesen auf: SPS Vorstand, Manifest der SP Schweiz zu Europa. Die Position des Parteivorstandes (SP INFO). SPS, Bern 1990, S. 190; vgl. dazu auch Andreas Gross, Anstösse zu einer Demokratisierung Europas und der schweizerischen Europapolitik. Neue Wege 85. Jg., Nr. 5, 1991, S. 140-143, hier: S. 140; oder wie Konrad Stamm im "Bund" vom 3.9.1991 einen CVP-Politiker zitiert: zwar habe sich die CVP für einen EG-Beitritt entschieden, "doch das war ein Entscheid, der keinerlei Rücksicht nimmt auf die Stimmung an der Basis": die Problematik bei den anderen Parteien dürfte nicht grundsätzlich verschieden sein.

reichen Wenn und Aber behaftete Optionen.

Das gleiche gilt wohl - mindestens bis zur Klärung der Verhandlungen über einen EWR-Vertrag - auch für das Parlament und, wenn man den Parlamentariern glaubt, auch für den Bundesrat. Diesem wird deshalb - weil das Parlament vielleicht lieber Anleitung hätte als die Pflicht, selber die Richtung zu weisen - öffentlichkeitswirksam Führungsschwäche vorgeworfen. In der Tat: Nicht nur die Situationsanalyse, wobei die Situation eine dauernde Bewegung ist, sondern auch die Ziele und der auf sie gerichtete Wille sind offenbar ungewiss.

Bei dem vielen, was wir politisch, wirtschaftlich, sozial und ökologisch gleichzeitig wollen, fehlen uns offensichtlich die Handlungsmöglichkeiten, alles gleichzeitig zu können; Wahlentscheidungen ohne eingespielte Rangfolgen verursachen indessen Unwohlsein und eben Verlegenheit, welche zu politischer Erstarrung führen. Solche Ratlosigkeit kann, gerade bei hoch differenzierter Wert-Sensitivität, zu eigentlicher Resignation führen - also zum Rückzug aus der Entscheidungsfindung. Keine gute Sache für eine Demokratie.

ANFRAGEN AN DIE SOZIALETHIK

Nun wird Sozialethik auf den Plan gerufen, um Orientierungshilfe zu geben.

Zunächst ist davon auszugehen: Sie befindet sich in derselben Verlegenheit. Sie weiss keine vorfabrizierten Antworten. Hinzu kommt, dass sich sowohl die theologische Disziplin Sozialethik als auch die Kirchen mit der Frage der europäischen Integration, wie EG und EFTA, ausgesprochen spärlich befasst haben. In den Kirchen scheinen mindestens so sehr wie anderswo entweder die nationalen Fragestellungen oder der Ost-West-Konflikt oder der Nord-Süd-Konflikt wesentlich mehr Aufmerksamkeit auf sich gezogen zu haben als das lange Zeit "nur in materieller, also wirtschaftlicher Hinsicht" wichtige Integrationsproblem.[6]

---

6 Vgl. Harry M. de Lange, Die Kirchen und die Einheit Europas. ZEE 27, 41-50, 1983; Frieling beklagt: "Während in der säkularen Europapolitik sich eine Dominanz des Oekonomischen abzeichnet und der gemeinsame Markt das beherrschende Thema ist, konzentrieren sich die kirchlichen Beiträge in Anlehnung an die KSZE ... auf die sogenannte 'geistige', 'menschliche' Dimension"; R. Frieling, Europa und die Kirchen. epd Nr. 21, 1990, S. 3. vgl. Franz Segbers, "Den Wohlstand aller zu fördern...". Zur Wirtschaftsethik des EG-Binnenmarkt-Projekts '92. ZEE 34, 1990, S. 265-274; vgl.

Ausnahmen stellen etwa dar: eine vor mehr als 20 Jahren erschienene Arbeit von Arthur Rich[7], die heute wieder aktuell ist; die erst auf Drängen einiger protestantischer EG-Beamter zustande gekommene Europäische Ökumenische Kommission für Kirche und Gesellschaft in Brüssel EECCS[8]; - sowie in den 80er Jahren einzelne Repräsentanten der Schweizer Kirchen.[9]

Was sollen wir tun - woran sollen wir unser Handeln orientieren? Dies sind geradezu die klassischen Fragen, die Ethik ausmachen. Die Frage nach der Ethik pflegt genau dann gestellt zu werden, wenn Antworten auf Entscheidungssituationen eben nicht auf der Hand liegen; wenn Entscheidungen sich nicht einfach als Extrapolation, aus der Verlängerung bisheriger Erfahrung und Gepflogenheit ergeben; wenn sie nicht

---

ebenfalls den konstruktiven Beitrag von v.Thadden am Deutschen Evangelischen Kirchentag 1991: von Thadden, Rudolf (1991), Was ist christlich an Europa? (Aus einem Referat von R.v.T. vor dem 24. Deutschen Kirchentag, 5.-9. Juni 1991). R&G Nr. 14, S. 3-9.

7 Arthur Rich, Theologische Erwägungen zum Integrationsproblem, in: ders., Glaube in politischer Entscheidung. Beiträge zur Ethik des Politischen, Zwingli-Verlag, Zürich 1962, S. 177-195, abgedruckt in: Politik und Ethik. Wissenschaftliche Buchgesellschaft, Darmstadt 1969, S. 383-403.

8 Die EECCS ist eine beratende Kommission der Europäischen Kirchen mit Sekretariat bei den europäischen Institutionen in Brüssel und Strassburg. Seit 1985 ist auch der Schweizerische Evangelische Kirchenbund (SEK) - als einzige Kirche eines Nicht-EG-Landes - Mitglied. Vgl. ECCS, Frieden und Sicherheit in Europa. EKD, Hannover 1983; EECCS/Europäische Ökumenische Kommission für Kirche und Gesellschaft, Arbeitslosigkeit und die Zukunft der Arbeit in der Europäischen Gemeinschaft. epd-Dokumentation 1/86, Frankfurt am Main 1986; EECCS/Europäische Ökumenische Kommission für Kirche und Gesellschaft, Die einheitliche Europäische Akte der Europäischen Gesellschaft EG. Kirche, Arbeit und Wirtschaft (Institut der evang. Landeskirche ZH), Zürich 1988: EECCS/CORE 92, Growing Affluence - Growing Poverty The Contradiction of Western Europe. EECCS, Brussels 1990.

9 Erwähnt seien im besonderen: A. Trüb, der den SEK beim Rat der EECCS vertritt; vgl. Adolph Trüb, Die EG und die Schweiz. In: Die einheitliche europäische Akte der europäischen Gemeinschaft EG. Stellungnahmeder Europ. Ökumenischen Kommission für Kirche und Gesellschaft, Zürich 1988; ders., Europa - Schweiz. Ein geschichtlicher Prozess unter Mitwirkung von Kirche und Wirtschaft. wf Wirtschaftsförderung, Zürich 1989; ders., Europa - Schweiz ein geschichtlicher Prozess unter Mitwirkung von Kirche und Wirtschaft. Wirtschaft. Mitt. 45/6 1990; ders., Westeuropa als Plattform für kirchliches Handeln. RF No. 21, 9-11, 1991; sowie J.-P. Thévenaz, der die Europa-Kommission des SEK (bis 1985 als Arbeitsgruppe Westeuropa gebildet) präsidiert (Westeuropa-Kommission, 1990); sowie der Schweizerische Evangelische Kirchenbund SEK und sein systematisches Engagement im Blick auf Europa - aber stärker bezüglich der "nicht-ökonomischen" Belange: SEK/Schweiz. Evang. Kirchenbund, die Aufgabe der Kirchen in Westeuropa (Interlaken-Konsultation), SEK, Bern 1983; SEK, Vorstand/Schweiz. Evang. Kirchenbund, die Verantwortung der Kirchen Westeuropas oder der Schweizerische Evangelische Kirchenbund und die europäischen Organisationen (Bericht und Antrag des Vorstandes an die Abgeordnetenversammlung vom 17.-19. Juni 1984 in Wildhaus).

mehr allein gestützt auf das gewordene Ethos, auf Leitsätze eingeübter Moral, gepaart mit herkömmlicher Klugheit und mit einem den wechselnden Situationen angepassten Sachverständnis der Probleme lösen lassen.

Im Ruf nach sog. "ethischen Überlegungen" zeigt sich allgemein eine Krise an, ein Ungenügen bisheriger Orientierungspunkte; im Ruf nach spezifisch sozialethischen Reflexionen eine Orientierungskrise mit besonderem Bezug auf gesellschaftliche, politische, institutionelle Gestaltungs- und Entscheidungsprobleme. Zu bewältigen ist also eine Funktionskrise der Leitsätze, Werte, Normen und Ziele, aufgrund derer bisher entschieden werden konnte.

Orientierungskrisen sind somit der spezifische Ort der Sozialethik. In solch schwierigen Situationen ist sozialethische Reflexion gefragt. Diese Erfahrung lässt uns die diagnostische Verlegenheit und Ungewissheit deuten: Wir stehen offensichtlich als Schweizerinnen und Schweizer, als politisch handelnde Schweiz in einer tiefen *Orientierungskrise* im Blick auf den wirtschaftlichen, politischen, sozialen und institutionellen Integrationsprozess der Entwicklung Europas.

Dies allein mag schon eine hilfreiche und entkrampfende Überlegung sein. Unsicherheit der Entscheidung ist nicht nur unserem Unvermögen zuzuschreiben, sondern viel mehr der Komplexität und darin der Neuartigkeit der Problematik, in der wir eine nicht alltägliche Weichenstellung vorzunehmen haben. Um Orientierung zu finden, müssen wir in solchen Situationen grundlegend neu von ihrem Sinn her über Werte, Ziele und Interessen nachdenken und öffentlich disputieren. Wertkonflikte, Interessengegensätze werden dann an den Tag kommen, je nach Gruppe werden sich andere Entscheidungswege als die prioritär wünschbaren herausstellen - erst wenn all dieses auf dem Tisch liegt, ist eigentlich ein politischer Klärungs- und Entscheidungsprozess möglich.

Nun ist allerdings sozialethische Reflexion nicht einfach von der Sozialethik, von Sozialethikern zu leisten und zu liefern. Es handelt sich vielmehr um eine *kommunikative Leistung*, die "von der Gesellschaft", also von mehreren in einem Kollektiv zu erbringen ist - eine integrative Leistung, in der Überlegungen über Grundwerte, Normen, Ziele und sich damit verbindende Interessen mit dem komplexen Sachwissen vermittelt werden müssen. Sozialethische Reflexion setzt Praxis voraus und ist auf soziales und politisches Handeln gerichtet. Praxisbezogene Sozialethik erfordert deshalb erstens gemeinschaftliche Anstrengung und ist zweitens eine interdisziplinäre Angelegenheit zwischen Ethikern und anderen Wissenschaftlern, zwischen diesen und den Praktikern, also zwischen den wachen politischen Weltbürgerinnen und -bürgern sowie den Politikern und Politikerinnen. Was ich aus diesem Verständnis der Sozialethik heraus anbieten kann, sind keine sittlich-politischen Urteile aus der Warte des ethischen Experten (oder Priesters!), sondern notwendig bescheidene Vorleistungen zu einer solchen kommunikativen Aufgabe: Rohmaterial zur Diskussion und weiteren Bearbeitung.

Jede Urteilsfindung setzt - nach reichlicher Erwägung verschiedener Handlungsmöglichkeiten (Können), die mit der inneren Entscheidungsfreiheit (Wollen) die äussere Entscheidungsfreiheit gleichzeitig konstituieren und begrenzen - sowohl eine Reduktion der Anzahl Elemente, die zu berücksichtigen sind, als auch eine Klärung ihres relativen Gewichtes voraus. Erforderlich ist die Reduktion der Fülle von Faktoren in ein - allerdings auch ethisch vernünftiges - Modell. Bestimmte Verfahren bieten sich dann zur Klärung an - z.B. die Nutzwert-Analyse. Ohne hier ein Modell durchzuspielen, möchte ich in mehr didaktischer Absicht die Vielfalt der Faktoren, die bei einem europapolitischen Entscheid in Betracht gezogen werden, in zwei Gruppen von Argumenten unterteilen. Es sind vor allem zwei "Bündel" von Argumenten, die sich im Raume stossen:

a) alle "ökonomischen Gründe"[10], die Wachstum, Wohlfahrt, sozialen Ausgleich usw. ermöglichen und die sich mit einer verstärkten europäischen Integration, d.h. der Partizipation in einem wirtschaftlich-politischen Grossraum, ergeben;

b) die Gründe, die sich mit der Vorstellung politischer und kultureller Eigenständigkeit verbinden, einschliesslich der Wahrung der Grundrechte, der Werte der Demokratie, der politischen Mitbestimmung, des Föderalismus, der eigenständigen Kultur, aber auch der staatlichen Unabhängigkeit im Bereich der Sicherheitspolitik bis hin zur Verkehrspolitik, der Migrationspolitik oder der Umweltpolitik. Kurz, es sind alles Gründe, die für den Erhalt des nicht-integrierten Kleinstaates sprechen (wobei die 28 Tonnen-Limite auch zum Symbol des

---

10 Ihrer quantitativen Abschätzung dient der vom Bundesrat in Auftrag gegebene Bericht von Heinz Hauser, EWR-Vertrag - EG-Beitritt - Alleingang. Wirtschaftliche Konsequenzen für die Schweiz. Kurzfassung des Gutachtens zu Handen des Bundesrates. Integrationsbüro EDA/EVD, Bern 1991, wo die "Wohlstandsgewinne" der Schweiz aus verstärkter Integration mit 4-6% in 10 Jahren beziffert werden - also einer Grössenordnung, die den Schätzungen der Wirkungen des Binnenmarktes auf die EG-Länder etwa entspricht ("Cecchini-Bericht").

Unabhängigkeitsstrebens geworden ist).

Die bisherigen Verhandlungen der Schweizer Delegation mit "Brüssel" habe ich häufig so gelesen, dass hier versucht wurde, den ökonomischen Fünfer mit dem staatspolitischen Weggli zu verbinden: Also statt "Optimierung" in einem Feld zum Teil konkurrierender Zielsetzungen eine Maximierung beider Zielbündel zu "erhandeln".[11] Dem halte ich entgegen, dass die Argumente der Gruppe (b) ausdrücklich in ihrem Verhältnis zu jenen der Gruppe (a) diskutiert und allenfalls miteinander vermittelt werden müssen.[12]

Sozialethische Überlegungen, befragt nach Kriterien für das staatliche und private Handeln im Blick auf die künftige Verhältnisbestimmung zur EG, wird sich vor allem an den Verbindlichkeiten für die Gestaltung eines *"guten Gemeinwesen"* orientieren: eines Gemeinwesens, das im positiven und im normativen Sinne "gutes, gelingendes Leben" ermöglicht und fördert. Ethische Überlegungen, wenn sie in der Absicht einer Praxis-Relevanz gedacht sind, also nicht nur zum Schein, setzen einen bewussten ethischen Standort oder Grundentscheid voraus: Den Willen, eine solche Gestaltungsfrage überhaupt in ethischer Hinsicht zu prüfen, also Ziele und Interessen zunächst zur Diskussion und Reflexion zu stellen. Dieser Wille ist bei einer ausdrücklichen Anfrage an so-

---

11 Vgl. zu diesem Eindruck z. B. Jörg Thalmann, Die Schweiz, von Brüssel aus gesehen: Zur Diskussion um EG, EFTA und EWR (Volksbank Management Informationen). Volksbank, Bern 1990, S. 4ff. Als "Integration ohne Partizipation" hat Jakob Tanner dieses Konzept in historischer Sicht genannt, in: Die Schweiz und Europa im 20. Jahrhundert. Das Ende der Gesichte vom "kleinen Igel". Widerspruch 10, H. 20, 7-19, 1990, S. 8. Dabei diente die alt-eidgenössische Taktik des "Temporierens" (Edgar Bonjour) "bisher dazu ..., die Schweiz vor Partizipations-Zumutungen durch systematisches Zuspätkommen nach Möglichkeit zu verschonen" (ebd., 15) - und sie funktionierte faktisch bis 1989, evtl. darüber hinaus; die gleiche Taktik wird auch pragmatisch positiv gewürdigt.

12 Es überrascht beinahe, dass die befragte Bevölkerung, anders als die schweizerische Handelsdiplomatie, durchaus bei einer Vielzahl von Bereichen Vor- und Nachteile einer EG-Vereinbarung zu gewichten weiss und dass dabei in den Bereichen 'Bildung und Forschung' sowie 'kulturelle Entwicklung' grössere Vorteile erwartet werden als bezüglich der 'wirtschaftlichen Entwicklung'; vgl. Wegmüller (Anm. 2), S. 50. Der mit der Bewertung der wirtschaftlichen Auswirkungen vom Bundesrat beauftragte Experte unterstreicht in seinem Bericht mehrfach, von einer engeren Bindung an die EG könne zwar ein Wohlstandsgewinn erwartet werden (4 - 6% in 10 Jahren), aber: "wirtschaftliche Interessen sind zwar ... ein wichtiges Argument, ... sie sind aber ein Element unter anderen und können insbesondere die Diskussion über die politische Stellung der Schweiz in Europa nicht ersetzen." Vgl. Hauser (Anm. 10), S. 62. Schon vor über 70 Jahren wurde aus sozialethischer Sicht diese Multi-Dimensionalität der Fragestellung hervorgehoben: L. Ragaz, Die neue Schweiz. Ein Programm für Schweizer und solche, die es werden wollen. Verlag W. Troesch, Olten 2nd Ed./Aufl. 1918.

zialethische Überlegungen selbstverständlich vorausgesetzt; in der gesellschaftlichen und parteipolitischen Diskussion muss er aber stets wieder angerufen und geweckt werden.

Im Horizont theologischer Sozialethik, d.h. einer ethischen Reflexion von Christen, die sich die Handlungs- und Gestaltungsfragen als Teil ihrer Rechenschaft über den Glauben stellen, bieten sich sowenig unmittelbare entscheidungs-anleitende Weisungen für die Lösung von Europa-Fragen wie für andere soziale, strukturelle Fragen an. Wie überhaupt im sozialethischen Diskurs ist es auch im theologisch-kirchlichen Bereich zunächst nötig, über den Sinn der Ziele und Werte, die wir theoretisch und im täglichen Handeln für wichtig halten, nachzudenken und im Hinblick auf das Neue der Fragestellungen zu kommunizieren.

Symptomatisch ist, wie im "Gebetsaufruf" einer "Gebetsinitiative Neutrale Schweiz" argumentiert wird. In einem Flugblatt, das im Juni 1991 in der Region Bern an Passanten verteilt wurde, heisst es: "Jesus Christus, welcher will, dass allen Menschen in der Schweiz geholfen werde und sie zur Erkenntnis der Wahrheit kommen". Und "Nein zur EG - Schweizer Christen beten und votieren dagegen". Der Grund: "Gottes Plan für die Schweizer Nation beinhaltet die Beibehaltung der Neutralität ...". Anlass dieser frommen Aktion mag berechtigte Sorge sein. Trotzdem kommt die Absicht, Gott einzuspannen und für eine bestimmte politisch-wirtschaftliche Option quasi verfügbar zu machen, einer Leugnung Gottes gleich.

Der Weg ethischer Urteilsfindung ist schwieriger, selbstverantwortlicher. Wovon wir uns leiten lassen können, sind die Vorbilder, Erinnerungen, Mahnungen, die immer wieder die Lebensfreundlichkeit politischer und ökonomischer Strukturen ins Zentrum von Gestaltungsfragen stellen: Die Befreiung aus Zwängen, die Anerkennung des Menschen und seiner Würde, seiner Freiheit, seines sozialen Angewiesenseins; die besondere Berücksichtigung der Armen, Benachteiligten, deren Behandlung geradezu zum Prüfstein jeglicher Gesellschaftsgestaltung und zum Sinne der Rede von Gerechtigkeit über alle Jahrhunderte wird; die eigenverantwortliche Partizipation und ihre Voraussetzung, das Mitwirkungsrecht an dieser Gesellschaftsgestaltung; schliesslich das "Transzendieren" aller ethischen Werte über alle sozialen, geographischen, kulturellen, ethnischen, zeitlichen Grenzen hinaus; das Offensein jeder staatlichen Organisation für geschichtlichen Wandel, für gesellschaftlichen Neu-Entwurf aus der von der Hoffnung auf das Reich Gottes zehrenden Fantasie.

Aus diesen Forderungen ergibt sich nicht zwingend ein bestimmtes Programm; weder für Europa noch für die Schweiz; weder für noch gegen den Beitritt der Schweiz zur EG. Hingegen sind Gesichtspunkte für eine "gute Gesellschaft" daraus zu gewinnen, an denen verschiedene Handlungsmöglichkeiten quasi getestet werden können.

Vor allem ergibt sich aus diesen normativen Elementen weder die ethische Rechtfertigung einer Sonderfall-Ideologie, die der Schweiz erlauben würde, nur klug die Rosinen einer engeren wirtschaftlichen Zusammenarbeit aus der Geschichte herauszuklauben, noch das Gebot, uns einem politisch-ökonomischen Gross-Europa anzuschliessen. Aufgrund der Sonderfall-Haltung, die sich in den Europa-Verhandlungen niederschlägt, steht die Schweiz bereits im Geruch unsolidarischen Argumentierens, verbunden mit dem Makel der Besserwisserei in den Bereichen Landwirtschaftspolitik, Sozialpolitik und Umweltpolitik. In der Tat entsteht der Eindruck, die schweizerische Verhandlungstaktik sei im Grunde seit den 50er Jahren (Nicht-Beitritt zu EWG, statt dessen EFTA ohne Verpflichtungen über den Freihandel hinaus, dann allerdings besondere, aber wieder nur auf das Ökonomische beschränkte Vertragsvereinbarungen mit der EG) jetzt neuerdings im Vorfeld des EWR geprägt vom Versuch, alle schweizerischen Sonderwünsche durchzusetzen, um so wenig wie möglich zum "Grösseren Ganzen" einer europäischen Gemeinschaft beizutragen. Selbstverständlich sollen und dürfen die Eigeninteressen eingebracht und verfolgt werden, aber nicht gegen die Partnerländer, sondern mit ihnen, denn man will sich zwecks *gemeinsamen* Nutzens enger mit ihnen verbinden. Es ist also stets jene "Sympathie"[13] gefordert, von der Adam Smith sprach, nämlich die Vorstellungskraft, das Sich-Hineinversetzen und die grundsätzliche Gleichachtung der Interessen der Verhandlungspartner.

Aus der ethischen Orientierung lässt sich auch kein Kriterium der "Grösse" eines Gemeinwesens ableiten: Es gibt keine Tugend der Kleinstaatlichkeit (nur rein objektiv eine geringere politische Machtentfaltung) - vor allem, wenn sie gleichzeitig mit wirtschaftlicher Grösse gekoppelt ist und sich verbindet mit kontinentalen Wirtschaftsräumen. Ebensowenig gibt es indessen ein Gebot zur Integration, zu staatlicher Grösse. Ob staatliche Gross- oder Kleinorganisation, die je besonderen Gefahren und Risiken sind zu meistern. Kleinstaatlichkeit muss sich vor

---

13 Sympathie als ein "moralisches Gefühl" von durchaus auch und immer noch politisch- und wirtschaftsethischer Relevanz; vgl. Adam Smith, Theorie der ethischen Gefühle (Nach der Auflage letzter Hand übers. u. mit Einleitung, Anmerkungen und Registern hrsg. von Walter Eckstein). Meiner, Hamburg 1985.

jeder Ideologie kleinräumiger Selbstgenügsamkeit hüten, bei der alle Geschehen jenseits des Zaunes den Inländer (moralisch) nichts angehen, sondern nur nach Massgabe der eigenen Vor- und Nachteile.[14]

Je grösser - und auch wirtschaftlich mächtiger - die staatlichen Gebilde, desto grösser die Gefahren der inneren und äusseren Machtentfaltung, die indessen institutionell gebannt werden können. Gewaltenteilung, Föderalismus als gestaffelte Souveränität und ebenso liberale wie soziale Demokratie sind Instrumente der politischen Organisation, die verhindern, dass grosse Staaten oder Staaten-Gemeinschaften zu gefürchteten Grossmächten werden und sogenannte Großmachtpolitik betreiben. Das zu bewältigende Spannungsfeld ist im folgenden Diktum über den Nationalstaat trefflich erfasst: "... er ist für die grossen Probleme unserer Zeit zu klein (Friede, ökologische Gleichgewichte, soziale Gerechtigkeit) und für die kleinen Probleme teilweise zu gross".[15]

Im Kleinstaat wie in einer Staatengemeinschaft - sei es die EWG, sei es der EWR-Rahmen - sind deshalb die gleichen qualitativen Fragen nach einem guten Gemeinwesen zu stellen; ich möchte sie hier die *sechs Qualitäten des gemeinschaftlich-staatlichen Lebens* nennen und meine vor allem:

- *Freiheitsqualität* als Gewährleistung der Grundrechte;

- *Partizipations-Qualität* für möglichst alle Menschen; diese schliesst eine staatliche Organisationsqualität im Sinne eines Gleichgewichts zwischen zentraler und dezentraler/lokaler, Entscheidkompezenz (z.B. nach dem Bild des Föderalismus) ein;

- *Lebensqualität* als Inbegriff des wirtschaftlichen bzw. von wirtschaftlichen Elementen vermittelten Wohlergehens im Rahmen einer nachhaltigen Entwicklung;

- *Umweltqualität* als Ausdruck der Sicherung der Lebensgrundlagen künftiger Generationen ebenso wie des Respekts der natürlichen Umwelt als solcher;

---

14 Ich verweise hier nochmals auf den hochaktuellen Text von Ragaz (Anm. 13), bes. Kap. 1-2 und 8-9; vgl. insbesondere auch Denis de Rougemont, Die Schweiz - Modell Europas., Wien 1965; ders., Lettre ouverte aux Européens, Paris 1970; René Frey, Zwischen Föderalismus und Zentralismus. Lang, Bern/Frankfurt-M. 1977; Thomas Straubhaar, Die Schweiz nach 1991: Handlungsspielraum eines Kleinstaates in einer Welt des Wandels. wf Wirtschaftsförderung, Zürich 1990.

15 Gross (Anm. 5), S. 142.

- *Friedensqualität* als Bedingung des Bestandes einer staatlichen Gemeinschaft sowohl nach innen (Friedensordnung) als auch nach aussen (im Sinne europäischer und globaler kollektiver Sicherheit, weil Sicherheit nicht mehr anders zu haben ist)[16]; schliesslich

- *Solidarität* als die in einer Rechtsordnung und in praktischer Politik verankerte Haltung "pro soziale Gerechtigkeit" vor allem für die Aussenstehenden, einerseits innerhalb der Gesellschaft und andererseits für die die jeweilige Gesellschaft umgebenden Menschen/Staaten.[17]

Folgendes muss als Mahnung an die Schweiz unterstrichen werden: Die mit diesen Stichworten namhaft gemachten Qualitäts-Anforderungen sind nicht als "Eintritts-Vorbedingungen" an die EG zu stellen. Es kann von der EG nicht verlangt oder erwartet werden, dass sie in allen diesen Dimensionen mindestens den gleichen Standard haben müsse wie die Schweiz.[18] Vielmehr ist der Stand der Inner-EG-Vereinbarungen, der "Acquis communautaire"[19], Resultat einer Abstimmung unter Ländern, zu denen die Schweiz bisher gerade nicht gehören wollte und zu deren Entfaltung sie nichts beigetragen hat. Darüber hinaus aber ist die Dynamik der Zusammenarbeit in der EG zukunftsorientiert daraufhin zu prüfen, ob dieses grössere System in diesen sechs qualitativen

16 Frieden in Europa. Eine Herausforderung für die Schweiz. Institut für Sozialethik SEK/Justitia et Pax, Bern 1991; KSZE, Charta von Paris für ein neues Europa. Treffen der Staats- und Regierungschefs der Teilnehmerstaaten der Konferenz für Sicherheit und Zusammenarbeit in Europa (KSZE), Paris 19.-21. November 1990. KSZE, Paris 1990; Günther Bächler, Friedensgestaltung durch Demokratisierung. In: Schweiz. Friedensstiftung (Hrsg.) Frieden und Demokratie in Europa, Schweizerische Friedensstiftung, Bern 1990, S. 13-31.

17 Solidarität meint hier eine Kraft kommunikativen Handelns über den moralischen Binnenbereich bzw. über die soziale Welt im Sinne des Konzepts 'normengeleiteten Handelns' hinaus; vgl. Jürgen Habermas, Theorie des kommunikativen Handelns. 2 Bde. Suhrkamp, Hamburg 1988, I, S. 126ff. Für ein theologisch-ethisches Konzept vgl. den qualitativen Begriff des "gemeinsamen europäischen Hauses" (Ziff. 5.9), das aber unbedingt in einer grösseren "Weltorientierung" (Ziff. 5.10) verankert sein muss; in: KEK/Rat europäischer Bischofskonferenzen (Hrsg.), Frieden in Gerechtigkeit Dokumente der Europäischen Ökumenischen Versammlung. Friedrich Reinhardt/Benziger, Basel/Zürich 1989.

18 Davon, wie sehr diese Qualitäten auch Ziele sind für die Schweiz und wie weit (bzw. noch nicht) sie als erreicht gelten können, soll hier nicht gesprochen werden.

19 Gemeint sind die von der EG "bisher erreichten Gemeinsamkeiten", die - mehrere tausend Seiten umfassend - rechtlich festgeschrieben sind und von allen Ländern, die eben "später dazukommen", fest in ihre Rechtsordnung übernommen werden müssen; davon zu unterscheiden sind die "flankierenden Politiken", bei denen es wohl Ziele, Absichtserklärungen und Empfehlungen gibt, aber eine Dynamik noch voll im Gang ist und deshalb sowohl für die EG wie für allfällige Beitritts-/Vertragspartner noch Flexibilität gegeben ist.

Punkten offen und gestaltbar ist und ob sich auch bei den anderen Partnern bzw. der bisherigen EG auf einen solchen guten Gestaltungswillen zählen lässt.

Ich sehe keine Veranlassung, an diesem Willen zu zweifeln. Bereits die Tatsache rund 20jähriger Kooperation der EG-Mitgliedländer und die Solidarität, die sie intern zwischen ärmeren und reicheren Mitgliedsländern bzw. Regionen, mit Nicht-EG-Mitgliedern - darunter etwa der Schweiz[20] -, aber auch mit den AKP-Staaten bewies, lassen sie in dieser ethischen Hinsicht nicht schlechter dastehen als etwa die Schweiz. Die EG verfolgt eine eigene Entwicklungspolitik, welche die Politiken der Mitgliedstaaten ergänzt, wobei schon die je nationalen Aufwendungen im Verhältnis zur Wirtschaftskraft jene der Schweiz übertreffen.[21] Sie hat sich ausserdem in den sogenannten Lomé-Abkommen[22] zu besonderen Leistungen zugunsten der Staaten Afrikas, der Karibik und des Pazifikraumes verpflichtet. Allerdings wird der EG-92-Binnenmarkt von den AKP- und allgemein von den Entwicklungsländern keineswegs nur als Chance angesehen, sondern auch als grosse Gefahr (zum Beispiel in Form eines befürchteten Desintegrationseffektes).[23]

VERENGTE SCHWEIZERISCHE BINNEN-PERSPEKTIVE

Einleitend habe ich festgestellt, dass europapolitische Weichenstellungen für die Schweiz unausweichlich geworden sind. Eine Entscheidung zugunsten einer Beteiligung am EWR scheint nicht ohne Verzicht auf Elemente von Eigenstaatlichkeit möglich. Aber auch ein Entscheid zugunsten einer "Solitude" wäre nicht ohne Kosten in wirtschaftlicher,

---

20 Freihandelsabkommen seit 1973.

21 Darstellung und Untersuchung des Verhältnisses zur schweizerischen Entwicklungspolitik: Liselotte Illi, Europäische Integration und schweizerische Entwicklungspolitik. Eine Studie im Auftrag der entwicklungspolitischen Koordination der Arbeitsgemeinschaft Swissaid/Brot für alle/Fastenopfer/Helvetas. Arbeitsgemeinschaft Swissaid/Brot für alle/Fastenopfer/Helvetas, Bern 1990.

22 Ab 1990 "Lomé IV", vgl. Kommission der Europäischen Gemeinschaften, IV. Abkommen von Lomé. Europäische Gemeinschaften, Brüssel 1989; Carola Donner-Reichle, Lomé IV: Bewertung aus Sicht der Nichtregierungsorganisationen. Nord-Süd aktuell No. 2, 1990, S. 237-241.

23 Vgl. dazu Wurtz-Bericht, Bericht über die Problematik der Auswirkungen des einheitlichen Marktes 1992 auf die AKP-Staaten. Berichterstatter: F. Wurtz (Dok. AKP-EWG 81/90/B/endg.), 1990; sowie ACP-EEC Joint Assembly, Resolution on the Effects of the Single Market on ACP States, adopted by the ACP-EEC Joint Assembly on 22 March 1990 in Fort Moresby/Papua New Guinea (Doc. ACP-EEC 81/90/A/fin.).

mithin auch sozialer Hinsicht zu haben - Kosten, die sich vor allem auf längere Sicht stellen werden. So oder so ist mit Chancen und Risiken zu rechnen.

Die veröffentlichte Meinung wie auch die Berichte des Bundesrates[24] zeigen das Dilemma auf. Sie sind vom Versuch geprägt, mit Untersuchungen und Abwägungen über die alternativen Verhaltensweisen der europäischen Partnerländer sowie der Wirtschaftskräfte die möglichen Gewinn- und Verlustfaktoren akribisch zu erfassen und gegeneinander abzuwägen. Diese Haltung führt einerseits zur bereits charakterisierten "defensiven" Verhandlungsführung, andererseits aber auch zum Versuch, jeden politischen bzw. wirtschaftspolitischen Schritt mindestens ökonomisch durch Auftrags-Expertisen quantifizierbar und kalkulierbar zu machen.[25]

Angesichts dieser Situation versuchte die schweizerische Integrationspolitik primär bestimmte Möglichkeiten der Vermittlung von Vorteilen beider Optionen auszuloten und eine "Optimierung" (im Sinne eines Vermeidens von Abstrichen an unserer Souveränität und Autonomie

---

24 Nebst den laufenden Erörterungen in den halbjährlichen Berichten zur Aussenwirtschaft ist eine Reihe von Botschaften zu erwähnen: Bundesrat, Botschaft über die Beteiligung der Schweiz an der Europäischen Freihandels-Assoziation (vom 5. Februar 1960) [EDMR Nr. 7957]. BBl I, 841, 1960; Botschaft betreffend den Beitritt der Schweiz zum Statuts des Europarates (vom 15. Januar 1963). BBl I, 113, 1963; Die Entwicklung der europäischen Integrationsbestrebungen und die Haltung der Schweiz (vom 11. August 1971). BBl II, 647, 1971; Botschaft des Bundesrates an die Bundesversammlung über die Genehmigung der Abkommen zwischen der Schweiz und den Europäischen Gemeinschaften. EDMZ (Nr. 11323; BBl II, 653, 1972), Bern 1972; Bericht über die Stellung der Schweiz im europäischen Integrationsprozess (vom 24. August 1988). BBl II, 249, 1988; Informationsbericht des Bundesrates über die Stellung der Schweiz im europäischen Integratonsbericht, vom 26. November 1990. EDMZ, Bern 1990; Erklärung des Bundesrates zur europäischen Integrationspolitik, vom 10. Mai 1991. Integrationsbüro EDA/EVD, Bern 1991.

25 Vgl. u.a. Olivier Jacot-Guillarmod/ Dietrich Schindler/Thomas Cottier, EG-Recht und schweizerische Rechtsordnung. Föderalismus, Demokratie, Neutralität, GATT und europäische Integration. Beih. ZSR H. 10, 1991; ebenfalls: Dietrich Schindler, Vereinbarkeit von EG-Mitgliedschaft und Neutralität. Gutachten. Beih. ZSR H. 10, 81-137, 1989; ders., Auswirkungen der EG auf die schweizerische Staatsstruktur. wf Wirtschaftsförderung, Zürich 1990; Hauser (Anm. 10). Bereits jetzt ist nicht nur für das EG-System die "Gefahr einer ausgeprägten Exekutiv- und Expertenlastigkeit" zu diagnostizieren (vgl. Daniel Thürer, Auf dem Wege zu einem Europäischen Wirtschaftsraum?. SJZ 86, H. 6, 1990, S. 93-101, hier: S. 97), sondern ein Hang zur Delegation an die Expertokratie ist in der Schweiz bereits Realität. Nach dem ökonomischen Gutachten, in dem mehrfach ausgerechnet auf die dringend nötige *politische* Diskussion hingewiesen wird, ist 1991 ein weiteres Expertengremium zur Klärung der Neutralitätsproblematik eingesetzt worden.

und Maximierens der wirtschaftlichen Beteiligung) auszuhandeln.[26] Der EWR schien eine solche Möglichkeit zu bieten - bis der Schweiz durch ein klares Wort des EG-Kommissionspräsidenten Ende 1989 deutlich signalisiert wurde, ein festes Ja zu einer EWR-Vereinbarung sei die einzige rasch realisierbare Alternative zum Abseitsstehen. Diese könne jedoch nur kollektiv mit den anderen EFTA-Staaten oder gar nicht verwirklicht werden. Mittlerweile ist der EWR-Vertrag unterzeichnet und die Volksabstimmung darüber steht bevor.

Überblickt man die Ziele und Werte, Interessen und Argumente, die bislang vor allem in der Diskussion abgewogen werden, so scheinen sie aus ethischer Warte als Ausdruck einer engen binnen-ethischen Perspektive: Es geht aus der Sicht der schweizerischen Politik gewissermassen um ein utilitaristisches Kalkül (auch wenn darin normative Werte wie Grundrechte usw. mit eine Rolle spielen). Massstab scheinen dabei vor allem und vielleicht sogar ausschliesslich diejenigen Werte und gesellschaftlichen Errungenschaften zu sein, die für unser Land "gewahrt" werden können.

Dabei können die Werte und normativen Grundlagen, auf die wir unsere Güterabwägung stützen, keineswegs nur als Grössen gelten, die allein uns Schweizerinnen und Schweizern zukommen. Weder in allgemein-vernünftiger noch in christlicher Betrachtungsweise: Menschenwürde, Freiheit, Anspruch auf Gerechtigkeit, auf aktive und passive Teilhabe am politischen, wirtschaftlichen, kulturellen Leben, Hoffnung auf Verbesserung der Lebensverhältnisse, auf die Erhaltung der Umwelt als der Menschheit gegebene, nicht von ihr geschaffene Natur - alle diese universalen Wertorientierungen, die nicht nur für uns, sondern für alle Menschen gelten. Dies ist zumindest unter drei Aspekten bedeutsam.

Erstens hat sich in der Tat im Verlaufe von zwei, drei Jahrhunderten die Achtung und der Schutz des Fremden über die kleinräumige Lebensgemeinschaft hinaus zum universalen Geltungsanspruch entwickelt, und zwar nicht losgelöst von den Anforderungen an die Ethik bzw. an neue ethische Reflexionen, die sich aus jeweils veränderten Strukturverhältnissen gesellschaftlicher Lebensbedingungen ergaben. In einer durch

26 Kurze Würdigung etwa bei Daniel Thürer, Europaverträglichkeit als Rechtsargument. Zu den Wegen und Möglichkeiten schweizerischer Rechtsanpassung an die neue Integrationsdynamik der Europäischen Gemeinschaft. In: Haller, Walter/Kölz, Alfred/Müller, Georg/et al (Eds.) Im Dienst an der Gemeinschaft. FS für Dietrich Schindler zum 65. Geburtstag, Helbling & Lichtenhahn, Basel/Frankfurt am Main 1989, S. 561-582, hier: S. 581f.

Wirtschaft, Technologie und nicht zuletzt Kommunikation globalisierten Lebenswelt kann aufgeklärtes Ethos nicht mehr "Binnenmoral", sondern nur noch allgemeine "ethische Vernunft" sein, die je nach Ort und Sache konkret zu werden hat. "Gerade die Beschäftigung mit unserer Geschichte dürfte doch wohl zeigen, dass wir - zum Beispiel - nicht mehr hinter die ethischen Ansprüche der Menschenrechte zurückgehen können."[27]

Zweitens bezeichnen Werte und Normen zwar Dinge, die uns wichtig sind, aber die keineswegs schon als Errungenschaften, quasi als Besitzstand gesehen werden können; ihre Anerkennung kennzeichnet vielmehr Geltungsansprüche, und diese Werte und Normen benennen Ziele, die der Wirklichkeit vorausgehen. Sie gilt es in der Schweiz, ebenso in anderen europäischen Ländern und weltweit anzustreben und zu verwirklichen.

Drittens ist weder zu befürchten noch der Schweiz zugute zu halten, sie allein hätte die menschlichen Grundwerte realisiert. Vielmehr hat gerade die EG - und der Europarat, zu dessen Konventionen sich alle EG-Staaten bekennen müssen - die bürgerlichen und sozialen Grundwerte in mindestens gleichwertiger Form zugrunde gelegt. Im weiteren europäischen Kontext ist auf die Helsinki-Schlussakte von 1975 und den damit ausgelösten KSZE-Prozess zu verweisen, der mit eine beschleunigende Rolle bei den Umwälzungen in Osteuropa gespielt hat. Insbesondere ist die im November 1990 von den Staats- und Regierungschefs verabschiedete "Pariser Charta"[28] zu würdigen, die eine verbindliche und verbindende Grundlage für eine gelebte gesamteuropäische Wertegemeinschaft oder -identität besiegelt.

Fazit: Die Schweiz repräsentiert keine eigene Werte-Welt oder Werte-Insel mehr. Vielmehr hat sich auf christlichem, auf abendländischem Erbe[29] eine europäische Werte-Gemeinschaft[30] gebildet, die an der

---

27 Stephan H. Pfürtner, Auf der Suche nach einer europäischen Identität: Verbindet die Europäer ein gemeinsames Ethos?. In: Pfürtner, Stephan H./et al. (Eds.) Ethik in der europäischen Geschichte, II, Kohlhammer, Stuttgart 1988, S. 9-24, hier: S. 12.

28 KSZE 1990 (Anm. 16).

29 Vgl. Pfürtner (Anm. 27), hier: S. 9ff. An dieses Erbe eines "europäischen Ethos", wenn es nicht aus Überheblichkeit, sondern als Verpflichtung geschieht, darf und soll angeknüpft werden - wenn gleichzeitig bedauert wird, wie sehr es auch durch die schrecklichsten geschichtlichen Taten und Ereignisse belastet ist, an die uns z. B. das gleiche Jahr 1992 erinnert, in dem sich die sog. "Entdeckung" Amerikas und die beginnende Kolonialpolitik zum fünfhundertstenmal jähren. Vgl. zum Beispiel: Ökumenische Initiative Eine Welt (Hrsg.), 1992: Jubeljahr oder Jobeljahr? Referate und Arbeitspapierre der Tagung "Westeuropa und die Dritte Welt" sowie ergänzende

Anerkennung von sozialen und wirtschaftlichen Menschen- und Grundrechten ablesbar ist. Dabei handelt es sich nicht nur um Worte und Deklarationen - die als kritisch-normative Instanz des politisch-ökonomischen Handelns nicht gering zu schätzen sind -, sondern um die konkrete Ausgestaltung der europäischen Rechtsstaaten in Bereichen wie Sozial-, Menschenrechts- und Entwicklungspolitik.[31]

ERWEITERTE PERSPEKTIVE: EUROPA IN GLOBALER VERANTWORTUNG

Von den Christinnen und Christen, Bürgerinnen und Bürgern der Schweiz ist eine radikale Perspektiven-Erweiterung zu fordern: Befreiung vom gebannten Blick auf die eigene Nation, *Sichtöffnung* auf die europäische und globale Beziehungsebene. Nur was sich ethisch vor diesem Horizont bewährt, kann als Leitlinie für nationales schweizerisches Handeln gerechtfertigt werden, und was sich aus schweizerischer Erfahrung und Optik als wertvoll erweist, soll auch auf gesamteuropäischer Ebene zur Verwirklichung kommen.

Die Frage "was sollen wir tun?" kann überhaupt nur im Blick auf die eigenen unmittelbaren Sorgen entschieden werden; sittlich sein setzt gerade voraus, die eigenen Interessen zu transzendieren. Die ethische Orientierung schliesst zumindest die Frage ein: Was bringt unser Entscheid den anderen in Europa - insbesondere in Osteuropa? Was bedeutet er für die globalen Probleme und Spannungen, zwischen Nord und Süd, zwischen den Kontinenten? Im Blick auf das schweizerische Jubiläumsjahr 1991 wurde darum programmatisch formuliert:

> "Da das internationale und das nationale Gemeinwohl ... ein höherer Wert ist als die nationale Souveränität, wird die neue Schweiz vermehrt einem Souveränitätsverzicht zugunsten der Stärkung supranationaler Einrichtungen zustimmen. Die Schweiz

---

Texte zum Thema EG-Binnenmarkt und Dritte Welt. epd-Entwicklungspolitik (Materialien I/90), Frankfurt am Main 1990.

30 Jakob Kellenberger, Europäische Architekturszenarien und die Schweiz. Manuskripte, Bern 1991.

31 Trotz aller Rückschritte und des Werte-Verrates, der sich z.B. europaweit im Bereich der Migration/Asylproblematik abzeichnet - weil es unter dem Druck der Ereignisse und veränderten Lagen leichter scheint, sittliche Standards "anzupassen" als adäquate neue Politiken zu formulieren (so im Schengener und TREVI-Abkommen).

soll dazu beitragen, dass Supranationalität im Dienste von Friede, Gerechtigkeit und Bewahrung der Schöpfung steht."[32]

Im Zuge der Perspektiven-Erweiterung wird erkennbar, dass sich bei einem Beitritt der Schweiz zum EWR bzw. zur EG nicht nur die Schweiz selbst, sondern auch diese Institutionen verändern werden. Durch jedes neue Mitgliedsland wird sich die innere Struktur der EG wandeln und eine andere politische, soziale, wirtschaftliche und ökologische Dynamik entwickeln. Viele Länder warten vielleicht deshalb auf den Schweizer Beitritt, weil er gewisse Kräfteverhältnisse zum Guten - im Sinne fortschrittlicher staatsethischer oder umweltethischer Werte - verändern könnte. Die Schweiz würde voraussichtlich jene Länder stärken, die ebenfalls föderalistische Strukturen pflegen. Sie würde das Gewicht der kleinen Länder gegenüber den grossen stärken. Sie könnte zu einer Verbesserung der ökologischen Rücksichten der Wirtschaftspolitik führen. Die EG ist - wie ein Nationalstaat bzw. jedes gesellschaftliche Gebilde - von ihrem Innenleben her eine dynamische Institution, deren Leistungen sich mit dem Engagement einer neuen 'Partei' wandelt. Sie ist in den äusseren Strukturen so, dass sie sich der inneren Dynamik entsprechend entwickelt. Schon jetzt ist sie mehr als der 'kleinste gemeinsame Nenner' von 12 eigensüchtigen Staaten.

Von dieser werte-produktiven Dynamik eines funktionalen Staatsverbandes könnte die Schweiz profitieren, wenn sie sich solidarisch verhält. Voraussetzung ist allerdings, dass zunächst einige innenpolitische Hindernisse abgebaut werden.

KONKRETE STREITFRAGEN

Demokratiedefizit

Die Frage nach der Verwirklichung von Demokratie oder nach einem Demokratiedefizit der EG stellt sich je nach Standort in anderer Weise. Woran soll der demokratische Standard gemessen werden? Für die

---

32 Eine neue Schweiz im neuen Europa. 10 Thesen der Kommission für soziale Fragen des Schweizerischen Evangelischen Kirchenbundes im Jubiläumsjahr 1991. ISE-Texte 7/91, hier: These 2; Muschg fasst eine ähnliche Überlegung lapidar in die Worte: Wir müssen uns "für eine neue, nicht auf Europa beschränkte Wir-Form qualifizieren. ... Wir müssen etwas zu bieten haben, was uns selbst überzeugt und andere von uns.", Adolf Muschg, Nach(t)gedanken zur Europa-Staffette. Magazin 1.12.91, S. 22-24, hier: S. 24; vgl auch ders., Die Schweiz am Ende. Am Ende die Schweiz. Erinnerungen an mein Land vor 1991. Suhrkamp, Frankfurt am Main 1990.

EG-Staaten liegt der Vergleich mit der innerstaatlichen demokratischen Legitimationsstruktur nahe.[33] Sie haben sich schon daran gewöhnt, dass die EG nicht einfach ein Handelsvertrag ist. Für die Länder und Menschen ausserhalb der EG ist indessen der Vergleich, sofern sie einen Beitritt erwägen, anders anzustellen: Wieviel politische und wirtschaftliche Mitbestimmung bringt eine Verbindung mit der EG - verglichen mit der Null-Variante des "Status quo" (bzw. des Status, der dann bleiben wird). Dabei sind indessen, in der Sprache der Evaluationsökonomik gesprochen, nicht "vorher" und "nachher" zu vergleichen, weil sich ja andere Entscheide und Faktoren als die zur Debatte stehenden verändern können, sondern die Zustände "mit" und "ohne": Es geht um die Variation als Folge des zu prüfenden Entscheides.

Die erste Frage lautet, wieviel demokratische Mitsprache in den relevanten Politikbereichen in der EG verwirklicht sei - wobei das eine gestaltbare Grösse ist -, sondern ob die Schweizer Bevölkerung mehr oder weniger Mitsprache in jenen Bereichen haben würde, in welchen die EG - oder eine EG-EWR-Koordinationsinstanz - Kompetenzen übernehmen würde. Die Antwort darf nicht nur von der Angst diktiert sein, dass die Schweiz in Zukunft "nur" noch über jene Mitsprachekraft verfügen könnte[34], die ihr aufgrund der Gerechtigkeitsnorm "Jedem das Seine" fairerweise proportional zukommen würde. Bisher hat sie in der internationalen Handelsdiplomatie regelmässig davon profitiert, kraft ihres Wirtschaftspotentials über mehr Einflussmöglichkeiten zu verfügen als es aufgrund der Bevölkerungszahl zu erwarten wäre. In einer quasi-staatlichen Integration wäre eine solche Privilegierung zumindest nicht einklagbar, selbst wenn sie sich informell sogar aufrecht erhalten würde.

Die EG ist weder eine Föderation (Bundesstaat) noch eine Konföderation (Staatenbund) im eigentlichen Sinne, sondern kraft eines völkerrechtlichen Vertrags eine internationale Organisation. Sie gilt als *besondere* internationale Organisation, die weit über einen Freihandelsvertrag hinausweist. Einmal werden zahlreiche Politikbereiche in

---

33 Vgl. zur Organisationsstruktur der EG: Emile Noël, Die Organe der Europäischen Gemeinschaft. Amt für amtliche Veröffentlichungen der Europäischen Gemeinschaften, Luxemburg 1988; zum Demokratie-Defizit aus bundesrepublikanischer Sicht u.a. Segbers (Anm. 6). Demokratie-Defizit meint dabei kaum einen Mangel an "direkter Demokratie", sondern einen Mangel an Einfluss des direkt gewählten Europäischen Parlamentes.

34 "...hätte die Schweiz wenig zu sagen" ist das Fazit für die EWG; als EG-Mitglied etwa soviel "Gewicht" wie Dänemark - sind die Aussagen von M. Gollmer, Tages-Anzeiger vom 14.8.1991.

gemeinschaftlicher Abstimmung geregelt. Zum anderen ist die partielle funktionale Delegation einzelner hoheitlicher Rechte an supranationale, also mit Kompetenzen über die Nationalstaaten hinaus ausgestattete Gremien, verwirklicht. Diese gemeinschaftsstaatlichen Elemente sind mit der "Einheitlichen Akte"[35] verstärkt worden, und es ist das dynamische Ziel, die Gemeinsamkeiten und die "Kohärenz" der nationalstaatlichen Politiken zu verstärken, um schliesslich eine Europäische Union zu verwirklichen.[36]

Eine Freihandelszone wie die EFTA - oder wie die Beziehung zwischen der Schweiz und der EG - hat im wesentlichen nur einen freien Warenverkehr (bei der EFTA reduziert auf Industrieprodukte) innerhalb der Zone zum Gegenstand. Gegen aussen bleiben jedoch die verschiedenen Zölle der Mitgliedländer bestehen. Die Zollunion indessen, in der EG seit 1968 als ihr handelspolitischer Kern verwirklicht, reicht weiter: Es gibt einen gemeinsamen Zolltarif, der zu einer gemeinsamen abgestimmten Aussenwirtschaftspolitik führt. Die EG hat in einer Fülle von Politikbereichen entweder gemeinsame Politiken und Regelungen fest verankert (Acquis communautaire) oder in die Wege geleitet[37], und zwar durchaus nicht nur im wirtschaftlichen Bereich - sie repräsentiert mehr als das "Europa der Konzerne". Im weiteren Zusammenhang der "Vier Freiheiten" - Warenverkehr, Personenverkehr, Dienstleistungsverkehr und Kapitalverkehr - sind namentlich auch die Agrar-, die Bildungs-, die Entwicklungs-, die Regional-, die Sozial- und die Umweltpolitik sowie die Friedens- und Aussenpolitik[38] im Blickfeld ge-

---

35 Die Europäische Gemeinschaft, 1991, vgl. dazu eine kirchliche Stellungnahme: EECCS 1988 (Anm.). Eigentlich handelt es sich bei der Einheitlichen Akte bzw. "EG-92" um nichts Überraschendes, nämlich um eine Aktualisierung und zeitlich verbindliche Präzisierung von Zielen und Konzepten, die bereits mit den Römer Verträgen 1957 (bes. Art. 2) festgelegt wurden.

36 In Art. 1 der Einheitliche Akte als Ziel genannt.

37 Vgl. die übersichtliche Darstellung bei Jörg Thalmann, 1992 Was tun? Schweizer Binnenmarkt Handbuch. Buchverlag der Baslerzeitung, Basel 1988, Tab., S. 173ff, und den detaillierten Katalog in: wf/Gesellschaft zur Förderung der schweizerischen Wirtschaft, Wörterbuch der Europäischen Gemeinschaft. Wirtschaftsförderung, Zürich 1990.

38 Vgl. Dieter Senghaas, Die politische Konversion Europas. Friedenspolitische Überlegungen an der Schwelle der 90er Jahre. In: Die Welt im Umbruch. Friedensbericht 1991; Friedensforscher zu Lage, hrsg. vom Österreichischen Institut für Friedensforschung und Friedenspädagogik und von der Schweizerischen Friedensstiftung, VWGOe-Verlag, Wien 1991, S. 203-213; Ludger Kühnhardt/Hans-Gert Pöttering, Europas vereinigte Staaten. Annäherungen an Werte und Ziele. Edition Interfrom, Zürich 1991; Dieter Senghaas/Günther Bächler, Frieden und Demokratie in Europa Die Architektur eines dauerhaften Friedens in Europa Friedensgestaltung durch Demokratisierung, in: Reihe Arbeitspapiere der Schweizerischen Friedensstiftung, Nr. 6, Bern im März 1990.

meinschaftlichen Engagements der EG.[39]

Die EG ist damit nicht mit den Vereinigten Staaten oder der Schweiz vergleichbar, sondern vom Ursprung und von der Struktur her eher mit der EFTA - allerdings im Unterschied zu dieser mit einer grossen Zahl gemeinsamer Ziele und Verpflichtungen.

Da es sich bei der EG um eine Organisation 'sui generis' mit dem Ziel der politischen Union handelt, hat sie trotz mangelnder "Staatlichkeit" bereits ein direkt gewähltes Parlament, das über einige Kontroll- und Konsultativ-Kompetenzen verfügt. Innerhalb der EG mag man die schwache Stellung des EPs, das sich als Parlament noch im Frühstadium befindet, bedauern. Für die Schweiz wäre eine Mitsprache im Bereich der europaweiten Politik ein Gewinn. Von einem Verlust könnte höchstens dann gesprochen werden, wenn man von dem - allerdings hypothetischen - Fall ausgehen würde, dass die Schweiz in allen staatlichen Bereichen formell und materiell selbstbestimmen könnte. Dass sie dies schon heute nicht mehr tun kann, zeigt sich daran, dass sie die Gesetze (z.B. das Aktienrecht) zwar 'autonom' - aber ohne jede Einflussmöglichkeit auf das Ganze, weitestgehend "europaverträglich" beschliesst bzw. beschliessen muss.[40]

Es stimmt: Demokratische Direktbeteiligung und Föderalismus[41] sind in der EG nicht formell verankert, sie werden aber immerhin unter den Begriffen Subsidiarität, Zuständigkeit der Regionen offen diskutiert. Viele sehen mittlerweile die Etablierung solcher Institutionen als gerechtfertigt an. Die Auffassung von Gross[42], ein EG-Beitritt hätte für schweizerische Bürger und Bürgerinnen eine "Souveränitätseinbusse"

---

39 Namentlich bestehen bereits in drei Bereichen Gemeinschafts-Fonds, welche die wirtschaftliche und soziale "Kohäsion", also den Zusammenhalt und den Ausgleich innerhalb der EG fördern sollen: der Fonds für Regionalentwicklung, der Sozialfonds, und der Agrarfonds: Commission of the European Communities (Ed.), The new structural policies of the European Community. European Communities, Luxemburg 1990.

40 Thürer (Anm. 26); Schindler (Anm. 25).

41 Vgl. Jörg Thalmann, Europe et fédéralisme (2e version, fevr. 1991; unveröff. Manus.); Europa-Union, 1989, S. 27-29. Was wir in der Schweiz als Föderalismus verhandeln, muss EG-politisch unter den Stichworten "Dezentralisierung" und besonders "Subsidiarität" thematisiert werden, weil "Föderalismus" - für uns paradoxerweise - namentlich in Grossbritannien als "Zentralismus" verstanden und bekämpft wird - nämlich als Delegation staatsrechtlicher Organisationskompetenzen an "Brüssel".

42 Vgl. Gross (Anm. 5); vgl. auch Andreas Gross et al. (Hg.), Europa ohne Schweiz? Perspektiven für eine neue Schweiz in einem anderen Europa. Verlag Realutopie, Zürich 1990.

zur Folge, und diese gelte es gleichsam als Transfer durch direktdemokratische Einrichtungen wieder einzufordern, kann ich so nicht teilen. Die Schweiz hat einen grossen Teil der direkten demokratischen Mitwirkungsmöglichkeiten[43] bereits mit dem EFTA-Freihandelsvertrag von 1961 eingebüsst bzw. gegen die Vorteile, die sie sich aus diesen Vereinbarungen erhoffte, "eingetauscht". Zumindest im aussenwirtschaftlichen Bereich könnte die Schweiz mithin indirekt-demokratisch - über zu wählende EG-Parlamentarier - ein Stück an Einflussnahme wieder gewinnen. Mit dieser strategischen Differenz kann dennoch das 4-Stufen-Demokratiemodell von Gross[44] als Grundlage für ein künftiges partizipatorisches Europa gelten. Allerdings müsste die Demokratisierung mit einer vertieften Reflexion über die politisch-partizipatorischen Strukturen in der Schweiz einhergehen.[45]

Fazit: Wenn von einem Demokratiedefizit gesprochen werden kann, dann vielmehr bei der Fortführung der gegenwärtigen Freihandelspolitik im Rahmen der EFTA, weil diese insgesamt keinerlei kontinuierlicher demokratischer Kontrolle unterliegt.

Auch die jüngsten innenpolitisch-partizipatorischen Entwicklungen lassen es als ratsam erscheinen, mit dem Vorwurf vom Demokratiedefizit gegenüber der EG sparsam umzugehen. Als Demokrat kann man wenige demokratische Vorteile darin erblicken, dass die Stimmbeteiligung umso geringer ist, je komplexer die Vorlagen sind. Ein Sechstel der Stimmberechtigten kann bei der üblichen Beteiligung über das Ergebnis befinden und selbst die demokratische Legitimation der Politik des Parlamentes ist als Folge ausgeprägt schwacher politischer Partizipation der Bevölkerung wohl schwächer als in den meisten europäischen Ländern.

Soziales Defizit

Gegenüber der EG wird der Vorwurf erhoben, das durch den integra-

---

43 Soweit sie überhaupt bestehen; denn gerade die Belange der Aussenpolitik und der Aussenwirtschaftspolitik sind bekanntlich verfassungsrechtlich der kontinuierlichen direkten Mitwirkung selbst des Parlaments weitgehend entzogen.

44 Gross (Anm. 5), S. 142f; vgl. auch Andi Rieger, Thesen zur Europa-Diskussion. Die Diskussion No. 12, 1991, S. 10-11; Beat Kappeler, Sich in Europa bewegen. Widerspruch 10, H. 20, 1990; S. 56-58; Hans Peter Faganini, Bedrohung der direkten Demokratie oder Frischluft aus Europa?, Schweizer Monatshefte 71, 1991, S. 136-146.

45 Eine neue Schweiz (Anm. 32); vgl. insbes. auch Wolf Linder, Die Zukunft der schweizerischen Demokratie, Beitrag zu Buchprojekt der Stiftung für Geisteswissenschaften: Zukunft der Schweiz, Politische Strukturen - Politische Organisation, 1991, unveröff. Manus.; sowie Th.-Huyen Ballmer-Cao/Wolf Linder, Das politische System in der Schweiz von morgen, 1991, unveröff. Manus.

len Wirtschaftsraum ermöglichte Wachstum sei bislang zuwenig durch gemeinschaftliche sozialpolitische Massnahmen abgesichert worden. Obwohl die EG-Kommission ein Programm im Sozialbereich vorgelegt hat[46], kann man den Vorwurf gelten lassen. Sozialpolitik ist nach wie vor Sache der Mitgliedstaaten. In der Tat hat die europäische Integration soziale Probleme, wenn nicht verschärft, so doch - im Gegensatz zu den Beteuerungen und Hoffnungen im Blick auf die Wirkungen der europaweiten Wirtschaftsintegration - keineswegs entschärft.[47] Immerhin müsste geprüft werden, inwieweit die festgestellten Verschlechterungen der sozialen Lage und der Armutssituation tatsächlich unmittelbar der EG-Entwicklung und wie weit anderen Faktoren zuzuschreiben sei. Ich denke namentlich an einen generell abnehmenden Widerstand mittelständischer Arbeitnehmerschichten gegen sozialpolitischen Abbau an den "Rändern" der Gesellschaft (Arbeitslose, Ausländer etc.), der sich in den einzelnen EG-Staaten, aber auch weit über den EG-Raum hinaus durch die "Angebotsökonomie" bzw. "Reaganomics" noch zusätzlich verschärft ausgewirkt hat.

Kommt die Anklage von aussen, insbesondere aus den Reihen der EFTA, ist sie indes wenig glaubwürdig. Das durch den EFTA-Freihandel ermöglichte Wirtschaftswachstum, an dem die Schweiz seit 30 Jahren partizipiert, wurde im Gegensatz zu jenem der EG durch keine ge-

46 Kommission der Europäischen Gemeinschaften, Die soziale Dimension des Binnenmarktes In: Soziales Europa. Sonderheft. EG Amt für Veröffentlichungen, Luxemburg 1988.

47 Vgl. dazu aus der umfangreichen Literatur insbes. kirchliche und gewerkschaftliche Stellungnahmen, z.B. Wolf-Dieter Just, Armut und regionale Disparitäten in der Europäischen Gemeinschaft. ZEE 27, 1983, S. 50-65; ders., Droht ein soziales Dumping? Risiken des europäischen Binnenmarktes. EvKomm No. 2, 1990, S. 86-88; Evangelische Akademie/Deutsche Umweltstiftung/Udo E. Simonis, Konsultation 1988: Europäische Umweltpolitik von unten? Einfluss und Aufgaben der Umweltverbände in der Europäischen Gemeinschaft. Evangelische Akademie, Bad Soden 1988, S. 183; EECCS 1990 (Anm. 8); Veronika Bennholdt-Thomsen, Die EG-Frage auch eine Wertfrage: Zur Moral des schrankenlosen Konsums. Neue Wege, 1991, S. 136-144; WEN, 1990; Boerma Coenraad, The poor side of Europe The church and the (new) poor of Western Europe. WCC Publications, Geneva 1989; Darmstädter Religiöse Sozialisten, Europas neue kapitalistische Revolution. Verändert der "europäische Binnenmarkt" die Rahmenbedingungen für christliches Handeln in der Gesellschaft?. Neue Wege, 1989, S. 136-142; L. Hamilton/W.-D. Just, Armut und Abhängigkeit in der Europäischen Gemeinschaft. Lembeck, Frankfurt am Main 1984; Patrick Venturini, Ein europäischer Sozialraum für 1992. EG, Luxemburg 1989; mit besonderer Berücksichtigung der Frauen: Hortense Hörburger, Europas Frauen fordern mehr. Die soziale Dimension des EG-Binnenmarktes am Beispiel der spezifischen Auswirkungen der Frauen. SP-Verlag, Marburg 1990; G.J. Room/B. Henningsen, Neue Armut in der Europäischen Gemeinschaft. Campus, Frankfurt am Main 1990.

meinschaftlichen Massnahmen abgefedert. Ausser einem kleinen Fonds für Portugal hat die EFTA über die Marktkräfte hinaus nichts zur Überwindung des innereuropäischen und des globalen Nord-Süd-Problems unternommen. Mit einem Beitritt müsste die Schweiz demnach sogar zusätzliche Verantwortung übernehmen.

Im übrigen hätte die Schweiz trotz eventuellem Beitritt weiterhin die Möglichkeit einer autonomen Sozialpolitik[48], und zwar abweichend von den EG-Regelungen bzw. darüber hinausgehend - soweit solche Massnahmen nicht diskriminierend, also nicht nur auf Schweizer/innen bezogen wären. Im Unterschied zu den meisten EG-Staaten hat die Schweiz indessen noch nicht einmal die eigentlich zum europäischen Werte-Standard gehörende Europäische Sozialcharta des Europarates ratifiziert.

Eine besondere, nicht nur sozial-, sondern auch gesellschaftspolitische Frage ist wohl die Stellung der *Landwirtschaft*, besser der Landwirte und der ländlichen Bevölkerung im Rahmen eines wirtschaftlich integrierten Europas. Dieses Problem, um das sich viele Ängste scharen, die weniger mit der EG als mit der allgemein agrarisch-technischen und weltwirtschaftlichen Entwicklung zu tun haben, kann hier nur gerade als "unbewältigt" registriert werden. Die Schweiz und die EG werden nicht darum herumkommen, sich dieses Wirtschafts- und Sozialbereichs nicht nur unter Effizienz-, sondern auch unter ökologischen und langfristigen gesellschaftlichen Gesichtspunkten anzunehmen.[49]

Für die Sozialpolitik insgesamt gilt aus Schweizer Sicht indessen: Wir hätten die partizipativen Möglichkeiten, das beklagte Defizit gemeinsam mit anderen sozialen Kräften in der EG zu überwinden, und ein starkes sozialpolitisches Engagement der Schweiz wäre vermutlich ge-

---

48 Vgl. zum Problembereich u.a. Silvia Staub-Bernasconi, Das Selbstverständnis Sozialer Arbeit in Europa: frei von Zukunft - voll von Sorgen?. Sozialarbeit H.2, 1991, S. 2-32; Kappeler (Anm. 44); Theo Keller, Die Schweiz auf dem Weg nach Europa. Sozialpolitische Überlegungen. Z.f. öffentliche Fürsorge 88, 1991, S. 3-9.

49 Vgl. zur Verdeutlichung: Evangelische Akademie (Anm. 47); Kirchen und Landwirtschaft. Bericht der ad-hoc-Arbeitsgruppe Landwirtschaft des Rates der Kirchen in den Niederlanden (Kerken en Ladbouw. Rapport van de stdiegroep landbouw van de Raad von Kerken, Mai 1990; dt. Ausgabe: Evang. Kirche in Hessen und Nassau). Evang. Kirche in Hessen und Nassau, Darmstadt 1990; Rudolf Horber, Internationale Herausforderungen für die schweizerische Agrarpolitik. Wirtschaftspolit. Mitt. 45/2-3, 1990; René Käppeli/Hans Burger/Ernst Graf et al., Olma Agrar-Gespräche 1990 [m. Beitr./Grundsatzreferaten v. R.K. et al.]. Olma, St. Gallen 1990; vgl. auch Rosenblatt, 1988; Euromontana (Hrsg.), Die Stellung der Berggebiete und ihrer Bevölkerung in Europa. SAB-Verlag, Brugg 1989; Hauser, 1991, 37f.

rade für die schwächeren Bevölkerungsgruppen in Europa hochwillkommen.

Ökologie-Defizit

Ähnliche Überlegungen, wie sie für den Sozialbereich angestellt wurden, gelten auch für den Umweltbereich. In der Tat ist die Schweiz mit einigen umweltpolitischen Massnahmen weiter als die EG oder als die meisten EG-Länder gegangen. Die bisherige schweizerische Alternative zur EG jedoch, die EFTA, hat gar keine gemeinschaftlichen Leistungen im Umweltbereich vorzuweisen. Dieses Faktum wurde erstaunlicherweise praktisch nicht kritisiert, im Unterschied zu allfälligen künftigen EG-Vereinbarungen, gegen die sich schweizerische Umweltverbände ziemlich rigoros ausgesprochen haben. Dabei hat vermutlich nicht zuletzt der einseitige wirtschaftliche Vorteil, den die Schweiz bislang aus der europäischen Integration zog, ihr erlaubt, in gewissen Bereichen der Umweltpolitik relativ "beispielhaft" zu sein.

Aber mehr als in anderen Bereichen gilt im Ökologischen: Es kann der Frömmste nicht im Umweltfrieden leben, wenn es den ärmeren Nachbarn nicht gefällt. Die Schweiz ist kein Umwelt-Sonderfall. Die meisten schweizerischen Umweltprobleme sind, wenn nicht von globaler, so doch von gross-regionaler Dimension und nur auf der entsprechenden Handlungsebene zu bewältigen. Gerade hier also wäre ein Zusammengehen der europäischen Staaten - längerfristig unbedingt mit den mittel- und osteuropäischen Ländern - für wirksame Problemlösungen und künftige Problemvermeidungen von ausserordentlicher Wichtigkeit.[50]

Wiederum zeigt sich in diesem Fall: Die Beurteilung darf nicht statisch sein. Es darf nicht nur gefragt werden: "Was bietet die EG als Vorleistung?" Die Situation muss dynamisch gewertet werden und die Frage einschliessen: "Was kann die Schweiz an Bewegung einbringen - welche Kräfte, Minder- und Mehrheiten stärkt/schwächt sie?" Je nach Konstellation könnte es sein, dass die Schweiz, ihre prospektive Haltung im Sozial- und Umweltbereich ohne Detailprüfung vorausgesetzt, ganz wesentlich zur qualitativen Änderung - wenn man so will: zur sozial- und umweltethischen Verbesserung - des Konsens-Ergebnisses der Gesamt-EG beitragen kann.

---

50 Rieger (Anm. 44), These 6 stellt m.E. zu Recht fest: "Es wäre naiv zu glauben, eine (in der Schweiz durchaus zu erreichende) NEIN-Abstimmungs-Mehrheit gegen die europäische Integration könnte auf das Konto des sozialen Fortschritts und der Ökologie gebucht werden...".

ZUSAMMENFASSUNG

1. Die Verwirrung darüber, was die Schweiz europapolitisch tun soll, ist nicht zufällig: sie ist Ausdruck einer generellen Orientierungskrise am Ende eines Jahrhunders des ökonomischen Wachstums und der Überwindung eindimensionaler nationalstaatlicher Organisation.

2. Die ethische Orientierung verweist auf

   a) die Grundwerte einer menschenwürdigen Gesellschaftsorganisation;

   b) die Notwendigkeit einer Ausweitung der Perspektive über die schweizerisch-binnenethische Dimension hinaus: Was können wir bringen bei Partizipation, was können wir bewirken helfen;

   c) die Notwendigkeit einer Rechtfertigung auch der westeuropäischen Organisationsebene gegenüber Nicht-EG-Ländern: Mittel- und Osteuropa, Dritte Welt; nur wenn die europäische Einigung auch diesen Ländern etwas bringt, ist sie mehr als übernationaler Eigennutz.

3. Die Defizit-Vorwürfe an die Adresse der EG können sich bei Überwindung einer statischen zugunsten einer dynamischen Betrachtung leicht ins Gegenteil verkehren: Die Schweiz steht dann als moralisch "selbstgenügsamer" Staat da. Der Gewinn aus einer wirtschaftlichen Integration (Europäischer Binnenmarkt, EG) muss durch Leistungen der Schweiz für Europa und für die Globalgesellschaft geteilt werden.

"EIN BEITRAG AN DIE INTERNATIONALE STABILITÄT, VORNEHMLICH IN EUROPA"

Demokratische Gestaltung des Friedens

GÜNTHER BÄCHLER

ZIELSETZUNG UND FRAGESTELLUNG

Im Abschnitt "Aussenpolitik" des Berichts 90 des Bundesrates wird erstmalig in der schweizerischen Sicherheitspolitik das Ziel formuliert, die Schweiz werde einen aktiven Beitrag an die internationale Stabilität, vornehmlich in Europa leisten. Damit ist der Horizont künftiger Politik abgesteckt: der europäische und der weltweite. Wie sieht es mit den Inhalten dieser Politik aus? Der Bericht 90 äussert sich dazu - erwartungsgemäss - nur stichwortartig knapp. Die vorliegende Arbeit möchte dort ansetzen, wo der Bericht aufhört und künftige friedenspolitische Möglichkeiten der Schweiz diskutieren.[1]

Die Palette bereits praktizierter Massnahmen soll dabei nicht einfach mehr oder weniger willkürlich durch einige neue Farbtupfer bereichert werden. Friedenspolitik kann nur in einem konzeptionellen Rahmen sinnvoll entwickelt werden. Die dazu notwendigen theoretischen Einlassungen aus dem Erfahrungsbereich der Friedens- und Konfliktforschung bilden dazu den Hintergrund. Dann ist der in der Praxis alles andere als geklärten Frage nachzugehen, wie sich Sicherheitspolitik und Friedenspolitik zueinander verhalten und in welcher Weise sich die Politikbereiche aus analytischer Sicht trotz ihrer inneren Verbundenheit voneinander abgrenzen lassen. Nach dieser Klarstellung werden aufgrund der aktuellen friedenspolitischen Problemanalyse[2] Elemente ei-

1 Dieser Beitrag ist die gekürzte und überarbeitete Fassung einer Studie, die unter dem Titel "Der Kleinstaat als Peace-Maker. Friedenspolitische Möglichkeiten der Schweiz" in der Reihe Arbeitspapiere der Schweizerischen Friedensstiftung, Nr. 12, Bern im Oktober 1991, erschienen ist.

2 Diese kann hier nur angerissen werden. Ich verweise auf: Österreichisches Institut für Friedensforschung und Friedenserziehung, Schweizerische Friedensstiftung (Hg.), Die

ner kohärenten Friedenspolitik diskutiert. Auf einer nächsten Konkretisierungsebene werden einzelne mögliche Beiträge der Schweiz zum internationalen Frieden hervorgehoben und eine Reihe von praktischen Massnahmen aufgelistet. Zum Schluss folgen einige eher visionäre Gedanken, die den künftigen Horizont einer schweizerischen Friedenspolitik im Rahmen einer wünschbaren Weltfriedensordnung abstecken.

ANSÄTZE ZU EINER THEORIE DES INTERNATIONALEN FRIEDENS

Gegensätzliches Konfliktverhalten

Die Analyse der internationalen Beziehungen seit 1945 ergibt das Bild eines komplexer werdenden Staatensystems. Die zahlenmässige Zunahme von Akteuren und ihrer wachsenden Verflechtung führte nicht zwangsläufig, wie oft erwartet, dazu, dass die Zahl der gewaltsamen Konflikte abgenommen hat. Die Möglichkeiten von Konfliktlinien und Reibungsflächen nehmen in einem dichten und vielschichtigen Strukturmuster rein rechnerisch zu. Daraus leitet sich die Erkenntnis ab, dass Konflikte zwischen Gesellschaften wie zwischen Individuen oder sozialen Gruppen aufgrund unterschiedlicher Interessen, Bedürfnisse und Wünsche das gesamte menschliche Leben prägen.

Die Konflikthaltigkeit fördert jedoch auch gegenläufige Prozesse. So sind die Bemühungen um friedliche Streitbeilegung und nicht-kriegerische, also politische Konfliktlösung gerade in jenen Regionen beachtlich, wo es ausgewogene und dicht vernetzte Beziehungen zwischen Staaten gibt, also vor allem zwischen den nordwestlichen Industriestaaten (OECD-Bereich). Diese kollektiven Bestrebungen zeugen davon, dass Gesellschaften wie Individuen bereits eine alltägliche Erfahrung in gewaltloser Konfliktregelung an den Tag legen, bei dem *integratives* Verhalten eine grosse Rolle spielt. Zwischen zwei Polen gibt es offenbar eine Reihe von Möglichkeiten, mit Konflikten umzugehen.

Welt im Umbruch. Friedensbericht 1991. Friedensforscher zur Lage, Ergebnisse der internationalen "State of Peace"-Konferenz 1990, in: Dialog, Beiträge zur Friedensforschung, Band 20 Heft 1-2/1991.

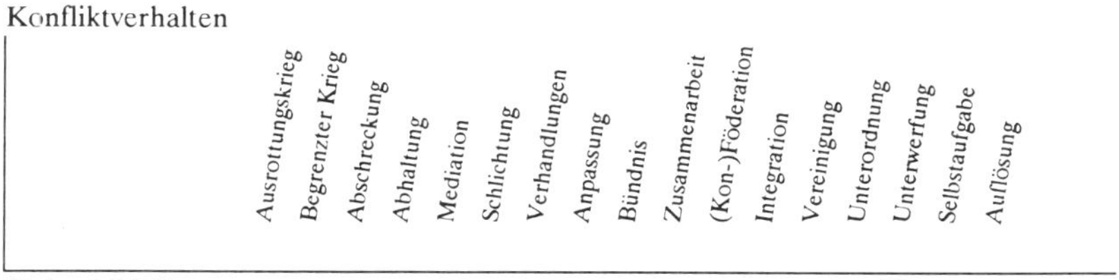

(Schaubild 1) (3)

Wie Schaubild 1 zeigt, liegt das Konfliktverhalten auf einer Achse von möglichen Optionen, wobei die Horizontale nicht nur als Kontinuum in der Wahl von Verhaltensweisen zu betrachten ist, sondern mehrere Optionen gleichzeitig verfolgt werden können, wie zum Beispiel "Abschreckung" und "Verhandeln" im Ost-West-Konflikt. Dass sich Optionen wie "Ausrottungskrieg" und "Integration" oder "Kooperation" gegenseitig ausschliessen, liegt auf der Hand.

Im internationalen System können sämtliche Verhaltensweisen nebeneinander beobachtet werden; vom Ausrottungskrieg der Nationalsozialisten gegen die Juden (Holocaust) bis zur Selbstaufgabe und Auflösung der DDR als staatliche Struktur und gesellschaftliche Ordnung. Die beiden Beispiele sind jedoch Ausnahmeerscheinungen. Vorherrschendes Muster ist auf der einen Seite der Skala der "begrenzte Krieg" (Regionalkrieg). Dieses Phänomen hat sich seit dem Zweiten Weltkrieg in die südliche Hemisphäre verlagert, wobei die ehemaligen Kolonialmächte des Nordens nach wie vor involviert sein können (jüngstes Beispiel ist der Krieg am Golf). Auf der anderen Seite steht die "Integration", die sich in erster Linie im Bereich der hochindustrialisierten Staaten (und ehemaligen Kolonialmächte) unter dem Druck des Weltmarktes vollzieht. Im Zentrum der internationalen Aufmerksamkeit stehen jedoch hauptsächlich Verhaltensweisen, die auf unserer Skala im mittleren Abschnitt zu finden sind, wie: Abhaltung, Mediation, Schlichtung, Verhandlung, Annäherung, Anpassung, Bündnis, Zusammenarbeit, (Kon-)Föderation. Friedenspolitik wie Friedensforschung sollten darauf ausgerichtet sein, diese Verhaltensweisen im pädagogischen Sinne positiv zu verstärken.

3 Ich habe das Schema entnommen und durch weitere Kategorien ergänzt aus: Hanne-Margret Birckenbach, Abschied von der "heilen Welt". Zur Entwicklung lebensnaher Vorstellungen vom Frieden, in: Wolfgang R. Vogt (Hg.), Mut zum Frieden. Über die Möglichkeiten einer Friedensentwicklung für das Jahr 2000, Darmstadt 1990, 125ff, hier: S. 135.

Friede durch Demokratie?

Verschiedene empirische Arbeiten zeigen, dass zumindest für das Verhalten demokratischer Rechtsstaaten untereinander (OECD-Staaten) eine Korrelation von friedlicher Konfliktregelung, Partizipation, Menschenrechten und relativem Wohlstand feststellbar ist.[4] Bekanntlich hat bereits Kant auf diesen Zusammenhang verwiesen. Heute gehen einige Analytiker eher von funktionalen Integrationstheorien eines Karl W. Deutsch aus und verbinden diese mit der Perspektive von regionalen Friedensordnungskonzepten.[5] Andere greifen die stark angelsächsisch beeinflusste Debatte zur Frage: "Sind Demokratien weniger kriegsgeneigt als Nicht-Demokratien?" auf und legen Theorien zur "Segmentierung" der Staatenwelt vor, in der bereits pazifizierte Segmente neben nichtpazifizierten oder unpazifizierbaren stehen.[6] Diesen Ansätzen kommt heute grosse Aufmerksamkeit zu, weil sie nicht zuletzt von der Hoffnung geleitet sind, über eine Demokratisierung, Normierung und Verrechtlichung der internationalen Beziehungen könnte das Phänomen Krieg am "Ende der Geschichte" (Fukuyama) überwunden werden. Auch wenn diesen Modellen gewisse erfahrungswissenschaftlich erhärtete Fakten zugrunde liegen, besteht doch weiterhin das Problem, dass sich Demokratien gegenüber Nicht-Demokratien im Falle einer Feindschaft oder Krise nicht anders verhalten, als es gemeinhin (Kriegs-)Gegner tun. Es ist also von einer vorschnellen Gleichsetzung: Rechtsstaat = Demokratie = Friede abzusehen. Die Beziehungen sind komplexer, als dass sie einer Sicht der Dinge zugänglich wären, die fast schon Züge einer "Heilslehre" annimmt.[7] Der kürzlich verstorbene Soziologe Norbert Elias hat in seinen umfangreichen Arbeiten zum Prozess der Zivilisation die Komplexität dargestellt, die notwendig ist, um den Zusammenhang von Pazifizierung und Demokratisierung (bzw. Zivilisierung) beleuchten zu können:

> "Die Situation wird dadurch kompliziert, dass auf der zwischenstaatlichen Ebene ein Gewaltmonopol fehlt (...) Die staats-

---

4 Volker Rittberger, Zur Friedensfähigkeit von Demokratien. Betrachtungen zur politischen Theorie des Friedens, in: Aus Politik und Zeitgeschichte, Beilage zur Wochenzeitung Das Parlament, B 44/87, 31. Okt. 1987, S. 3ff; Günther Bächler, Friedensfähigkeit von Demokratien, Demokratisierung der Sicherheitspolitik und Strukturelle Angriffsunfähigkeit. Ein Beitrag zur Demokratieproblematik in der Sicherheitspolitik, Hamburg, Juli 1988 (Hamburger Beiträge, Heft 29); ders., Gewaltverzicht durch Demokratisierung. Dimensionen der Demokratisierung in der friedens- und sicherheitspolitischen Diskussion, in: Vogt (Anm. 3), S. 176ff.

5 Dieter Senghaas, Europa, quo vadis? Neue Aufgaben für eine Politik der Friedensgestaltung, Stiftung Wissenschaft und Politik, SWP-AP 2679, Januar 1991.

6 Rittberger (Anm. 4).

7 So teilweise in der angelsächsischen Literatur; vgl. Bächler (Anm. 4).

interne Pazifizierung und Zivilisierung der Menschen ist demgegenüber fortgeschritten. Eine Folge ist, dass in dieser Hinsicht eine merkwürdige Gespaltenheit durch unsere Zivilisation geht - unsere Zivilisation als die der Menschheit verstanden. Im innerstaatlichen Verkehr wird die Gewalttätigkeit von Menschen gegen Menschen tabuisiert und, wenn möglich, bestraft: im zwischenstaatlichen Verkehr gilt ein anderer Kanon. Jeder grössere Staat bereitet sich kontinuierlich auf Gewaltätigkeiten mit anderen Staaten vor; und wenn es zu solchen Gewalttätigkeiten kommt, werden die, die sie begehen, ausserordentlich hoch geschätzt; sie werden in vielen Fällen gelobt und belohnt. Wenn man als eines der entscheidenden Kriterien für die Abfolge von Zivilisationsstufen die Minderung der physischen Gefahren ansetzt, die Menschen für Menschen darstellen, also das Ausmass der gegenseitigen Bedrohung oder umgekehrt der Pazifizierung, dann kann man sagen, dass Menschen im innerstaatlichen Verkehr eine höhere Zivilisationsstufe erreicht haben als in zwischenstaatlichen Beziehungen."[8]

Die Konfliktforschung konnte die Beobachtung von Elias in den letzten Jahren insofern bestätigen, als dass sie unterschiedliche Grade von physischen Gefahren in den internationalen Konfliktformationen herausarbeiten konnte, die etwas mit der inneren Verfasstheit der Gesellschaften zu tun haben. Grundsätzlich kann in und zwischen Gesellschaften mit einem hohen Verflechtungsgrad eine erhebliche Abschwächung der Anwendung von Gewalt beobachtet werden. Dies gilt v.a. für die OECD-Länder, die heute so stark assoziiert sind, dass ein Krieg zwischen ihnen als höchst unwahrscheinlich gilt. Es werden zwei Elemente, die zur Erklärung dieses Prozessmusters dienen, genannt: Erstens, die Entstehung von stabilen und nach innen befriedeten Staatswesen durch die Herausbildung des Staatsmonopols an Gewalt, die als kultureller Prozess Jahrhunderte in Anspruch genommen hat; zweitens, die Tendenz zur Übertragung des nationalstaatlichen Gewaltmonopols an supranationale funktionale Äquivalente in einem integrierten oder föderalistischen Staatsverbund und die damit verbundene Ausweitung des befriedeten Raumes über die nationalen Grenzen hinaus.

Elemente eines friedenstauglichen Prozessmusters

Johan Galtung hat in den siebziger Jahren im Rahmen eines Auftrags des Europarats versucht, neue Formen der Zusammenarbeit zwischen

8 Norbert Elias, Studien über die Deutschen, Frankfurt am Main 1989, S. 230f.

Ost und West zu erforschen. Dabei konnte er auf Erfahrungen im westeuropäischen Integrationsprozess zurückgreifen. Es ist ihm gelungen, Elemente eines "demokratischen Friedenstheorieansatzes" in einen systematischen Zusammenhang zu setzen. Er nennt fünf Bedingungen, deren Erfüllung als dem Frieden förderlich angesehen werden müssen:

> "es braucht *Symmetrie*, d.h. einen gewissen Grad der Gleichheit zwischen den Partnern; *Homologie*, d.h. einen gewissen Grad von struktureller Ähnlichkeit zwischen den Partnern; *Symbiose* in dem Sinne, dass Zusammenarbeit wirklich für beide Partner wichtig ist; ein gewisses Element der *Bildung von Institutionen* auf supranationaler Ebene; und schliesslich *Entropie*, d.h., dass die Zusammenarbeit auf allen Arten von Kanälen stattfinden sollte, gut verteilt, nicht etwa nur von Regierung zu Regierung und zwischen den Supermächten."[9]

Erst mit der Verwirklichung dieser fünf Bedingungen erreichen die zwischenstaatlichen Beziehungen eine "Stufe der Zivilisation", auf der die Minderung der physischen Gewalt mit einer einigermassen hohen Gewissheit oder Erwartungsverlässlichkeit (Senghaas) eintritt. Es wird erwartet, dass in diesem europäischen System mit "hoher Entropie" Konflikte in funktionalen Bereichen kleingearbeitet und absorbiert werden, ohne dass es zu einer Eskalation kommt. Bereits kleine negative Sanktionen reichen als Signale aus und führen zu relativ lautlosen Anpassungsprozessen. Die Gefahr einer gewaltsamen Entladung von Konflikten ist gering, ja der Grad der Komplexität lässt die Anwendung physischer Gewalt zur Durchsetzung von Interessen geradezu als dysfunktional erscheinen.

Das Gelingen des Vorhabens eines stabilen Friedens hängt wesentlich von solchen inner- wie zwischenstaatlichen "Prozessen der Zivilisation" (was nicht mit "Europäisierung" zu verwechseln ist) ab. Das "Programm" lautet demgemäss: Durchsetzung des staatlichen Gewaltmonopols und damit auch die Legitimität einer Regierung nach innen, die Wahrung der territorialen Integrität und die Unantastbarkeit der Grenzen, Selbstbestimmungsrecht und Minderheitenschutz, Interessenausgleich, kooperative Solidarität bei einer gewissen strukturellen Ähnlichkeit, generell die Förderung "höherer Entropie", die zu einer vergleichsweise dichten und symmetrischen Beziehungsstruktur mit einer Vielfalt von Akteuren führt.

---

9 Johan Galtung, Es gibt Alternativen - Vier Wege zu Frieden und Sicherheit, Opladen 1984, 246.

Konfliktverhalten im globalen Massstab

Während für den OECD-Bereich ein dichtes und symmetrisches Beziehungsmuster mehr oder weniger ausgeprägt vorhanden ist, sieht es im Ost-West-, Nord-Süd- und Süd-Süd-Kontext noch völlig bruchstückhaft aus. Das Ziel der Symmetrie wurde nicht nur nicht erreicht, sondern die Asymmetrien - in der politischen Alltagssprache: das Gefälle - haben sowohl in West-Ost-, als auch in Nord-Süd-Richtung zugenommen. Die Resultate bezüglich der strukturellen Angleichung sind ambivalent. Die Bedürfnisse nach einem Ausgleich zwischen Ost und West haben vor allem in Osteuropa eine Triebkraft entwickelt, die nicht zuletzt zur Überwindung des Ost-West-Konflikts beigetragen hat. In der Praxis ist man jedoch durch die friedliche Umwandlung von kommunistischen Kommandowirtschaften in pluralistische Marktwirtschaften mit den enormen Problemen eines Strukturwandels konfrontiert, der noch nicht die gewünschten Resultate zeitigt. Die Angleichung der osteuropäischen politischen Grundmuster an diejenigen westlicher Demokratien führte erwartungsgemäss nicht automatisch zu einer Kooperation über die ehemaligen Blockgrenzen hinweg, die für beide Seiten gleich oder ähnlich wichtig ist (Symbiose). Vielmehr wird die unmittelbare wirtschaftliche Abhängigkeit Osteuropas vom Westen immer deutlicher, während die modernen Industriestaaten bestenfalls langfristig auf sowjetische Rohstoffe angewiesen sein werden. Der Ausgleich zwischen einem System "hoher Entropie", in dem sich sozialer Wandel relativ unspektakulär vollzieht und einem System "niedriger Entropie", in dem es zu Eruptionen und Umbrüchen kommt, nimmt die Form eines schmerzhaften Anpassungsprozesses an. Einzig die Kooperation auf dem sicherheitspolitischen Gebiet hat bisher zu stark normierten Beziehungen geführt, in denen die Interessen beider Seiten ähnlich gerichtet sind.

Global bildet sich ein ähnliches und sogar noch ausgeprägteres Muster heraus, wie wir es zwischen Ost- und Westeuropa feststellen können. Das internationale System hat jene kulturelle und "zivilisatorische" Entwicklungsstufe noch nicht erreicht, auf der Verflechtungen zahlreich, dicht und ausgewogen genug wären, um weltweit potentielle Gewaltkonflikte einzudämmen, abzuschwächen oder zu verhindern. Regionen "niedriger Entropie" sind offenbar besonders konfliktanfällig und erweisen sich als die Brennpunkte aktueller Krisen und Kriege. Vielerorts sind die Staatsbildungsprozesse nicht abgeschlossen oder werden durch koloniale Grenzziehungen behindert. Völker ohne Land als Konfliktpotential, Interventionismus, Stellvertreterpolitik, regionales Vormachtstreben, konfliktbeladene Süd-Süd-Beziehungen und Bürgerkriege stehen einer Politik der Gewaltminderung und Stabilisierung entgegen.

In den Nord-Süd-Beziehungen ist man in Bezug auf einige Regionen und den gesamten Kontinent Afrika vom Ziel des Ausgleichs (Homologie) weiter entfernt denn je. In einigen Ländern, die besonders von Armut und ökologischer Degradation betroffen sind (Bangladesh, Sudan), ist sogar die Gesellschaftsstruktur als solche bedroht. Es zeigt sich auch, dass zwischen den fünf Elementen nicht unbedingt eine Zielharmonie besteht. Zum Beispiel stellt sich konkret anhand der Flüchtlingsproblematik die Frage, inwieweit das Ziel der "Homologie" mit der Ermöglichung, die kulturelle Identität zu bewahren und dadurch Flüchtlingsbewegungen an der Wurzel zu verhindern, vereinbar ist. Auf der anderen Seite stellt sich auch die berechtigte Frage, ob letzteres nicht ein utopisches Ziel ist. Offenbar geht vom "Westen" bzw. dem *strukturellen Wohlstand* global eine so grosse Anziehungskraft aus, dass ganze Gruppen den Ausgleich anstreben, indem sie der *strukturellen Armut* entfliehen und Wohlstand und Menschenrechte dort suchen, wo sie bereits verwirklicht sind.

Die KSZE als Motor eines europäischen Zivilisationsprozesses

Mit der Charta von Paris wurde im November 1990 ein Dokument verabschiedet, das alle oben genannten fünf Bedingungen als Zielkatalog umfasst. Die Charta erhält gleichsam "Verfassungscharakter" für den gesamten KSZE-Raum. Elemente einer liberalen Verfassung, die im innerstaatlichen Raum erprobt sind, werden für ganz Europa politisch verbindlich und sollen somit auch die zwischenstaatlichen Beziehungen "zivilisieren". In den "Leitsätzen für die Zukunft" werden in der Perspektive des ungeteilten Europa aufgeführt:

- Stärkung der demokratischen Institutionen und der menschlichen Dimension (*Homologie*);

- Friedliche Streitbeilegung und politische Konfliktlösung (*Symmetrie*);

- Verhandlungen über Abrüstung sowie über Vertrauens- und Sicherheitsbildung und eine stärker strukturierte Zusammenarbeit aller Teilnehmerstaaten in Sicherheitsfragen (*Institutionenbildung*);

- Kooperation im wirtschaftlichen Bereich sowie in Wissenschaft und Technik (*Symbiose*);

- Kultureller Austausch, Schutz des kulturellen Erbes und seiner Vielfalt; Unterstreichung der Bedeutung nichtstaatlicher Organisationen und von Einzelpersonen bei der Verwirklichung der KSZE-Ziele (*Entropie*).[10]

Die Abgrenzungs- und Kriegsvermeidungspolitik der vergangenen vier Jahrzehnte ist seit 1989 grundsätzlich einer assoziativen Strategie der Friedensgestaltung gewichen. Diese liegt in der Abschwächung der militärischen und letztlich auch humanitären Elemente und fördert vorrangig die Beziehungen in den wirtschaftlichen, sozialen und ökologischen Bereichen. Diese wurden im KSZE-Prozess unter den Bedingungen des Systemkonflikts weitgehend vernachlässigt. Friede ist im gesamteuropäischen Kontext im wesentlichen zu einer Frage nach der Finanzierung und nach Investitionen in die Wirtschaft, die Ausbildung, das politische System und die Umwelt geworden.

Die Strategie einer "Zivilisierung" bzw. "Demokratisierung" der zwischenstaatlichen Bereiche darf nicht zum Fehlschluss verleiten, die Rolle des Staates würde dadurch generell geringer oder geschwächt. Staaten sind und bleiben auf absehbare Zeit die wichtigsten Träger globaler Zusammenarbeit. Die Aufgabe "souveräner Rechte" zugunsten internationaler Organisationen verläuft selektiv. Es ist jedoch in den Integrationsgebieten (EG) zunehmend der Fall, dass die rapide zunehmende Zahl der Funktionskontexte auf der zwischenstaatlichen Ebene zu einem eher verwaltungsmässigen Umgang der Staaten untereinander führen. Die Repräsentation der "Nation" reduziert sich auf Bankette und politische Sonntagsreden.[11]

Es zeichnet sich ein Horizont zur Thematisierung von Friedensproblemen ab, der die "Weltgesellschaft" umspannt.[12] Weltgesellschaft bezeichnet jedoch keineswegs einen in Wirklichkeit nicht bestehenden strukturellen Zusammenhang. Er umfasst vielmehr die perzipierten gemeinsamen Gefährdungen, so dass unweigerlich die ungleichen Le-

---

10 Charta von Paris für ein neues Europa, Paris 1990 (Sonderdruck), S. 5ff.

11 Vgl. Ruloffs kritische Einschätzung von Integrationstheorien, wobei Ruloffs "neuer Realismus", der nun doch im Gegensatz zur realistischen Schule die "Fähigkeit zu weitestgehender Zusammenarbeit" der Nationalstaaten anerkennen muss, pragmatisch hinter den möglichen und sich teilweise abzeichnenden Entwicklungen zurückbleibt; Dieter Ruloff, Weltstaat oder Staatenwelt. Über die Chancen globaler Zusammenarbeit, München 1988, S. 219.

12 Wolfgang Huber, Friedensethik und Friedensforschung, in: Moltmann, Bernhard (Hg.), Perspektiven der Friedensforschung, Schriftenreihe der Arbeitsgemeinschaft Friedens- und Konfliktforschung AFK, Bd. XV, Baden-Baden 1988, S. 52ff, hier: S. 58.

bens- und Überlebenschancen der Weltbevölkerung in den Blickpunkt rücken. Global geteilte, aber nicht unbedingt global verursachte Problemlagen bilden die zukünftigen Konfliktfelder.[13]

Gerade im globalen Kontext greift jedoch eine Politik des "Spannungsabbaus" zwischen den Staaten zu kurz. Wenn die Friedenspolitik nicht Strukturen verändern kann, die zwischenstaatliche und gesellschaftliche Steuerungsmechanismen begünstigen, die zu Unsicherheit, Krise und Krieg beitragen oder diese hervorrufen, verliert "Friede" jegliche Kontextgebundenheit. Andererseits: wenn es nicht gelingt, auf Bestrebungen, Hoffnungen und Erwartungen einzelner aufmerksam zu machen, deren Erfüllung im Rahmen der jeweiligen gesellschaftlichen Verhältnisse enttäuscht werden (zum Beispiel in den ärmsten Entwicklungsländern), verliert der Friede "jegliche lebensnahe Bedeutung" (Senghaas-Knobloch).

Friede im eigentlichen demokratischen Sinn ist die Voraussetzung für die Existenz der einzelnen Staatsbürgerin und des einzelnen Staatsbürgers in der Gesellschaft. Je höher der Wert des Individuums geschätzt wird, desto höher wird der Friede als politisches Ziel der Gesellschaft bewertet.

FRIEDENSPOLITISCHE MASSNAHMEN IM LICHTE DER INNEN- UND AUSSENPOLITISCHEN TRADITION DER SCHWEIZ

Verschafft man sich einen Überblick über die friedenspolitischen Instrumente der Schweiz, so zeigt sich eine erstaunliche Vielfalt der Mit-

13 Vgl. die umfassende Begrifflichkeit bei Dieter Senghaas, Konfliktformationen im internationalen System, Frankfurt am Main 1988, S. 12f: "Will die Menschheit überleben, so muss im Nuklearzeitalter kollektive Gewaltanwendung unterbunden und überwunden werden. Bisher hat das internationale System nicht eine Entwicklungsstufe erreicht, auf der Interdependenzen zahlreich, dicht und ausgewogen genug wären, um überall potentielle Gewaltkonflikte abzumildern, bzw. sie ganz zu verhindern. Vor diesem Hintergrund sind die Überwindung kollektiver Gewalt und Frieden (...) in gewisser Hinsicht synonyme Konzepte. Allerdings muss Frieden breiter definiert werden, nämlich als ein politischer Modus vivendi, der sowohl durch die Abwesenheit direkter Gewalt als auch durch die Existenz politischer Freiheit und sozialer Gerechtigkeit gekennzeichnet ist. Eine derartig breite Definition ist in modernen wie in sich modernisierenden Gesellschaften wesentlich, weil sich nach aller historischen und gegenwärtigen Erfahrung direkte Gewalt ohne anhaltende Anstrengungen bei der Verwirklichung von Freiheit und Gerechtigkeit nicht verhindern lässt."

tel, die zur Erreichung des Ziels zur Anwendung gelangen. Diese Vielfalt liegt einmal in den innengeleiteten friedenspolitischen Traditionslinien der Schweiz, ist aber ebenso durch äussere Einflüsse begründet.

Neutralität als innere Notwendigkeit?

Heute ist die Lage der Schweiz eine grundsätzlich andere als in früheren Phasen unterschiedlicher europäischer Konfliktformationen. Die Schweiz geniesst die Vorteile einer Binnenlage in einem sich herausbildenden einheitlichen europäischen Raum demokratischer Rechtsstaaten. Kein Zweifel, die Koordinaten der schweizerischen Aussen- wie Innenpolitik haben sich dadurch verschoben. Die Frage von "ne-uter", keiner von beiden, würde sich bezogen auf die Umwelt der Schweiz, wenn überhaupt, nur noch im kaum wahrscheinlichen Ausnahmefall eines Krieges stellen. Aber auch das Interesse des Auslands an der Neutralität ist kaum noch vorhanden oder zumindest nicht mehr gleich gelagert wie zur Zeit des 30jährigen Krieges, als die "beiden Eidgenossenschaften dahin strebten, jede ihre besonderen Freunde zu haben, die, wenn es Noth thue, der anderen Feind würde", während die verbündeten Mächte aber "meist lieber die ganze Eidgenossenschaft zum Freunde gehabt" hätten.[14] Letzteres scheint heute sicherlich ein weit angemesseneres Anliegen zu sein als im 17. und 18. Jahrhundert.

Der Stellenwert der Neutralität wurde längst relativiert. Neutralität ist ein Bestandteil der Aussenpolitik, kann aber weder mit ihr gleichgesetzt werden, noch diese umfassend erklären. "Neutralität bildet im Grunde ein bestimmtes strategisches Verhältnis". Sie bezieht sich auf die "Option eines Staates, seine Sicherheit nicht in der Beteiligung am Krieg anderer zu suchen, sondern durch den Versuch, sich aus dem Konflikt anderer herauszuhalten (...) Alle anderen Ziele und Mittel der staatlichen Interessenwahrnehmung gegenüber der internationalen Umwelt des neutralen Staates werden dadurch nicht oder allenfalls mittelbar berührt."[15] Neutralität umfasst damit auch nicht die ganze Aussenpolitik, sondern nur deren Teile. Auf der anderen Seite ist sie mehr als nur Mittel zum Zweck oder ein "Mittel zur Verteidigung der Unabhängigkeit", sondern im Sinne einer Strategie der Konfliktvermeidung

---

14 Ricarda Huch, Die Neutralität der Eidgenossenschaft besonders der Orte Zürich und Bern während des spanischen Erbfolgekrieges, Diss. Zürich 1892, S. 4; Edgar Bonjour, Schweizerische Neutralität, Basel und Stuttgart 1978, S. 7ff.

15 Daniel Frei, Die internationale Umwelt als Rahmenbedingung der schweizerischen Politik und die Gestaltung der schweizerischen Aussenbeziehungen, in: Handbuch Politisches System der Schweiz, Band 1, Grundlagen, Bern 1983, S. 465ff, hier: S. 521.

eine "bestimmte aussenpolitische Linie auch in Friedenszeiten".[16] In der Abkehr von einer eindimensionalen Politik, die der Neutralitätspolitik einen Primat einräumt, ist eine "mehrdimensionale" Politik gefordert, "die dem Unabhängigkeitsziel das Friedensziel und das Menschenrechtsziel gleichrangig zur Seite stellt."[17]

Die friedenspolitischen Herausforderungen der Schweiz nehmen *unabhängig* von ihrem neutralitätsrechtlichen Status zu. So wird die Neutralitätspolitik durch Aktivitäten europäischer und universaler internationaler Organisationen weiter relativiert, ungeachtet dessen, ob sich die Schweiz daran beteiligt (KSZE) oder nicht (UNO). Ein Beispiel: die UNO hat im Falle der Resolutionen gegen den Irak zum ersten Mal Massnahmen nach Artikel 42 UN-Charta angeordnet. Gemäss Artikel 43 dieser Charta kann jedoch kein Staat - ob Mitglied oder nicht - automatisch zur Ergreifung militärischer Sanktionsmassnahmen gezwungen werden. Andererseits verpflichtet Artikel 2 Ziffer 6 der Charta die UNO, dafür Sorge zu tragen, dass Nichtmitgliedstaaten insoweit nach den Grundsätzen der Charta zu handeln haben, als dies zur Wahrung des Weltfriedens und der internationalen Sicherheit erforderlich ist. Mit anderen Worten, auch das neutrale Nichtmitglied kann sich (moralisch begründeten) Aufforderungen der UNO nicht einfach verschliessen.

Es bestehen kaum mehr zwingende aussenpolitische Gründe für ein Festhalten an der Neutralitätspolitik. Es gibt einen "sachfremden" innenpolitischen und einen "negativen" äusseren Grund: einerseits die kulturelle Tradition, in der Neutralität eine Chiffre mit positiven

---

16 Frei (Anm. 15), S. 525. Vgl. auch ähnlich: Alois Riklin, Ziele, Mittel und Strategien der schweizerischen Aussenpolitik, in: Alois Riklin/Hans Haug/Hans Christoph Binswanger (Hg.), Handbuch der schweizerischen Aussenpolitik, Bern und Stuttgart 1975, S. 21ff, hier: S. 31f; vgl. auch: Jürg Martin Gabriel, Gedanken zu einer "europafähigen" Neutralität, Beiträge und Berichte der Hochschule St. Gallen Nr. 127, 1989 S. 64; Hans-Peter Brunner, Neutralität und Unabhängigkeit der Schweiz im ausgehenden 20. Jahrhundert - Bestandesaufnahme und Ausblick, Diss. Zürich 1989, S. 278ff. Ausserdem: Schweizerische Sicherheitspolitik im Wandel. Bericht 90 des Bundesrates an die Bundesversammlung über die Sicherheitspolitik der Schweiz vom 1. Oktober 1990, S. 37.

17 Riklin (Anm. 16), S. 38; vgl. auch Daniel Thürer, Vorstellungen über die dauernde Neutralität vor dem ersten Weltkrieg, heute und für die Zukunft, in: SJIR Jubiläumsband 1989 XLV, S. 103: "Gute Dienste im weitesten Sinne, Menschenrechtspolitik, Entwicklungspolitik und Umweltpolitik sollten im ureigenen, langfristigen Interesse der Schweiz einen der Neutralitätspolitik gleichen Rang erhalten."; vgl. ausserdem Walter Kälin, Verfassungsgrundsätze der schweizerischen Aussenpolitik, in: Zeitschrift für Schweizerisches Recht (ZSR) NF 105, 3/1986, S. 249ff.

Konnotationen ist und politisch-psychologisch eine Aufwertung erfährt, andererseits die äussere "Alternativlosigkeit" (Daniel Frei) zur Neutralität. Grund: das Bestehen eines kollektiven militärischen Verteidigungsbündnisses, das die Schweiz fast vollständig umschliesst. Die Nato ist allerdings seit 1989 selbst einem Wandel unterworfen und kämpft mit inneren Legitimationsproblemen, die zu einer grundlegenden Neuorientierung in der europäischen Sicherheitslage führen werden, so dass möglicherweise auch bald der äussere Grund für die Neutralität hinfällig wird.

Die friedenspolitischen Möglichkeiten nehmen ebenfalls aufgrund einer Universalisierung sowohl der formalen Beziehungen (diplomatische Vertretungen), als auch der geographischen Erweiterung des friedenspolitischen Interesses zu. Die Schweiz befindet sich in einem Netz hochgradiger Verflochtenheit mit der internationalen Umwelt, die immer universaler wird und über die bevorzugten Nachbarstaaten hinausreicht. Als kleines Land unterliegt sie damit einer Regel, derzufolge Länder um so stärker zu internationaler Verflechtung neigen, je kleiner und je höher entwickelt sie sind. Im wachsenden Masse gilt diese Tendenz jedoch auch für die mittleren und grossen Länder, die ihre Aussenpolitik nicht mehr nur nach innenpolitischen Präferenzen ausrichten können, sondern mehr und mehr auch auf *internationale Solidarität* aller Länder angewiesen sind. Für die Schweiz, die sich nicht auf Machtpolitik abstützen kann, sind diese Entwicklungen sogar günstig, denn zwischen der innenpolitischen Struktur der Schweiz einerseits und den internationalen Bestrebungen nach *Föderalismus, Demokratie, Menschenrechten, wirtschaftlichem Ausgleich und Schiedsgerichtsbarkeit* andererseits zeichnet sich ein *Kräfteparallelogramm* ab, das der Friedenspolitik eine neue Stosskraft verleihen kann - falls man sie nutzt. Aber selbst die Frage, ob man eine eher passive oder eher aktive Neutralitätspolitik verfolgen soll, unterliegt nicht mehr dem voluntaristischen Akt nationaler Aussenpolitik. Weder Grossmacht- noch Neutralitätspolitik können aufgrund der wachsenden Verflechtung des internationalen Systems Ziele unilateral verwirklichen und diese mit humanitären Massnahmen "abfedern". Alle Länder sind heute im Rahmen des Völkerrechts und darüber hinaus ihrer jeweiligen Möglichkeiten verpflichtet, für den Frieden, für die Verwirklichung der Menschenrechte und für die Achtung der Unabhängigkeit anderer Staaten einzutreten (kooperative Solidarität).

Es sind in erster Linie vier in der Verfassung verankerte aussenpolitische Traditionslinien, die heute der Schweiz zugute kommen, falls sie

sie politisch zu nutzen versteht:

a) der Zwang zur politischen Konfliktlösung, Verhandlung und Streitschlichtung in einem heterogenen Zusammenschluss von Staaten[18];

b) der föderalistische Staatsaufbau, der zunächst als "Preis" eine strikte Neutralitätspolitik erforderte, aber später für nach aussen übertragbar gehalten wurde[19];

c) ein Bewusstsein von Rechtsstaatlichkeit, das zwar als nationales entstanden ist, seiner Natur nach jedoch universal ist[20];

d) die Nützlichkeit des Kleinstaats nach aussen.[21]

Die vier Linien reichen historisch unterschiedlich weit zurück, was gleichzeitig dokumentiert, dass sich die Schweiz - wenn auch oft spät - den inneren und äusseren Veränderungen anzupassen wusste. Die einzelnen politischen Linien haben sich bis ins zwanzigste Jahrhundert hinein immer wieder an den staatlichen Grenzen gebrochen, finden aber insbesondere seit der Aktivierung der Neutralitäts- bzw. Aussenpolitik eine Verlängerung über die Innenpolitik hinaus in die äusseren Beziehungen.[22] Es sind dies:

---

18 Vgl. Urs Altermatt, Konflikt und Konsens in der Schweiz. Vom Stanser Verkommnis zum Friedensabkommen, in: Nationalkommission Justitia et Pax (Hg.), Formen Schweizerischer Friedenspolitik, Bd. 6, Freiburg 1982, S. 67ff.

19 Jakob Dubs, Zur Verständigung über die Bundesrevision, Zürich 1871, S. 114f, zit. in: Daniel Thürer, Beiträge bedeutender Schweizer zum Aufbau Europas, in: Europa, Schweizerische Zeitschrift für europäische Fragen, 10-12'90, S. 10ff. Ich verdanke dieses und die beiden folgenden Zitate einem Aufsatz von Professor Thürer.

20 Herbert Lüthy, Kleineuropäisches Plädoyer, zit. in: Norbert Kolhase, Einheit in der Vielfalt - Essays zur Europäischen Geschichte, Kultur und Gesellschaft, Baden-Baden 1988, S. 155.

21 Raymond R. Probst, "Good Offices" in the Light of Swiss International Practice and Experience, Dordrecht/Boston/London 1989, S. 1ff.

22 Vgl. Bonjour (Anm. 14), S. 214, der die "Wende" im Neutralitätsverständnis nach 1945 beschreibt: "Dem bisher negativ und restriktiv gehandhabten Neutralitätsprinzip, das zur Kontaktarmut und zum Immobilismus geführt hatte, stellte man die Begriffe der Solidarität, Disponibilität, Universalität zur Seite". Allerdings war die Anlaufzeit recht lange. So trat man z.B. erst 1961 dem Europarat bei, nachdem man 1951 und 1957 einen Beitritt noch für inopportun hielt. Erstmals im Bundesbericht zum Jahr 1963 hat der Bundesrat dann die neuen Ziele einer aktiveren Neutralitätspolitik formuliert.

AUSSENORIENTIERUNG ODER SELBSTBEZOGENHEIT?

Unter dem Strich hatten die friedenspolitischen Strategieansätze immer zwei Zielsetzungen zu verfolgen: einmal die Annäherung an das Ziel der Öffnung und Aussenorientierung durch die Einbindung der Schweiz in das internationale System; zum anderen die Verhinderung der "Systemschliessung" durch Strategien, die innenpolitisch die Nützlichkeit der Schweiz nach aussen glaubwürdig darstellen konnten.

Ambivalente Aussenpolitik

Die Ambivalenz von Aussenorientierung und Selbstbezogenheit zieht sich tendenziell durch die gesamte Aussenpolitik und hat bisher eine kohärente Friedenspolitik, die nicht nur an den eigenen Interessen orientiert ist, eher behindert als begünstigt.[23] Der Dualismus verläuft quer durch die politischen Lager, wobei sich jeweils nur die Begründungen voneinander unterscheiden.[24] Als Beispiele können die Debatte zum UNO-Beitritt und die gegenwärtige Diskussion über einen möglichen Beitritt der Schweiz zur EG dienen. Die Mängel der internationalen Institutionen und ihrer Strukturen dienen zum Vorwand für eine Abwartehaltung oder für eine Ablehnung. So wird etwa auch von der Friedensbewegung nahestehenden Vertretern eine Politik des "hohen Eintrittspreises" empfohlen, d.h., der EG kann nur dann beigetreten werden, wenn sie sich entmilitarisiert, demokratisiert, dezentralisiert und ökologisiert. Die Politik der hohen Schwelle gilt ebenso für konservative Kreise, die vorderhand jede politische - wenn auch nicht wirtschaftliche - Öffnung ablehnen. Wir finden bei denjenigen, die generell für eine Aussenorientierung eintreten, Haltungen, die eher assoziative und solche, die eher dissoziative Strategien begünstigen. Umgekehrt finden wir bei den Kräften, die traditionell für eine starke Selbstbezogenheit votieren wiederum zwei verschiedene Haltungen:

---

23 Vgl. Frei (Anm. 15), S. 503ff: "Die Verbindungen, mit denen in den Voten vom Konzept "Aussenpolitik" zum Konzept "Innenpolitik" am meisten kausale Brücken geschlagen werden, erscheinen vorwiegend als Hinweise auf die Landesverteidigung, die Aussenwirtschaft, Staatspolitik und Parlamentsinternes, ferner auf die Binnenwirtschaft und die Bereiche des Sozialen und der Umwelt. Das Bewusstsein für die innenpolitische Verankerung der Aussenpolitik kommt auch darin zum Ausdruck, dass an den die Handlungsfreiheit der Schweiz einschränkenden Einflussgrössen 161 mal Umstände im Inneren der Schweiz genannt werden, jedoch nur 128 mal Umstände, die in der Struktur der Weltpolitik wurzeln." (49 mal werden internationale Organisationen genannt, 42 mal einzelne Staaten und 26 mal Grossmächte).

24 Vgl. GfS-Forschungsinstitut/Universität Bern, Forschungszentrum für schweizerische Politik (Hg.) UniVox-Jahresbericht IIB-90, Bern/Zürich 1990, S. 17ff.

diejenigen, die die Flucht nach vorne antreten, d.h. eine grössere aussenpolitische Einflussnahme vorschlagen, um vor dem Hintergrund der wachsenden Interdependenz die Selbstbezogenheit bewahren zu können; und diejenigen, die in der Aussenorientierung nur ein notwendiges Übel sehen und sich passiv verhalten. Wir finden demnach auf beiden Seiten des politischen Spektrums jeweils zwei Positionen, die zu Strategien führen, die sich tendenziell angleichen (Schaubild 2).

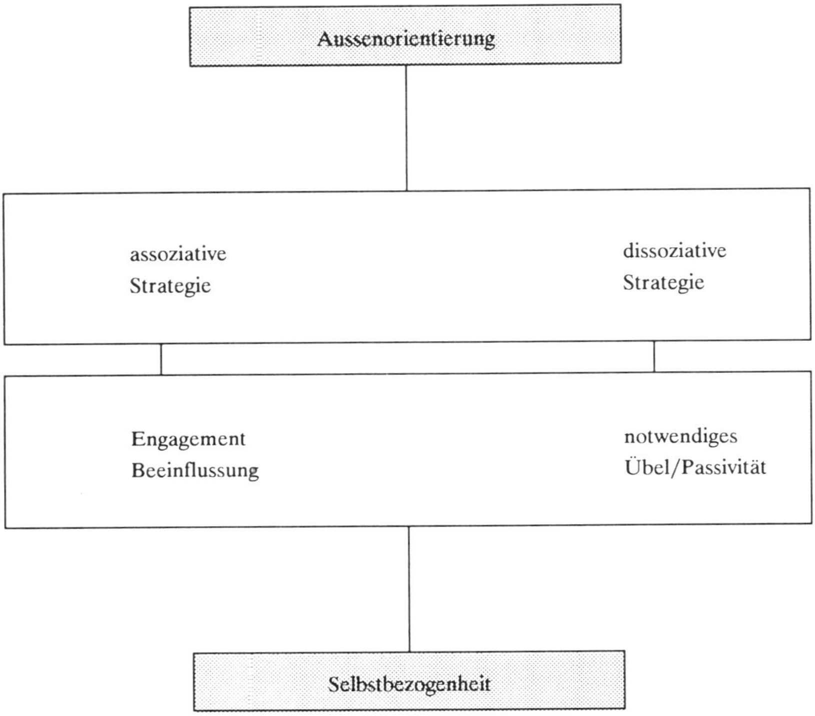

(Schaubild 2)

Dualismus in den offiziellen Stellungnahmen

Die widersprüchliche Haltung (Aussenorientierung vs. Selbstbezogenheit) durchzieht auch die verschiedenen Dokumente schweizerischer Aussenpolitik, in denen friedenspolitische Massnahmen explizit genannt werden, so zum Beispiel im

- Bericht des Bundesrates an die Bundesversammlung über die Sicherheitspolitik der Schweiz (Konzeption der Gesamtverteidigung) vom 27. Juni 1973.
- Zwischenbericht zur Sicherheitspolitik vom 3. Dezember 1979.
- Bericht über die Friedens- und Sicherheitspolitik der Schweiz (Postulate 84.348 von Ständerat F. Muheim vom 8. März 1984 und 88.384 von Nationalrat M. Pini vom 16. März 1988) vom 29. Juni 1988.
- Bericht 90 des Bundesrates an die Bundesversammlung über die Sicherheitspolitik der Schweiz vom 1. Oktober 1990: "Schweizerische Sicherheitspolitik im Wandel".

Es ist hier nicht der Ort, die Entwicklungslinien schweizerischer Sicherheits- und Friedenspolitik entlang der oben aufgeführten offiziellen Dokumente nachzuzeichnen. Es ist jedoch für die künftige Friedenspolitik wichtig, zumindest einen Aspekt herauszugreifen. Die friedenspolitischen Massnahmen werden meistens unilateralistisch innen-, verteidigungs- und sicherheitspolitisch nach Massgabe der Förderlichkeit für die nationalen Interessen begründet. Im Bericht 1973 heisst es: "Die Erhaltung des Friedens, so sehr uns an ihr liegt, ist für sich allein kein Ziel. Sie kann von der Bewahrung der Selbstbestimmung nicht getrennt und nicht gegen sie ausgespielt werden." Der nationalen Selbstbehauptung unterstellt, wird nicht ausgeschlossen, dass zusätzlich "neue Wege der Friedenssicherung beschritten werden".[25] Im Zwischenbericht 1979 wird als strategisches Ziel der Aussenpolitik ebenfalls die Erhaltung der Unabhängigkeit des Landes genannt. Erreicht werden soll dies durch die "Bewahrung des Friedens" nach den bekannten Grundprinzipien der dauernden und bewaffneten Neutralität, Solidarität und Disponibilität.[26] Ähnlich lauten die entsprechenden Formulierungen in der UNO-Botschaft 1981. Die Notwendigkeit von solidarischen Beiträgen wird mit der "gegenseitigen Abhängigkeit aller Staaten und ihrer Probleme", der stets zunehmenden "Interdependenz" begründet. Folgerichtig wird der Beitritt zur UNO als wichtiger Schritt zur "Normalisierung, Festigung und zum Ausbau der Beziehungen der Schweiz zur Staatengemeinschaft" gesehen.[27] In der Botschaft 1988, heisst es: "Neben der bewaffneten Neutralität (...) trägt eine reiche Palette von Massnahmen aktiv zur allgemeinen Friedenssicherung und Krisenbeherrschung bei." Und weiter unten wird dies begründet: "Indem wir auf diese Weise zur

---

25 Bericht GV 1973, S. 6 (Ziff. 21).
26 Zwischenbericht 1979, S. 12 (Ziff. 321).
27 Botschaft über den Beitritt der Schweiz zur Organisation der Vereinten Nationen (UNO) vom 21. Dezember 1981, S. 4 (Ziff. 11).

Lösung existenzieller Probleme beitragen, die sich weltweit stellen, erfüllen wir unsere Pflicht zur Solidarität gegenüber der Völkergemeinschaft. Dadurch tragen wir auf weite Sicht auch wesentlich zur eigenen Sicherheit bei."[28]

Der Bericht über die Friedens- und Sicherheitspolitik von 1988 geht ebenfalls von einem interessengebundenen Friedensbegriff aus, etwa wenn es bei den Zielen heisst, "der Friede ruht heute auf einem allzu schwachen Fundament, als dass er von Dauer sein könnte. Die Schweiz muss daher in ihrem eigenen Interesse das Ihre zu seiner Festigung beitragen". Die Sicherheitspolitik, als deren Teil Friedenspolitik aufgeführt wird, dient in erster Linie defensiven Zielen, kennt aber auch die "Bemühungen zum Aufbau einer stabileren und gerechteren Weltordnung". Es geht in erster Linie um "die Wahrung des Friedens" und um "Reduktion von Spannungen" durch einen Beitrag zur "friedlichen Beilegung von Streitigkeiten zwischen Staaten" und die Einhaltung des Völkerrechts.[29]

Nuancierungen in der Sicherheitspolitik

Im Bericht 90 schliesslich stellen wir eine gewisse Nuancierung gegenüber früheren Dokumenten fest. Zwar werden die bisherigen sicherheitspolitischen Ziele bekräftigt[30], aber mit dem "Beitrag zur internationalen Stabilität, insbesondere in Europa" soll ein neuer Akzent gesetzt werden.[31] Im Abschnitt "Friedensförderung durch Kooperation und Hilfeleistung" sieht der Bundesrat die Bekämpfung von Ursachen und nicht bloss von Symptomen von Konflikten als ein Hauptziel. Konfliktursachen könnten "durch vertiefte Kooperation im Wirtschaftsbereich, Zusammenarbeit auf politischem Gebiet, Verstärkung der rechtlichen Beziehungen und durch möglichst enge sicherheitspolitische Kooperation im Bereich der Friedensförderung beseitigt werden".[32] Es ist von einem Ausbau der Friedenspolitik und neu von einer "Friedensförderungspolitik" des Bundesrats gegenüber Europa und den Regionen der Dritten Welt als Teil der aussenpolitischen Strategie die Rede.[33]

---

28 Botschaft über die Volksinitiative "für eine Schweiz ohne Armee und für eine umfassende Friedenspolitik" vom 25. Mai 1988, S. 13f (Ziff. 412).
29 Bericht über die Friedens- und Sicherheitspolitik 1988, S. 2 (Ziff. 11).
30 Bericht 90, S. 30 (Unsere Antwort).
31 Bericht 90, S. 30.
32 Bericht 90, S. 32.
33 Bericht 90, S. 36.

Fazit
Friedenspolitische Massnahmen finden sich im Rahmen der Verteidigungs- bzw. Sicherheitspolitik jeweils unter dem Kapitel "Aussenpolitik". Friedenspolitik war Teil der Sicherheitspolitik und dabei der defensiven Komponente unterstellt. Der Friede ist insofern ein Thema, als er der eigenen Sicherheit dient.[34] Bei den "ausgreifenden Massnahmen", die Teil innenpolitischer Interessensabwägung sind oder zunehmend als Reflex auf die Interdependenz zu sehen sind, zeigt sich ein gewisser Voluntarismus. Eine der sicherheitspolitischen Konzeption vergleichbare friedenspolitische Konzeption, wie sie etwa von der eidg. Kommission für Jugendfragen andiskutiert und eingefordert wird, existiert jedoch nicht.[35]

Abgesehen von rein semantischen Veränderungen, die sich seit dem Bericht von 1973 ergeben haben, ist eine gewisse Akzentuierung der Friedenspolitik festzuhalten. Im Bericht zur Friedens- und Sicherheitspolitik findet die Sicherheitspolitik eine friedenspolitische Ergänzung.[36] Es bleibt jedoch bei einer - sicherlich hilfreichen - Zusammenschau der bisherigen friedenspolitischen Aktivitäten der Schweiz seit dem Zweiten Weltkrieg. Im Bericht 90 ist man erstmals vom Begriff der "Friedenswahrung" zum aktiveren der "Friedensförderung" übergegangen. Zwar bleibt die "Friedenspolitik" nach wie vor Teil der Sicherheitspolitik, wird aber weniger mit den eigenen nationalen Interessen als vielmehr mit den globalen existenziellen Gefahren, die die Völkergemeinschaft betreffen, begründet. Die Friedenspolitik rückt damit im Rahmen einer aktiven Aussenpolitik in einen "strategischen" Rang und erhält eine kohärentere Struktur, die über eine blosse "Palette" von mehr oder weniger (un-)verbindlichen Massnahmen hinausweist.

Der aussenpolitische Bezugsrahmen hat sich stetig universalisiert und zwar nicht nur im formalen (Einrichtung von Botschaften) oder wirtschaftlichen (Einbettung in den Weltmarkt und hohe Auslandsinvestitionen), sondern auch im politischen Sinne. Die Postulate "Universalität" und "Solidarität" erhielten zunehmend eine über den formalen und humanitären Aspekt hinausgehende kooperative und integrative Bedeutung. Insbesondere das *Bundesgesetz vom 19. März 1976*

---

34 Vgl. auch Brunner (Anm. 16), 173f.

35 Si Vis Pacem - Para Pacem für eine aktive Friedenspolitik, Eidgenössische Kommission für Jugendfragen, 1988.

36 Die ist nicht zuletzt eine Antwort auf die Initiative für eine Schweiz ohne Armee und für eine umfassende Friedenspolitik. Die Initianten forderten eine Friedenspolitik, die die Sicherheitspolitik erübrigt.

über die internationale Entwicklungszusammenarbeit und humanitäre Hilfe bringt eine aktivere Aussenpolitik zum Ausdruck, die eine Reihe von Elementen eines "positiven Friedens" beinhaltet: "Die Politik der internationalen Solidarität ist naturgemäss auch eine Politik des Friedens, und zwar des Friedens für uns selbst und des Friedens in der Welt überhaupt."[37] Es ist sicherlich kein Zufall, dass die Botschaft des Bundesrates zu diesem Gesetz im Bericht über die Friedens- und Sicherheitspolitik der Schweiz von 1988 ziemlich zu Anfang ausführlich zitiert wird. Entwicklungspolitik ist Friedenspolitik. Sie strebt die Überwindung "fundamentaler Ungleichheiten innerhalb der Völkergemeinschaft und der sich daraus ergebenden Spannungen und Konfliktgefahren" an. Damit soll auch "nach Möglichkeit vermieden werden, dass der Entwicklungsprozess gewaltsame und kriegerische Form annimmt".[38]

Einflüsse von aussen, die friedenspolitische Massnahmen begünstigen

Weltweit betrachtet, befindet sich das internationale System am Ende des zwanzigsten Jahrhunderts in einer äusserst prekären Lage, die mit den Stichworten *Verschlechterung der Lebensbedingungen vieler Menschen, Zunahme von Regionalkonflikten* und *ökologischer Zerstörung* gekennzeichnet werden kann.

Demgegenüber wirken sich die Veränderungen in Europa positiv auf die schweizerische Friedens- und Sicherheitspolitik aus. Die Schweiz kann aus mehreren Gründen, die unter anderem Thema dieser Studie sind, nach dem europäischen Umbruch im Herbst 1989 von einem relativ sicheren Terrain aus friedenspolitisch aktiv werden.

Die Umwälzungen in Europa erhöhen die Sicherheit

Bereits im Jahr 1971 hat die Studienkommission für strategische Fragen die Tatsache unterstrichen, dass

> "die Sicherheit unseres Landes in weit höherem Mass von den internationalen Konstellationen und von der Sicherheitspolitik unserer Umwelt ... abhängig ist ... als von unseren eigenen Mitteln und Vorkehrungen."[39]

Diese Aussage wurde durch den Umbruch in Europa im Herbst 1989

---

37 Vgl. die Botschaft des Bundesrates zum Bundesgesetz vom 19. März 1976 in: BBl 1973 I, S. 890.

38 Botschaft (Anm. 37).

39 Studienkommission für strategische Fragen, Grundlagen einer strategischen Konzeption der Schweiz, SAD (Hg.), Bd. 11, Stäfa 1971, S. 30.

auf unerwartete Weise bestätigt. Unabhängig von den eigenen Vorkehrungen hat sich die Sicherheit der Schweiz wie ihres Umfelds fast schlagartig erhöht. Der Bericht 90 trägt dem Rechnung, indem er als fünftes sicherheitspolitisches Ziel einen "Beitrag an die internationale Stabilität, insbesondere in Europa", formuliert.[40]

Die Schweiz war bezüglich ihrer Struktur, ihrem Wohlstand, der Rechtsstaatlichkeit und demokratischen Partizipation, den Wertehaltungen in der Bevölkerung usw. dem europäischen Umfeld noch nie so ähnlich wie heute. Die fünf Bedingungen einer stabilen Friedenspolitik, *Symmetrie, Homologie, Symbiose, Institutionen und Entropie* sind im Umfeld der Schweiz weitgehend vorhanden, wobei die Schweiz durch ihre wirtschaftliche Integration im Grunde aktiv zu diesem Ausgleich beigetragen hat, auch wenn das nicht immer bewusste Politik war. Ausdruck der Angleichung des europäischen Umfelds sind die sich vertiefenden Integrationstendenzen im westeuropäischen Kontext einerseits und die Charta von Paris im gesamteuropäischen Rahmen andererseits. Die Existenz überstaatlicher Gemeinschaften fördert in Europa die Zielsetzung des Friedens, der Unabhängigkeit und der Menschenrechte ebenso wie die Elemente föderalistischer Strukturaufbau und friedliche Konfliktlösung. Eine unmissverständliche Aussenorientierung dürfte in diesem Umfeld auf weniger innenpolitische Widerstände stossen, sofern in der Öffentlichkeit eine rationale Debatte darüber stattfinden kann.[41] So gilt es, aufklärerisch der Angst in der Bevölkerung, der Staat würde durch eine Integration in eine grössere Gemeinschaft stark in seiner Autonomie beschnitten oder gar aufgelöst, entgegenzutreten. Empirisch ist sogar das Gegenteil der Fall. Integration kann unter Umständen auch zu einer Stärkung der Position und damit der Souveränität kleinerer Staaten führen.[42]

Dauerhafte Neutralität war zwar einerseits immer vorwiegend ein Mittel zum Zweck der Unabhängigkeit. Auf der konkreten Ebene stellte sie jedoch keinen Hinderungsgrund für die Guten Dienste und die Beteiligung der Schweiz an Massnahmen der UNO oder am KSZE-Prozess dar. In einigen Bereichen, wie den Guten Diensten, der Mediation und Arbitrage war die neutralitätsrechtliche Grundlage der Schweiz sogar von Vorteil. Das Bestreben des neutralen Kleinstaats, Sicherheit

---

40 Bericht 90, S. 30.

41 Vgl. GfS-Forschungsinstitut/Universität Bern, Forschungszentrum für schweizerische Politik (Hg.), VOX-Analysen, Hauptergebnisse zur Initiative "Für eine Schweiz ohne Armee und für eine umfassende Friedenspolitik", Publikationen Nr. 38, Bern/Zürich 1990, Februar; vgl. auch UniVox (Anm. 24).

42 Vgl. auch Ruloff (Anm. 11), S. 218f.

nicht durch Krieg, sondern durch Kooperation und friedliche Streitbeilegung zu erreichen, müsste ihn im Bereich der Konfliktprävention besonders aktiv machen.[43] Die innenpolitischen Kräfteverhältnisse, nicht die Neutralität, fördern oder behindern eine aktive Aussen- und Friedenspolitik.[44]

Die Schweiz ist bei der Wahl der friedenspolitischen Inhalte nicht mehr nur an ihre Verfassung gebunden, sondern sie hat auch politisch verbindliche Dokumente unterzeichnet, die bereits diesen Erfordernissen genügen. In der Charta von Paris heisst es: "Das Schicksal unserer Nationen ist mit dem aller anderen Nationen verbunden. Wir unterstützen uneingeschränkt die Vereinten Nationen und die Stärkung ihrer Rolle bei der Förderung von Frieden, Sicherheit und Gerechtigkeit in der Welt."[45]

Hier sind vor allem zwei Dokumente für die schweizerische Aussenpolitik wichtig oder bindend: die UNO-Charta im globalen Massstab und die Charta von Paris (auf der Grundlage der Schlussakte von Helsinki und dem dort festgehaltenden Prinzipiendekalog) für den europäischen Rahmen. Die Charta der KSZE lässt sich dabei mühelos in die Präambel und in die Ziele und Grundsätze der UN-Charta Artikel 1 integrieren.[46] Für die Schweiz als Mitunterzeichner sind die Zielsetzungen politisch bindend. Damit ist eigentlich bereits die Erweiterung des friedenspolitischen Programms umschrieben, das es zu präzisieren und zu operationalisieren gilt. Dies dürfte insofern unproblematisch sein, als

---

43 Probst (Anm. 21), S. 161.

44 Eine Verfassungsänderung durch eine Neuformulierung des Zweckartikels ist für eine aktivere Friedenspolitik nicht speziell notwendig. Vgl. Kälin (Anm. 17), S. 328f, der eine Abwägung der aussenpolitischen Maximen der Neutralität, Solidarität, Disponibilität und Universalität vornimmt. Bei Zielkonflikten ist nicht per se von einem generellen Vorrang der neutralitätspolitischen Anliegen auszugehen." Ausschlaggebend im Falle eines Konfliktes zwischen der Wahrung von Eigeninteressen und altruistischen Anliegen muss die *langfristige* Perspektive sein: Wo z.B. im Rahmen der Solidarität zur Lösung menschheitsbedrohender Probleme Verzichte notwendig sind, lassen sich die damit verbundenen Einbrüche in unsere Autonomie mit dem Argument rechtfertigen, dass sie langfristig im Interesse unseres Landes liegen."

45 Charta von Paris (Anm. 10), S. 4. Es wäre wohl von den Nicht-KSZE-Staaten zurecht als Affront gewertet worden, wenn an dieser Stelle der Zusatz erfolgt wäre: "...solange es unseren Interessen dient". Weiter unten gehen die Unterzeichner auch Pflichten ein: "Angesichts der Armut in einem grossen Teil der Welt verpflichten wir uns zur Solidarität mit allen anderen Ländern. Wir wenden uns daher heute von Paris aus an alle Nationen dieser Welt: Wir sind bereit, die gemeinsamen Anstrengungen zur Förderung der Gesamtheit der grundlegenden menschlichen Werte mit allen und mit jedem einzelnen dieser Staaten zu tragen."

46 Vgl. die Zielsetzungen der Charta (Anm. 10) weiter oben in diesem Beitrag.

sich hier eine Interessenkonvergenz zwischen den besonderen Zielen der Staaten und den allgemeinen Zielen abzeichnet.

Institutionelle Symmetrien

Es kommt noch ein weiteres die Friedenspolitik begünstigendes äusseres Element hinzu. Alle entwickelten Nationalstaaten verfügen heute über ein breit gefächertes aussen- und friedenspolitisches Instrumentarium, so dass sich verschiedene Institutionen nach dem Prinzip der "kommunizierenden Röhren" gegenseitig bedingen (so zum Beispiel zwischen ähnlichen Abteilungen in den Aussenministerien verschiedener Staaten). Wo dies nicht der Fall ist, führen internationale Vereinbarungen und Normierungen immer häufiger zur "Institutionenbildung" (vgl. KSZE-Prozess) sowohl auf internationaler Ebene als auch in den nationalen Verwaltungen.

Öfter als früher werden entscheidende Probleme in einem breiten multilateralen Rahmen und nicht mehr in einem bilateralen Rahmen angegangen und gelöst. Friedenspolitische Problemfelder tangieren tendenziell stärker ganze Regionen oder die Welt, als eine begrenzte Anzahl von Nationalstaaten. Das führt mithin dazu, dass Probleme "politisiert" werden. Das hat zum Beispiel zur Folge, dass immer mehr Entscheide zu Grundsatz- und Sachfragen in den Hauptorganen der UNO, namentlich in der Generalversammlung, anfallen und nicht mehr in Spezialorganisationen[47], in denen die Schweiz mitarbeitet. Die Interdependenz gerät ohne Partizipation zur Abhängigkeit ohne Mitbestimmung, wenn die Schweiz weiterhin nicht in den politischen Entscheidungsstrukturen präsent ist. Mehr noch: die gute und qualifizierte Arbeit auf sachlicher, oder schweizerisch: "nicht-politischer" Ebene droht an Wert zu verlieren oder gar ausgehöhlt zu werden.

Fazit

Es ist festzuhalten, dass die Mittel der Schweiz breit gefächert sind. Das Land kann sich auf eine international glaubwürdige friedenspolitische Tradition berufen, die aufgrund der Neutralitätspolitik wenig Brüche erfahren hat. Die vorhandenen Widersprüche resultieren eher aus der Innenpolitik. Dort wurde noch zuwenig reflektiert, dass heute die schweizerische Politik generell durch die Tatsache begünstigt wird, dass sie im europäischen Rahmen wieder selbständig ihre Sicherheit erhöhen kann[48], indem sie politisch noch stärker in den Ausgleich Ost- und

47 Dies stellte der BR schon in seiner UNO Botschaft (Anm. 27) fest (11, Ziff. 17).

48 Im Gegensatz zu den siebziger Jahren, wie die Studienkommission feststellte (Anm. 39).

Westeuropas investiert. Dies hat auch Auswirkungen auf die globale Sicherheit, denn durch den Wegfall der globalen Systemkonkurrenz entfallen Stellvertreterkriege und es kommt zu einer "Re-Regionalisierung" der Konflikte.

Sowohl die Ziele als auch die Instrumentarien schweizerischer Aussenpolitik korrespondieren heute weitgehend mit den Zielen der meisten Staaten und der internationalen Organisationen. Vor diesem Hintergrund steht der Konzeptionierung einer Friedenspolitik als eigentlichem Politikfeld nichts mehr im Wege.

SICHERHEIT UND FRIEDE ALS SPANNUNGSVERHÄLTNIS

Die Abgrenzung der beiden Begriffe

Friedenspolitik lässt sich nicht abgekoppelt von der jeweiligen Sicherheitsproblematik entwickeln. Die Beziehungen zwischen Friede und Sicherheit sind ebenso internationalen Veränderungen unterworfen, wie die beiden Politikbereiche es jeweils für sich sind. Zur Zeit des virulenten Ost-West-Konflikts waren die Debatten darüber meist ideologisch aufgeladen. Die Frage, ob die beiden Politikfelder dekkungsgleich seien, ob es nur teilweise Überlappungen oder ob es zwischen ihnen überhaupt keine Berührungspunkte gäbe war nachgerade ein Politikum, das zu einer Verhärtung innenpolitischer Fronten führte. Diese Diskussion gehört spätestens seit 1989 zu den "Altlasten" (Senghaas) des Ost-West-Konflikts, die es noch abzutragen gilt.

Die Dimensionen und Herausforderungen der Sicherheit haben sich im Ost-West-Konflikt ständig gewandelt und erweitert. In den fünfziger Jahren wurde Sicherheit rein militärisch verstanden, in den sechziger Jahren trat die politische Dimension hinzu, in den siebziger Jahren die ökonomische Herausforderung. Seit Mitte der siebziger Jahre haben sich alle Dimensionen miteinander vermengt. Der Sicherheitsbegriff hat in zweifacher Hinsicht eine Erweiterung erfahren: einerseits von der nationalen zur internationalen (globalen) Sicherheit (horizontale Dimension) und andererseits von der militärischen zur politischen (gesellschaftlichen) Sicherheit (vertikale Dimension). Die Chance zu einer gemeinsamen und kooperativen Sicherheit wird heute in Europa nicht mehr in der nationalen Umverteilung der unvermeidlich ungleichen Sicherheitsrisiken gesucht (Sicherheitsdilemma), sondern in der gesamten ost-westlichen Minderung der Unsicherheitsfaktoren - etwa durch eine Politik der Abrüstung offensiver Streitkräfteelemente und der Bedrohungsminderung mittels der Einführung defensiver Strukturen.

Allerdings muss auch auf Restriktionen im Verständnis von Sicherheit hingewiesen werden. Diese können die Möglichkeiten einer künftigen schweizerischen Friedenspolitik tangieren. Die Sicherheitspolitik der Schweiz - das wurde im Bericht 90 klargestellt - befasst sich eindeutig mit machtpolitischen Fragen. Da friedensfördernde Massnahmen im Bericht 90 Teil der aussenpolitischen Strategie sind und letztere wiederum ein Mittel der Sicherheitspolitik darstellt, geraten wesentliche friedenspolitische Dimensionen aus dem Blickwinkel. Friedenspolitik hat erwiesenermassen eine *machtpolitische* und eine *nicht-machtpolitische* Komponente. Die machtpolitische ist entweder auf die Verhinderung des Kriegs gerichtet oder leistet im Rahmen einer friedensbezogenen Neutralitätspolitik einen Beitrag zur Konfliktregelung oder Spannungsminderung in der Welt.[49] Die nicht-machtpolitische Komponente geht über Sicherheitsfragen hinaus und beinhaltet sowohl eine ethisch (humanitär) als auch eine völkerrechtlich begründete, altruistisch orientierte Politik, die einen Solidaritätsbeitrag zur Förderung und Gestaltung einer gerechten weltweiten Friedensordnung leisten will. Mit anderen Worten, eine umfassende Friedenspolitik muss sich aus der machtpolitischen Verortung befreien.

Die inneren Zusammenhänge

Die Überlegung bricht sich Bahn, dass heutzutage die Debatte um die Friedenssicherung ihren Sinn verliert, wenn sie nicht im Zusammenhang mit einem umfassenden Einsatz zur weltweiten Friedensförderung verstanden wird. Mit anderen Worten: bestand früher die begründete Einsicht, man müsse die mangelnde militärische Ausrüstung (im Vergleich zu den grösseren Mächten) durch eine aktive Friedenspolitik im Rahmen der Neutralität kompensieren, steht heute die Frage nach einer aktiven Friedenspolitik im Vordergrund, die den Mangel an globalen politischen Lenkungs- und Sanktionsmöglichkeiten kompensieren muss.

---

49 Vgl. auch die völkerrechtliche Begründung einer sich ergänzenden Friedens- und Sicherheitspolitik bei Kälin (Anm. 17). Nach geltendem Verfassungsrecht stehen alle Maximen unter dem Unabhängigkeits- und Wohlfahrtsziel von Art. 2 BV und sind darauf bezogen. In verschiedenen Verfassungsentwürfen für die Totalrevision wurde jedoch immer wieder vorgeschlagen, die Verfassung so zu ändern, dass die Schweiz eine mehrdimensionale Aussenpolitik verfolgen kann, die dem Unabhängigkeitsziel das Friedensziel und das Menschenrechtsziel gleichrangig zur Seite stellt.

Die schweizerische Friedenspolitik wird üblicherweise von den sicherheitspolitischen Interessen und Bedürfnissen her begründet und als substrategisches Spielbein staatlicher Machtpolitik begriffen. Grenzt man jedoch Friedens- und Sicherheitspolitik als zwei miteinander verbundene gleichberechtigte Politikfelder voneinander ab, kommt man zu folgender Darstellung (Schaubild 3):

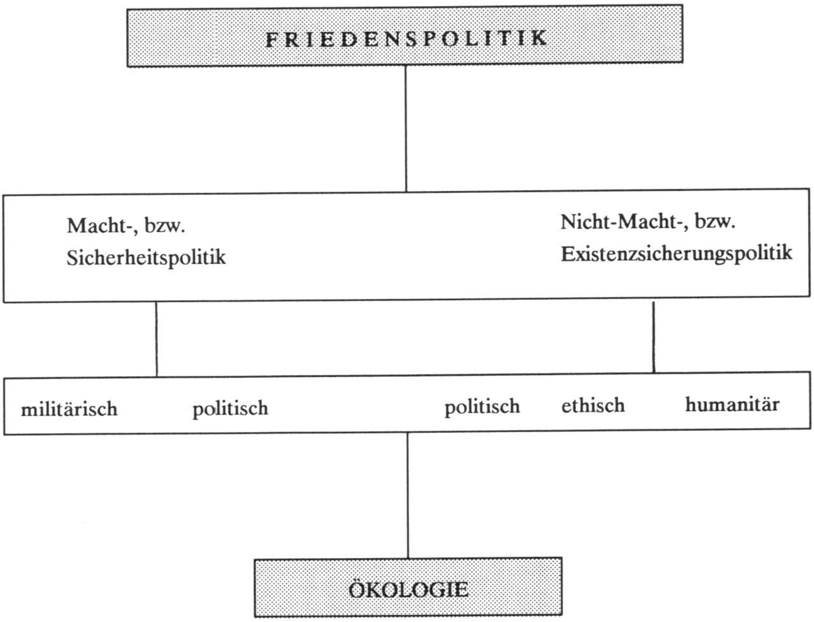

(Schaubild 3)

"Ökologie" wurde dem Schema hinzugefügt, um deutlich zu machen, dass der Faktor Umwelt zu einer wichtigen friedens- und sicherheitspolitischen Einflussgrösse geworden ist. Es ist allerdings falsch, "ökologische Gefahren" und "militärische Bedrohungen" alternativ zu betrachten und gegeneinander auszuspielen, wie es in der sicherheitspolitischen Debatte um den Bericht 90 teilweise geschehen ist. Ökologische Gefahren bewegen sich in einer Art "Grauzone": wird der Umweltzerstörung nicht rechtzeitig mit (wirtschafts-) politischen Mitteln begegnet, kann sie zu einem Faktor von Machtpolitik oder von gewaltsamen Auseinandersetzungen werden (z.B. in Form von sogenannten

Wasserkonflikten, etwa im Mittleren Osten).[50]

Fazit

Der Unterschied zwischen Frieden und Sicherheit lässt sich anhand dieser Schematik am besten restriktionsanalytisch beschreiben. Die Ausweitung der Sicherheitsdimensionen über immer mehr gesellschaftliche Beziehungen führte zu einer Einschränkung von Vielfalt, das heisst von beliebig freien kollektiven oder individuellen Entscheidungen über die Wahl von Zukunftsmöglichkeiten. Das hängt damit zusammen, dass Sicherheitspolitik zur Restriktion, zu geschlossenen Systemen und zu determinierten Abläufen neigt. Friede ist bei genauerer Betrachtung ebenfalls die Eingrenzung von Freiheit, aber im Unterschied zu Sicherheit tendiert Friede zu offenen Systemen und ist ein zukunftsoffener Wert, der Wahlmöglichkeiten, Vielfalt und verschiedene Reaktionsformen zulässt. Man könnte sagen, Friede ist die Einschränkung der potentiellen Zukünfte mit demokratischen Mitteln, Normen und Verfahren, während Sicherheit zu sozialtechnisch-ordnungspolitischen Mitteln greift.[51]

Konkret lässt sich die Differenz am Beispiel der Asylpolitik zeigen. Die Abwehr von Immigranten an der Grenze gehört zu den sicherheitspolitischen Reaktionen, während die Bekämpfung der Ursachen der Flüchtlingsströme eine friedenspolitische Herausforderung darstellt.

Die politisch-ideologische Gegenüberstellung, wer für Sicherheit sei, sei gegen Frieden und umgekehrt, führt bei der Problemlösung entschieden nicht weiter. Das nach wie vor zentrale Problem ist - der Krieg am Golf hat es wieder in ungewöhnlicher Schärfe gezeigt - wie angesichts der *Realität von Gewalt* politische und gewaltlose Mittel zur Friedensförderung eingesetzt werden können.

Bei der Thematisierung des Zusammenhangs von Frieden und Sicherheit geht es somit um die Minimalanforderungen an eine soziale und politische Welt-Ordnung, die auf der Grundlage von internationalen Strukturen und Institutionen als Friedensordnung gelten kann. Eine Politik, die ein Prozessmuster des Friedens erzeugen bzw. beeinflussen will, muss daher mehrdimensional konzipiert sein. Ein stark selektives und reaktives Vorgehen unterschätzt in der Regel die Vielfältigkeit der

---

50 Vgl. dazu ausführlicher Günther Bächler, Ökologische Sicherheit und Konflikt, Reihe Arbeitspapiere der SFS, Nr. 5, Bern im Januar 1990.

51 Vgl. dazu ausführlicher Günther Bächler, Sicherheit und Frieden: Begrifflichkeit, Beziehung, Abgrenzung, Reihe Arbeitspapiere der SFS Nr. 1, Juni, Bern im Juni 1989.

relevanten friedenspolitischen Faktoren. Dies führt in der Praxis häufig zu einem den friedenspolitischen Zielen zuwiderlaufenden Resultat.

Künftig gilt es, das Ziel der relativen Unabhängigkeit in den globalen Beziehungen durch assoziatives und integratives Verhalten zu erreichen. Integratives Verhalten ist nicht gleichbedeutend mit politischer Integration (in die EG), sondern mit einer differenzierten, Nähe (bei Übereinstimmung der Ziele) und Distanz (bei Nicht-Übereinstimmung) zulassenden, empathiefähigen Interessenpolitik, die unter Umständen zu politischer Integration führen kann, auf jeden Fall aber Friede der Erwartungshorizont ist.

ELEMENTE EINER ZUKUNFTSGERICHTETEN SCHWEIZERISCHEN FRIEDENSPOLITIK

Der neutrale Staat kann in fünf Bereichen einen bedeutungsvollen Beitrag zur Lösung internationaler Konflikte leisten.

Fünf strategische Richtlinien
Die Friedenspolitik für die Zukunft stellt keineswegs einen Bruch mit den traditionellen Instrumentarien der schweizerischen Aussenpolitik dar. Vielmehr ergibt sie sich evolutionär aus den bisherigen Massnahmen im Bereich der Sicherheits-, Neutralitäts- und Aussenpolitik sowie der Friedensförderung, Entwicklungszusammenarbeit und Humanitären Dienste. Bereits die Aufzählung der friedenspolitisch relevanten Politikfelder weist auf die Notwendigkeit einer mehrdimensionalen Politik hin, wobei aufgrund des internationalen Wandels einzelne Dimensionen wichtiger werden und andere eher in den Hintergrund rücken.

Eine mehrdimensionale Friedenspolitik bedarf sowohl in Bezug auf Ost-West, als auch auf Nord-Süd und spezifische regionale Herausforderungen einer Grundlage, die sowohl nach innen als auch nach aussen vertretbar ist. Die Komplexität lässt sich auf fünf strategische Richtlinien reduzieren :

1. Schutz der Demokratie durch Förderung von Recht und Partizipation und durch die Gleichstellung der Geschlechter;

2. Schutz vor Krieg und Gewaltanwendung durch Förderung von Zu-

kunftsgewissheit[52];

3. Schutz vor Armut und Not durch Förderung von wirtschaftlichem und sozialem Ausgleich;

4. Schutz vor Repression, Verfolgung und nationalistischem Chauvinismus durch Abbau von Feindbildern und Förderung von Empathiefähigkeit;

5. Schutz der Natur durch Förderung einer ökologisch tragfähigen Entwicklung.

Es liegt auf der Hand, dass diese Aufgaben über die reine Machtpolitik hinausgehen. So kann es nicht allein darum gehen, die Lebensgrundlage von Völkern bzw. der Menschheit vor den Folgen militärischer Aktivitäten zu bewahren. Friedenspolitik muss - in Übereinstimmung mit den sicherheitspolitischen Zielen - die Bevölkerung vor den Auswirkungen nicht-machtpolitischer existenzbedrohender Gefahren bewahren, dies nicht zuletzt, um ein Umschlagen in machtpolitische Auseinandersetzung präventiv zu verhindern.[53]

Anwendungsraum einer mehrdimensionalen Friedenspolitik

Eine mehrdimensionale Friedenspolitik muss künftig differenziert und jeweils unterschiedlich gewichtet auf die friedenspolitischen Herausforderungen der Zukunft angewandt werden. Dazu gehören hauptsächlich:

- Die Überwindung des Kommunismus bei gleichzeitiger Neukomposition eines Staatenbundes innerhalb des früheren sowjetischen Terri-

52 Senghaas (Anm. 5) verwendet hier den Begriff "Erwartungsverlässlichkeit", der nicht nur als Gegensatz zu Unsicherheit und Angst vor einer ungewissen Zukunft, sondern auch von staatlicher "Willkür" und Repression zu verstehen ist.

53 Es gibt keine "Existenzsicherungspolitik" als solche. Entweder es gelingt, existenzbedrohende Gefahren politisch abzuwenden, oder sie schlagen in einen militärischen Machtkampf um. Die meisten Kriege der Vergangenheit drehten sich um "existenzielle" Belange (Zugang zu Ressourcen usw.). Insofern trug die Debatte über die Existenzsicherung im Vorfeld des Berichts 90 Züge eines Scheingefechts, ging es doch dort eigentlich um die Auseinandersetzung um Kompetenzen innerhalb der Bundesverwaltung. An dem Punkt ist Bundesrat Felber jedenfalls zuzustimmen, wo er sagt: "Es ist ein Gebot der Stunde, uns aktiv an den Anstrengungen zur Errichtung von Strukturen zu beteiligen, welche die Stabilität sichern, den Frieden erhalten und zu Lösungen für eine umfassende Existenzsicherung führen. Die schweizerische Aussenpolitik ist dabei besonders gefordert, ist es doch in erster Linie ihre Aufgabe, diesen nationalen Willen zur internationalen Mitverantwortung und Mitarbeit zum Ausdruck zu bringen und in die Tat umzusetzen." Vgl. René Felber, Vortrag vor der Offiziersgesellschaft der Stadt Bern, Bern, 3. Dezember 1990, 6.

toriums und anhaltender sozialer und wirtschaftlicher Zerklüftung Europas. Prinzipiell müssen hier alle fünf Strategien zur Anwendung kommen. Im Vordergrund stehen jedoch die Strategien (1), (3) und (4), wobei die Schwerpunktsetzungen je nach Land und Stand der Demokratisierungsprozesse in Osteuropa modifiziert werden müssen.

- Die im Vergleich zu früheren Jahren hohe Anzahl von manifesten oder potentiellen Regionalkonflikten, die auch überregionale Auswirkungen haben können. Dazu gehört das Konfliktsyndrom im Nahen und Mittleren Osten mit Auswirkungen auf das nördliche Machtgefüge, die Beziehungen im Mittelmeerraum und damit auch auf das islamisch-christliche Verhältnis. Im Vordergrund stehen vor allem die Strategien (2), (3) und (4).

- Das steiler werdende Gefälle zwischen den alten und neuen Industriestaaten einerseits und den hochverschuldeten Entwicklungsländern andererseits, verbunden mit einer Militarisierung und/oder einer ökologischen Gefährdung der zwischenstaatlichen und gesellschaftlichen Beziehungen. Militarisierung, ökologische Zerstörung, Armut und Bevölkerungswachstum bilden ein komplexes Beziehungsgeflecht, welches heute grosse Teile der Welt überzieht. Zur Anwendung gelangen die Strategien (2), (4) und (5).

Bei den beiden letzten Herausforderungen wird es von einem gewissen Erfolg bei der Anwendung der Strategien abhängen, ob es zu einem dauerhaften Prozess der Demokratisierung (Strategie 1) kommen wird oder nicht.

Zu den einzelnen friedenspolitischen Herausforderungen

Friedenspolitik in der Grossregion Europa: Friedenspolitik ist in Europa, wo die Gefahr des grossen Kriegs auf absehbare Zeit äusserst gering ist, zu einer politisch-sozialen und wirtschaftlich-ökologischen Aufgabe geworden. Die Überwindung der wirtschaftlichen und sozialen Zerklüftung, deren Ausdruck Millionen Arbeitslose und grosse Einkommensunterschiede sind, stellt die zentrale friedens- und sicherheitspolitische Aufgabe dar. Es wird ein hohes Mass an Empathiefähigkeit aufgebracht werden müssen, um das soziale West-Ost-Gefälle durch Beziehungen "hoher Entropie" und "Symmetrie" zu ebnen und durch ein ausgewogenes Beziehungsnetz nationalen oder ethnischen Spannungen die Spitze zu brechen. Politischer Pluralismus, Gewaltenteilung, Parteien, freie Wahlen, Partizipation und Plebiszite im nationalen Rahmen sind zwar notwendige, aber nicht hinreichende friedenspolitische Bedingungen in Europa. Darüber hinaus geht es um die Ausgestaltung des Sozialraums und den Schutz der Individuen vor sozialer Deprivation. Hinzu kommen Unversehrtheitsansprüche gegenüber den Imperativen des industriellen Wachstums, d.h. Schutz des Lebensraumes.

Nach dem Herbst 1989 wurde das katastrophale Ausmass der Umweltvergiftung in den osteuropäischen Ländern erstmals in voller Tragweite erfasst. Mit der hochentwickelten Industriegesellschaft sind Zerstörungspotentiale gewachsen, die beim Versagen von komplexen technischen Systemen zu Katastrophen grossen Ausmasses führen können (Tschernobyl).

Durch den zuendegehenden Ost-West-Konflikt wird einer Politik, die in erster Linie darauf abgestellt war, eine möglichst *geringe Konfliktintensität* herbeizuführen, der Boden entzogen. Im Zuge der "Rückkehr nach Europa" bedarf es einer gestalterischen Perspektive, die weder von der Entspannungspolitik noch von der Politik alleine überhaupt geleistet werden kann, sondern der Mobilisierung aller gesellschaftlichen Kräfte - insbesondere in Osteuropa - bedarf.

Wirtschaftlicher Ausgleich

Praktizierte Friedenspolitik: Die Schweiz nimmt aktiv am KSZE-Prozess teil und lässt Osteuropa einschliesslich der UdSSR wirtschaftliche, politische und technische Unterstützung zukommen. Sie beteiligt sich mit einem bilateralen Hilfsprogramm am Aufbau in Ost- und Mitteleuropa, insbesondere in Ungarn und Polen. Auf multilateraler Ebene engagiert sie sich im Rahmen der Europäischen Bank für Wiederaufbau und Entwicklung, BERD, und stellt weitere finanzielle Mittel in Aussicht.[54]

Mögliche Friedenspolitik: Die Schweiz verstärkt ihr finanzielles Engagement auf der bilateralen Ebene. Es ist generell darauf zu achten, dass Schwerpunktländer gewählt werden, denn konzentrierte Finanzmittel haben einen grösseren Effekt. Weitere Mittel werden auch nach humanitären Kriterien in Ländern eingesetzt, die sich in einem äusserst krisenhaften Entwicklungsstadium befinden (Balkan, Sowjetunion). In dem Masse, wie sich diese Staaten politisch erholen, ist eine Erhöhung der Hilfe bzw. eine Verbesserung der wirtschaftlichen Beziehungen ins Auge zu fassen. Dies gilt insbesondere für die Sowjetunion.

Die Schweiz muss trotz einer gewissen Konzentration der Kräfte auf die

54 Vgl. Felber (Anm. 53), S. 4.

Integrationspolitik genug Spielraum für den Aufbau in Osteuropa offenhalten. Dies kann sie allerdings auf Dauer nur, wenn es ihr gelingt, eine Informationspolitik über die Lage in Osteuropa zu betreiben, die sich entsprechend in den Medien und im Parlament niederschlägt.

Auf der Bonner Konferenz über wirtschaftliche Zusammenarbeit in Europa wurden wichtige Richtlinien erarbeitet. Die Schweiz kann insbesondere auf die Zusammenarbeit im Bereich der energie- und rohstoffsparenden Techniken pochen.[55] Dies würde nicht nur technologische Innovationen fördern und die Belastung der Umwelt reduzieren, sondern auch die Abhängigkeit von fossilen Brennstoffen minimieren, was indirekt wiederum eine friedensfördernde Wirkung in Bezug auf andere Regionen (Mittlerer Osten) haben würde. Energiesparende Technologie könnte beim Aufbau einer modernen, dezentralisierten Konsumgüterindustrie, die auf Qualität und nicht auf Quantität setzt, zur Anwendung gelangen (Maschinenbau im Bereich mittlerer Technologien). Ähnlich wie es die Privatwirtschaft teilweise tut, könnten auf der Ebene der schweizerischen Aussenpolitik Expertentreffen über einen friedens- und umweltverträglichen wirtschaftlichen Reformprozess stattfinden.

Die Weichen für eine friedensverträgliche Entwicklung in Osteuropa werden jedoch nicht unilateral, sondern bei der EG gestellt. Der multilateralen Hilfe, wie sie von der EG geleistet werden kann und soll, kommt eine entscheidende Bedeutung zu. Sie hat eine erhebliche Ausstrahlung auf die sich demokratisierenden mittelosteuropäischen Länder, denn sie ist mit ihren 320 Millionen Einwohner umfassenden 12 Mitgliedsländern die einzige Institution in Europa, die die soziale und wirtschaftliche Entwicklung in Ostmitteleuropa so zu stützen vermag, dass Gesamteuropa überhaupt eine mögliche politische Perspektive wird. Die EG hat bereits Offerten an Osteuropa in Form von erweiterten Assoziierungsverträgen gemacht. Die Zusammenarbeit soll auf den technischen, wissenschaftlichen, kulturellen, sowie den Handels-, Finanz- und Umweltsektor ausgedehnt werden. Eine verstärkte Integration (EWR oder EG-Beitritt) würde der Schweiz also nicht nur unmittelbar in Bezug auf die EG mehr Mitsprache- bzw. Mitbestimmungsmöglichkeiten bringen, sondern sie auch stärker an der Gestaltung des gesamteuropäischen Wirtschaftsraumes beteiligen.

---

55 Dokument der Bonner Konferenz über wirtschaftliche Zusammenarbeit in Europa, die in Übereinstimmung mit den einschlägigen Bestimmungen des abschliessenden Dokuments des Wiener Treffens der Konferenz über Sicherheit und Zusammenarbeit in Europa einberufen wurde, Bonn, 11. April 1990, S. 12ff.

Die politischen Signale des Wirtschaftsgipfels von Paris mit einem eindeutigen Hilfsangebot an die politischen Reformkräfte in Osteuropa wies in die richtige Richtung. Trotzdem gilt es, westlicherseits noch grosse Hindernisse zu überwinden. Das zeigt die Zurückhaltung auf dem G7-Treffen in London im Juli 1991, als sich die Staatschefs trotz der dringlichen Appelle des erstmals auf einem solchen Gipfel anwesenden sowjetischen Präsidenten Gorbatschow nicht auf wirtschaftliche und finanzielle Hilfe verständigen konnten. Für eine schweizerische wie gesamteuropäische Friedenspolitik gilt, dass gradualistische Strategien zur Verbesserung der Lage so zu intensivieren sind, dass sie zu einer qualitativen Veränderung in Richtung Ausgleich führen und sich das Gefälle nicht weiter vertieft. Die Marshallplanhilfe belief sich zwischen 1948 und 1951 auf 12 Mrd. US-Dollar. Diese für damalige Verhältnisse enorme Summe half, zerstörte Volkswirtschaften aufzubauen, die vor dem Zweiten Weltkrieg schon einmal relativ reich waren. Die Umstellung in Osteuropa ist weit schwieriger, weil die Grundvoraussetzungen - insbesondere auch bei der Ausbildung - völlig neu geschaffen werden müssen. Finanzhilfe ist sehr wichtig und bedarf einer substanziellen Erhöhung, genügt aber alleine nicht, wie das Beispiel der ehemaligen DDR krass zeigt. Es muss die richtige Balance zwischen Assoziation und selektiver Abkoppelung gefunden werden, die zu Reformen vor Ort führen und das heisst: Produktivkraftsteigerung in Branchen, die dem Weltmarkt ausgesetzt werden sollen.

Als nächster Schritt steht nun die weitere Erleichterung des Technologietransfers in den Osten an. Eine signifikante Kürzung der COCOM-Liste der westlichen Exportkontrollagentur in Paris ist überfällig. Bis zu 90% der Exportkontrollen müssten überprüft und wahrscheinlich zu einem überwiegenden Teil aufgehoben werden. Ausnahmen bilden in erster Linie Hochtechnologien, die westliche Firmen auch unter sich aus Gründen des Wettbewerbs geheim halten und die möglicherweise auch nicht unbedingt den Kriterien der Sozial-, Ökologie- und Friedensverträglichkeit entsprechen.

Gesamteuropäische Forschungsvorhaben müssen der Förderung des technologischen Transfers dienen. Es müsste überprüft werden, welche westeuropäischen Technologieprogramme für die osteuropäischen Staaten geöffnet werden könnten. Programme wie ESPRIT, BRITE/EURAM, DRIVE, DELTA, JESSI oder EUREKA könnten, soweit sie im zivilen Bereich liegen, mittelfristig die Schaffung einer modernen Infrastruktur in Gesamteuropa begünstigen. Dies wäre auch eine Voraussetzung dafür, dass westliche Unternehmen überhaupt im osteuropäischen Raum investieren. Es kursiert in dem Zusammenhang der Vorschlag, eine Agentur für Europäische Entwicklung zu gründen.

Föderalistische "Zwischengesellschaftspolitik"
Praktizierte Friedenspolitik: Das vielleicht wichtigste Element einer gesamteuropäischen Gemeinschaft ist der vielfältige gesellschaftliche Austausch wie er etwa zwischen der Schweiz und Italien, der Bundesrepublik und Frankreich oder innerhalb der nordischen Region stattfindet. Die Friedensfähigkeit der demokratischen Staaten untereinander gründet bereits auf der vielfältigen sozialen, kulturellen, politischen und wirtschaftlichen Verschränkung (Regio).

Hinzu kommen wichtige unilaterale Projekte (Tagung in Luzern über Föderalismus mit osteuropäischer Beteiligung, Förderung des Jugendaustausches) und die Schaffung eines Netzes der Kooperation im Rahmen der KSZE (dazu gehören nicht zuletzt das Expertentreffen über nationale Minderheiten in Genf oder das Expertenseminar im November 1991 in Oslo über demokratische Institutionen und Rechtsstaatlichkeit).

Mögliche Friedenspolitik: Eine "demokratische Erweiterung" Europas muss künftig in zwei Richtungen verlaufen. Einmal ist im EG-Raum eine Stärkung demokratischer Institutionen (Föderalismus, Dezentralität, Regionalismus, Subsidiarität, Parlamentarismus, Bürgerbeteiligung) gefordert (Vertikale). Zum zweiten ist durch Assoziierung oder neue Mitgliedschaften eine Politik der gesamteuropäischen Verflechtung zu beginnen (Horizontale). Gerade von den kleineren Ländern mit einer föderalistischen Tradition können hier wesentliche Impulse ausgehen, sofern sie sich für eine Integration entschliessen.

Der erste Schritt auf diesem Weg liegt in der gleichberechtigten Mitwirkung der demokratischen Staaten Osteuropas im Europarat (Ungarn und die CSFR sind bereits Mitglieder geworden, andere haben Gästestatus) und an den europäischen Programmen sowie in der Förderung der subregionalen Kooperation in verschiedenen Verdichtungsräumen. Es gilt, den Regio-Ansatz stärker in der Friedenspolitik zu berücksichtigen. So könnte die *Regio Basiliensis* für andere grenzübergreifende Regionen Modellcharakter erhalten.[56] Die regionalen Wirt-

56 Vgl. die "Déclaration tripartite" von Mitterrand, Kohl und Delamuraz vom 15. Dezember 1989, in der z.B. erklärt wird, dass sich die Universitäten Basel, Freiburg, Karlsruhe, Mülhausen und Strassburg zur "Europäischen Konföderation der Oberrheinischen Universitäten" zusammengeschlossen haben, in: Jahresbericht 1989/90 der Regio Basiliensis.

schafts-, Verkehrs-, Umwelt-, Kultur-, Medien- und Raumordnungspolitiken werden durch eine internationale Koordinationsstelle transparent gemacht und vorangebracht. Das gleiche gilt für die Arbeitsgemeinschaft Alpe-Adria, deren Regio-Ansatz zu einem wichtigen Gegenpol zu atavistischen Nationalismen in einer krisengeschüttelten Region wird.[57]

Die Schaffung ausgewogener grenzüberschreitender und zwischengesellschaftlicher Beziehungen ist eine Friedensgarantie, die weder einer grossen bürokratischen oder institutionellen Förderung bedarf noch die Staaten viel Geld kostet.

Das Zusammenwachsen der beiden Hälften Europas könnte gefördert werden, indem sich besonders die Staaten, die nahe der ehemaligen Blockgrenze liegen, mit Hilfe aller KSZE-Staaten einen Gürtel beispielhafter regionaler Zusammenarbeit aufbauen, der auch in Richtung Osten bis in die ehemalige Sowjetunion eine positive Ausstrahlungskraft haben könnte.

Angesichts des Wandels in den Ost-West-Beziehungen und der Aufhebung des Systemantagonismus scheint eine (kon-)föderative Lösung als Form des Zusammenschlusses von Rechtsstaaten unter Verzicht auf wesentliche Elemente nationaler Souveränität in den Bereich des Möglichen gerückt zu sein. Ein europäischer Föderalismus mit ausgebauten Minderheiten- und Volksgruppenrechten, supranationalen Institutionen und Bindungen würde den Territorialstaat befähigen, nach dem Subsidiaritätsprinzip Kompetenzen nach unten und nach oben abzugeben. Region und inter- bzw. transnationale Gemeinschaft werden gestärkt, ohne dass auf eine effiziente, rationale und rechtsstaatliche Politik im nationalen Rahmen verzichtet werden muss. Erst durch die Ent-Ideologisierung und gewissermassen "Ent-Emotionalisierung" der Nation erhält der Friede eine regulative und nicht wie bisher eine vornehmlich konstitutive Funktion. Mit anderen Worten: friedenspolitisch gesehen dürfen die europäischen Nationalitäten nicht mehr so ausge-

---

57 So schreibt der slowenische Ministerpräsident Lojze Peterle in seinem Referat, das er am 24. September 1991 auf Einladung der SFS in Bern gehalten hat: "Was Europa betrifft, so kann man sagen, dass es schon die dritte Erneuerung und Reform in diesem Jahrhundert erfährt. Wenn über seine Zukunft die Rede ist, sehen manche Europa als Gemeinschaft der Staaten, andere als Gemeinschaft der Nationen und wieder andere als Gemeinschaft der Regionen. Europa als Gemeinschaft der Nationen hält nicht Schritt *(mit den Anforderungen der Zukunft; der Verf.)*. Man wird einen Weg für ein kreatives Zusammenleben aller drei Konzepte finden müssen." Lojze Peterle ist selbst aktives Mitglied der ArGe Alpe-Adria.

prägt sein, dass sie eine gesamteuropäische Politik verhindern können.[58]

Das "Modell Föderalismus" könnte positiv in Richtung einer inneren Pazifizierung von Nationalitätenkonflikten wirken. In diesem Zusammenhang muss die Schweiz immer wieder auf die Bedeutung der "*Kraftfeldervielfalt*" (siehe oben) hinweisen, die an sich am Tatbestand der "Homologie" nichts ändert. Gerade bei ethnischen Konflikten ist die Förderung des Verständnisses dafür wichtig, dass es friedens- und damit auch wohlstandsfördernd sein kann, wenn Partei-, Konfessions-, Sprach- und ethnische Grenzen nicht mit den Gebietsgrenzen übereinstimmen.

Die Schweiz müsste künftig die Kontakte auf allen Ebenen fördern: Jugendaustausch, Studienaufenthalte, Ausbildungsmöglichkeiten für Osteuropäer/innen in der Schweiz, Bürgerforen zur Kontrolle und Vertrauensbildung, unreglementierter Austausch und Tourismus in beiden Richtungen. Sie sollte sich ebenfalls dafür verwenden, dass NGOs künftig systematischer in die KSZE-Arbeit einbezogen werden können. Ähnlich wie in Spezialorganisationen der UNO könnte den interessierten Organisationen über die Öffentlichkeit der Plena hinaus eine Teilnahme an Debatten und die Einbringung von Vorschlägen ermöglicht werden.

Redundanz der Institutionen und europäische Sicherheit

Praktizierte Friedenspolitik: Die offizielle Diskussion weist in die Richtung eines Funktionswandels bestehender Institutionen, die im europäischen Prozess spezifische Aufgaben übernehmen können. Es ist die Rede von der Notwendigkeit einer "gewissen" Institutionalisierung der KSZE, die eine Erweiterung erfahren kann (Einführung eines regelmässigen politischen Konsultationsmechanismus auf Staats-/Regierungschef- und Aussenministerebene).[59] Im übrigen wird der wachsende Stellenwert der EG sowie die Bedeutung des Europarats als parlamentarisches Forum für die KSZE unterstrichen. Der Erhalt des westlichen Verteidigungsbündnisses wird grundsätzlich begrüsst.

---

58 Vgl. Curt Gasteyger, Die Politische Homogenität als Faktor der Föderation, Diss. Zürich 1954; dort geht er der Frage nach, ob und in welchem Masse Staaten geeignet sind, sich zu einem Staatenbund oder einem Bundesstaat zusammenzuschliessen. Die politische Homogenität spielt dabei - so eine Schlussfolgerung - eine wesentliche Rolle.

59 Vgl. Marianne von Grünigen, Aussenpolitische Aspekte der schweizerischen Sicherheitspolitik, Vortrag bei "Frau und Politik" Bern, am 21. Januar 1991, S. 14.

Der KSZE-Prozess ist bisher die einzige Institution gesamteuropäischer Kooperation und Kommunikation, die beide Grossmächte (bzw. Teile der ehemals östlichen) und Kanada umfasst. Gleichzeitig bleiben vorderhand regionale Integrationsstrukturen (EG) und Bündnisse (Nato) bestehen, während sich andere aufgelöst haben (WVO, COMECON).

Die Stockholmer Verhandlungen (KVAE) haben das einzige gültige Abkommen über Vertrauensbildung und konventionelle Rüstungskontrolle mit einem bisher beispiellosen Verifikationsregime hervorgebracht. Die Wiener CFE I Verhandlungen haben zur Begrenzung und zur Abrüstung konventioneller Rüstung in Europa geführt. Die CFE Ia-Verhandlungen über Truppenreduzierungen wurden in Wien aufgenommen. Ausserdem wurde in Wien ein Konfliktverhütungszentrum eingerichtet, das vorerst vertrauens- und sicherheitsbildende Massnahmen im militärischen Bereich durchführen soll.

Mögliche Friedenspolitik: Auf dem Gebiet der Sicherheits- und Abrüstungspolitik reichen die bisherigen Schritte nicht aus. Sie bleiben hinter der schnelleren Gangart bei der europäischen Einigung auf gesellschaftlichem, wirtschaftlichem und politischem Gebiet zurück. Der KSZE-Prozess bedarf auf dem geplanten Helsinki-Gipfel 1992 einer substanziellen Vertiefung und einer weiteren - massvollen - Institutionalisierung.

Es wurde verschiedentlich auf die Gefahren bei der Errichtung einer "Organisation für Sicherheit und Zusammenarbeit" OSZE hingewiesen. Sie schliesse das Risiko einer "Entpolitisierung", einer "Bürokratisierung" und Schwierigkeiten bei den Abstimmungsmodi mit ein, was zu einer "Zersplitterung" des KSZE-Prozesses führen könnte.[60]

Im Gegensatz zu eher pessimistischen Einschätzungen zeigt der reale Prozess, dass es zu überstürzten Institutionalisierungsversuchen ohnehin nicht kommen wird. Gleichzeitig werden die Beschlüsse von Paris (administratives Sekretariat, Büro für freie Wahlen und das KVZ) als zu zaghaft eingeschätzt. Die Umsetzung des Dekalogs zur Sicherheit und vertrauensbildenden Massnahmen in Korb I der Schlussakte sowie der Zielsetzungen der Pariser Charta bedingt ein engeres Netz der institutionalisierten Kooperation als bisher, wenn die Friedensordnung nicht nur ein "Papierblumenfrühling" sein soll. Bereits auf Helsinki II

---

60 Stefan Lehne, Vom Prozess zur Institution. Zur aktuellen Debatte über die Weiterentwicklung des KSZE-Prozesses, in: Europa Archiv Bd. 16, 25.8.1990, S. 499ff, hier: S. 505.

kann eine europäische Sicherheitsbehörde mit den Aufgaben Abrüstung, Verifikation, Früherkennung von Gefahren im ökologischen wie im militärischen Bereich gegründet werden, die als Erweiterung des bestehenden Konfliktverhütungszentrums in Wien organisiert werden könnte.

Parallel zur Stärkung der Kompetenzen des Europäischen Parlaments sollten die regelmässigen Konsultationen zwischen Exekutivvertretern der KSZE durch ein Parlament ergänzt und kontrolliert werden, das aus der Parlamentarischen Versammlung des Europarats bestehen könnte.

Der Europarat selbst sollte seine Aufmerksamkeit verstärkt den Menschenrechten, den Minderheitenfragen und der Ausgestaltung des europäischen Rechtsraumes widmen und die Elemente des Korbes III der KSZE zu seinen Anliegen machen.

Es ist mittelfristig durchaus vorstellbar, dass die EG auf wirtschaftspolitischem, der Europarat auf rechtlichem und die KSZE auf sicherheits- und friedenspolitischem Gebiet parallel an einer gesamteuropäischen Politik arbeiten. Langfristig ist es sogar wünschenswert, wenn die parlamentarischen Vertretungen von EG und Europarat in einem zukünftigen gesamteuropäischen Parlament aufgehen und dort Fachausschüsse in den Bereichen Wirtschaft, Sozialpolitik, Ökologie und Recht bilden würden. Die KSZE könnte zum wesentlichen Motor für ein gesamteuropäisches Parlament unter Einbezug der bestehenden Institutionen werden. Letztlich müssen die unterschiedlichen Formen der europäischen Wirtschafts-, Rechts- und Sicherheitsgeographie, für die heute die EG der 12, der Europarat der 25 und die Militärbündnisse bzw. die KSZE der 38 stehen, zur Deckung gebracht werden, bevor die Etablierung eines gesamteuropäischen kooperativen Sicherheitssystems realisiert werden kann.

Bleibt die Frage nach der Gestaltung der Sicherheitspolitik im engeren militärischen Sinne. Die KSZE selbst hat auf ihrer Pariser Konferenz deutlich gemacht, dass sie diese Aufgaben nicht übernehmen wird. Sollen sich die Erfahrungen der Zwischenkriegszeit mit dem Geflecht von bilateralen Allianzen und Gegenallianzen nicht wiederholen, muss der Übergang von den Militärblöcken zu einem gesamteuropäischen Sicherheitssystem bald vollzogen werden. Einzelne Länder Ostmitteleuropas sind mangels Alternative schon dazu übergegangen, bilaterale Sicherheitsverträge abzuschliessen. Eine nur partielle Integration (Nato

+ eine Anzahl von Einzelstaaten) würde zu einem krisenanfälligen Nebeneinander von Zonen unterschiedlicher Sicherheit führen, wie sie Europa seit jeher prägten. Entscheidend ist, dass die historisch einmalige Situation friedenspolitisch genutzt wird. Es ist offensichtlich, dass der Faktor Zeit nicht unwesentlich ist. Ein "dauerhaftes Provisorium", das alle akzeptieren, weil der politische Schwung fehlt, sollte tunlichst vermieden werden.

Was die europäische Abrüstung betrifft, so wird es bei CFE II um die folgerichtige Fortsetzung einer bereits bei CFE I eingeleiteten Politik gehen müssen. In Wien I ging es darum, den ersten Schritt in Richtung auf eine Sicherheitsstruktur zu tun, in der die beiden Militärpotentiale nicht mehr die Fähigkeit besitzen, Überraschungsangriffe auszulösen und grossangelegte offensive Handlungen einzuleiten. Das Mandat für Wien II muss nun eine weitere qualitative und quantitative Abrüstung so ansetzen, dass jegliche Offensive verunmöglicht wird. Das heisst, das Ziel ist eine möglichst transparente Defensivstruktur, die so in den politischen Prozess der Vertrauensbildung und Vernetzung symmetrischer Strukturen eingebettet ist, dass nicht ein Panzer mehr oder weniger zu Misstrauen und Unsicherheit führt.

Ein zweiter Schritt zum Einstieg in eine erweiterte Sicherheitsstruktur könnte ein *Sicherheitsvertrag* sein, in dem völkerrechtlich verbindlich erklärt wird, dass ein bewaffneter Angriff in Europa von seiten einer Vertragspartei gegen eine andere Vertragspartei und umgekehrt den Frieden gefährden würde und dass die Vertragsparteien angemessene Massnahmen treffen würden, um dieser gemeinsamen Gefahr zu begegnen. Jeder Staat, der Aggressionsgelüste hegt, stiesse auf den Widerstand aller anderen Vertragsstaaten. An dieser Stelle kämen die Mechanismen der UNO-Charta ins Spiel, denn jedes regionale System ist auch automatisch an die UNO-Verpflichtungen gebunden. Der Beitritt einzelner Länder oder Ländergruppen (Nato) wäre freiwillig und könnte ruhig gestaffelt verlaufen.

Drei Gebote wären für diese Vorstufe eines kooperativen Sicherheitssystems konstituierend:

1. Das Friedenserhaltungsgebot.
Die Gebote des Dekalogs der KSZE-Schlussakte können von den Mitgliedern in rechtsverbindlicher Form übernommen werden. Ein europäischer Sicherheitsvertrag würde die KSZE-Dokumente in den

Rang völkerrechtlicher Abmachungen heben. Dies gewährleistet, dass nicht neue Gruppierungen von Staaten gegen andere Einzelstaaten oder Gruppen gebildet werden können, die Zuspitzungen und Reibungen in den Beziehungen zwischen den Ländern verursachen und das gegenseitige Misstrauen steigern.

2. Die Schiedspflicht.
Institutionen zur friedlichen Streitbeilegung müsste der Vorrang vor der Beistandspflicht im Falle einer bewaffneten Aggression eines Mitglieds gegen ein anderes zukommen.

Was die *friedliche Streitbeilegung* angeht, so kann auf die im Kontext des Europarates entstandene Europäische Konvention zur friedlichen Beilegung von Streitigkeiten von 1957 sowie die neusten Entwicklungen auf dem Expertentreffen in La Valetta hingewiesen werden. Auf dieser Basis könnte ein *Europäisches Zentrum für Früherkennung von politischen Konflikten und friedliche Streitbeilegung* (auf der Basis des KVZ) etabliert werden. Konfliktparteien müssten auf die zehn Prinzipien verpflichtet werden und eine dritte Instanz zur politischen Streitschlichtung akzeptieren. Künftig dürften vor allem Autonomiebestrebungen, Grenzkorrekturen, Sezessionen und Minderheitenprobleme auf der Tagesordnung von Streitschlichtungsinstanzen stehen.

Dabei muss das klassische Prinzip der Nichteinmischung in die inneren Angelegenheiten anderer Staaten neu überdacht werden. Das zusammenwachsende demokratische Europa bedarf neuer gemeinsamer Verhaltensnormen und institutioneller Regelungen, die eine kollektive Hilfestellung zu einer legitimen Aufgabe "europäischer Innenpolitik" machen. Das Argument, wonach z.B. "die Belgier nicht dazu gebracht werden können, Ungarn gegen Rumänien zu verteidigen", ist prinzipiell durch die Allianzbildung für den Krieg am Golf widerlegt worden (wobei aus dieser kollektiven Aktion wenig Lehren im Bezug auf die europäische Situation gezogen werden können).

Ein wichtiges Element ist die bedingungslose Anerkennung des Internationalen Gerichtshofs. Bisher haben erst 19 Staaten - darunter die Schweiz - diesen Akt vollzogen. Es fällt auf, dass vor allem die europäischen Mittelmächte Frankreich, Grossbritannien und Deutschland, aber auch die beiden Grossmächte auf der Liste der Signatarstaaten fehlen. Die Unterzeichnung und Ratifizierung muss für alle KSZE-Länder zur Pflicht erhoben werden. Wenn diese Länder einmal unterzeichnet haben, lassen sie sich möglicherweise auch eher auf die schweizerischen Vorschläge zur obligatorischen Hinzuziehung Dritter bei Streitigkeiten ein.[61]

Die eigentliche Herausforderung für die schweizerische Friedenspolitik besteht in der innovativen Unterstützung des Aufbaus von Institutionen zur friedlichen Streitbeilegung in Europa.

3. Rüstungsbegrenzungs- und Abrüstungswille.
Kooperative Sicherheit bedarf nur weniger polizeiähnlicher Streitkräfte im Dienste der friedlichen Streitbeilegung. Auf dieses Streitkräfteziel haben alle 35 Teilnehmerstaaten an den CFE II-Gesprächen hinzuarbeiten. Mit dem Abzug aller atomaren Kurzstreckenwaffen mit einer Reichweite bis zu 500 Kilometer unter Einbeziehung der atomaren Gefechtsfeldwaffen ist ohnehin baldmöglichst zu beginnen.

Friedenspolitik zum Ausgleich der Nord-Süd-Beziehungen
Welche Politik sollen die bevölkerungsmässig stagnierenden Industriestaaten nach dem Jahr 2000 verfolgen, wenn die Weltbevölkerung nochmals um 100% zunehmen wird und die Grenzen der ökologischen Tragfähigkeit der Erde weit überschritten sind? Wird es in den nächsten zwanzig Jahren zu einer Verbesserung des Wohlstands im Süden kommen, der die Schäden der Armut beheben kann, den Frauen den Zugang zur Bildung ermöglicht und das Bevölkerungswachstum eindämmt? Wird es die neuen Technologien geben, die ein sozial- und umweltverträgliches, interkulturelles und demokratisches Zivilisationsmodell für 6, 7 oder 10 Milliarden Menschen schaffen?[62]

Für die Beantwortung der Fragen gibt es keine einfachen Muster, weil sich bereits die Auswirkungen zu vieler Fehlentwicklungen potentieren. Oberstes Minimalziel muss es sein, zu verhindern, dass es unter dem Druck der zur Zeit nicht bewältigten Probleme die Abkehr von universellen Werten wie Demokratie und Menschenrechten kommt, weil keine tragfähigen Lösungen gefunden werden. Auch hier gilt: graduelle Verbesserungen müssen innerhalb angemessener Zeit so intensiviert werden, dass es zu einem qualitativen Umschlagen der negativen Trends kommt.

---

61 Vgl. den Vorschlag der Schweiz u.a. beim KSZE-Expertentreffen über die friedliche Regelung von Streitfällen, CSCE/PSDV 1, Valletta, 15. Januar 1991.

62 In diesem Teil wird aus Platzgründen auf die Gegenüberstellung von "praktizierter" und "möglicher" Politik verzichtet. Eine gute Übersicht über die schweizerische Nord-Süd-Politik bietet: Josef Hofstetter, Die Bedeutung rechtlicher Normen in der Aussenpolitik. Eine Darstellung anhand der schweizerischen Nord-Süd-Politik, Diss. Bern/Basel/Frankfurt am Main 1990.

Der jüngste *World Development Report* der Weltbank spricht eine klare Sprache: Trotz der "verlorenen Dekade" bilanziert er ein moderates Wachstum der Weltwirtschaft, das offenbar durch Umverteilungen grossen Stils ermöglicht wurde. Den Industrieländern und einigen Ländern Südostasiens gehe es besser; einigen Ländern Lateinamerikas und ganz Afrika südlich der Sahara gehe es schlechter. Bereits 1985 lebten mehr als 1 Mrd. Menschen mit einem Einkommen unter 370 US$ im Jahr; heute ist die Armut noch grösser. Zur Therapie äussert sich der Präsident der Weltbank, Barber B. Conable, ebenso klar: "the key measures for combating poverty are known, and the resources to support such an effort are there to be mobilized...The main obstacle is not the availability of resources but the willingness of governments in both developing and developed countries to commit themselves to these goals.[63]

Umverteilung

Wesentliches friedenspolitisches Ziel ist - dies gilt es in aller Deutlichkeit festzuhalten - die Mobilisierung von finanziellen Ressourcen im eigenen Land. Die Förderung eines Ausgleichs zwischen Nord und Süd ist zu einer politischen Frage höchster Priorität geworden, die nicht mit humanitären Massnahmen beantwortet werden kann. Die Instrumentarien der Schweiz zur Begegnung der Unterentwicklung sind an sich recht gut ausgebaut und vielfältig. Die bereitgestellten Mittel sind jedoch zu gering. Neben einer Erhöhung der Finanzhilfe sind zusätzliche Massnahmen notwendig, die zu einer Unterbrechung der Kettenreaktion Armut - ökologische Zerstörung - Entzug der Lebensgrundlagen - Konflikt - Flucht führen. Dazu gehören: das Eindämmen des Nettokapitaltransfers vom Süden in den Norden, Entschuldungsprogramme (auch im Austausch für Realleistungen der Entwicklungsländer), Erleichterung des Marktzugangs, Abstimmung mit der Aussenwirtschaftspolitik, Erwirken einer Anpassung der Marktwirtschaft zur Änderung der Handels- und Wirtschaftsbeziehungen, Förderung regionaler Entwicklungsbanken, Errichtung eines "Länderfinanzausgleichs" auf internationaler Basis gemäss der Ländergruppenkategorie der OECD. Die Art und Weise, wie in Zukunft die Zielkonflikte zwischen Aussenwirtschafts- und Entwicklungspolitik politisch gelöst werden können, wird ebenfalls für die Mittelvergabe entscheidend sein.[64]

---

63 Poverty, World Development Report, Weltbank, Oxford U.P., Washington D.C. 1990, iv.

64 Vgl. Hofstetter (Anm. 62), S. 199; dort stellt er die Frage, "ob die bisherige Aufsplitterung der Kompetenzen in der Entwicklungspolitik zwischen dem Departement für auswärtige Angelegenheiten und dem Volkswirtschaftsdepartement aufgehoben und diese vorzugsweise beim Departement für auswärtige Angelegen-

Die Globalsteuerung stärken
Von einer Weltgesellschaft sind wir noch weit enfernt. Vielmehr sind es die Zuspitzungen im Nord-Süd-Zusammenhang, die zu einer "negativen" Identifikation mit dem *globalen Horizont* führen.

In den Industrieländern werden nach der Überwindung des Ost-West-Konflikts sogar "neue Feinde" ausgemacht. Während jahrelang bestritten wurde, dass es überhaupt einen "Nord-Süd-Konflikt" gibt und man die grossen Nord-Süd-Konferenzen ergebnislos hinter sich gebracht hat, sind einige daran, die Beziehungen zwischen den Industrie- und den Entwicklungsländern als ein Konfliktverhältnis zu definieren, das unter Umständen sogar militärische Aktionen legitimiert. Nachdem der ordnungspolitische Konflikt behoben scheint, wird der globale Verteilungskonflikt - die Ökologieproblematik ist ein Teil davon - umso sichtbarer und gewinnt politische Konturen.

Akzeptiert man die Sichtweise, wonach das Nord-Süd-Verhältnis im ausgehenden zwanzigsten Jahrhundert die zentrale Konfliktkonstellation bildet, muss man auch über politische Lösungsmöglichkeiten nachdenken. Zunächst ginge es darum, sich überhaupt einmal über ein "Gefäss" zu verständigen, in das die zu lösenden Probleme eingebracht werden könnten. Bestehende Organisationen, die sich mit Nord-Süd-Fragen beschäftigen, wie das GATT, die UNCTAD, die Weltbank, die OECD, die ECE oder die EG scheinen mittelfristig nicht in der Lage zu sein, das Gefälle zwischen Nord und Süd einzuebnen und die ökologischen Gefahren zu meistern. Das hat damit zu tun, dass die genannten Institutionen von ihrem Auftrag her im wesentlichen mit wirtschaftlichen Fragen befasst sind, während die Nord-Süd-Problematik zunehmend politische Dimensionen erhält. Es bräuchte Institutionen, die die wirtschaftlichen, ökologischen, politischen, sicherheitspolitischen und humanitären Anliegen verknüpfen, und zwar wirkungsvoller als bisher durch die UNO allein.

Regionale Friedensprozesse fördern
Die folgenden Überlegungen zur Verbesserung der internationalen Beziehungen knüpfen an der KSZE an, die sich in fünfzehn Jahren zum wichtigsten Forum in der erfolgreichen Überwindung des Ost-West-Konflikts entwickelt hat. Mehrdimensionale regionale Friedensprozesse könnten nach dem Vorbild der KSZE initiiert oder gefördert werden. Ein solches Forum ist gerade in jenen Regionen von grossem Wert, in

---

heiten konzentriert werden sollten, welches dann für die Berücksichtigung entwicklungspolitischer Aspekte auf den verschiedenen Gebieten zuständig wäre".

denen es trotz wirtschaftlicher Zusammenschlüsse nach dem Vorbild der EG bisher nicht gelang, den gemeinsamen Markt herzustellen, weil die Konflikthaftigkeit zwischenstaatlicher Beziehungen das Wohlfahrtsziel immer wieder konterkarierte.

Ein *Regionalkonzept* würde aus regionalen Konferenzen im Stile der KSZE und ihren Körben, Konferenzen, Verhandlungsrunden, Expertentreffen usw. bestehen. Es würde auf besonders gefährdete Regionen angewandt: so zum Beispiel den Golf oder den heterogenen europäisch-afrikanischen Mittelmeerraum mit seinen zahllosen ökonomischen, ökologischen und sicherheitspolitischen Problemen. Gerade die südeuropäischen Länder, die am stärksten von der Immigration betroffen sind, zeigen ein immer grösseres Interesse an einem regionalen Ausgleich, stossen aber in der EG noch weitgehend auf Unverständnis bzw. auf eine Interessenlage, die eher nach Osten ausgerichtet ist. Australien hat bereits die Gründung eines Forums nach KSZE-Vorbild in Asien angeregt, um die regionalen Sicherheitsprobleme zu lösen. Kanada hatte einen vergleichbaren Vorschlag für die Asien-Pazifik-Staaten unterbreitet, der türkische Präsident Özal spricht von einer ähnlichen Konferenz für den Nahen Osten, Italien forciert die Idee im Mittelmeerraum.

Wenn genug Anreize vorhanden sind (oder geschaffen werden), dürften die betroffenen Länder grundsätzlich am Zustandekommen solcher Foren interessiert sein. Dann könnten regionale Probleme der Sicherheit, Zusammenarbeit, Menschenrechte usw. sehr spezifisch behandelt und Lösungen zugeführt werden. Regionalen Problemlösungsmodellen kommt eine grössere Verwirklichungschance zu als globalen. Eine von der Region her gestärkte UNO könnte jedoch als Dach funktionieren und die verschiedenen regionalen Konferenzen vernetzen. Dort, wo es notwendig sein wird, befassen sich UNO-Institutionen weiter mit den Fragen und streben Lösungen auf Weltebene an (Regime zum Schutz der Ozonschicht, internationales Seerecht, Klimakonvention, GATT usw.).

Ausgangspunkt der regionalen Prozesse könnte wie bei der KSZE ein Prinzipien-Dekalog sein, der die Ziele vorgibt und den Rahmen für die inhaltliche Füllung der drei Körbe abgibt. Die regionalen Teilnehmerstaaten müssen ihre Bedürfnisse jedoch selbst klären. Wichtig ist, dass die Inhalte so gesetzt werden, dass grundsätzlich eine Annäherung von Norm und Realität stattfinden kann. Auf diese Weise erhalten KSZE-Deklarationen bindenden Charakter für die Teilnehmerstaaten, bevor sie zu einem eigentlichen Bestandteil des Völkerrechts werden ("soft law" als Vorstufe zum Völkerrecht).

Im Korb I müssten regionale und überregionale sicherheitsrelevante Fragen und ihre Auswirkungen auf das internationale System behandelt werden. Insbesondere müsste der Sicherheitsbegriff breit definiert werden, denn Regionalkonflikte sind oft Ausdruck einer ganzen Reihe existenzieller Gefahren. Präventiv verstandene ökologische Sicherheit als Funktion der Existenzsicherung und Voraussetzung der Existenzentfaltung für die Menschheit hebt sich ab von reaktiver militärischer Sicherheit. Den Körben II (Zusammenarbeit) und III (Menschenrechte) käme wahrscheinlich noch grössere Bedeutung zu als im bisherigen KSZE-Prozess, denn sie bilden die Kernbereiche des verteilungspolitisch begründeten Konflikts. Hier könnten die gesammelten Erfahrungen von bestehenden KSZE-Arbeitsgruppen, UNO-Institutionen und anderen Organisationen (Weltbank, EG, NGOs etc.) eingebracht werden. Den drei Körben müsste ein vierter Korb angehängt werden, der im Hinblick auf Korb I und die Verteilungsprobleme grosse Aufmerksamkeit erfahren müsste: Ressourcenfragen und ökologische Probleme wären hier gesondert zu behandeln.

Friedenspolitischer Inhalt einer regionalen Konferenz, die die ärmsten Entwicklungsländer miteinschliesst, könnte beispielsweise das fünf Schwerpunkte umfassende Aktionsprogramm, das auf der LCD-Konferenz von Paris verabschiedet wurde, beinhalten:

1. Eine Wirtschaftspolitik, die das Wachstum und die Entwicklung langfristig fördert und der Situation der schwächsten sozialen Gruppen Rechnung trägt;

2. die Förderung der menschlichen Ressourcen durch Unterstützung der Bevölkerungspolitik, der Erziehung und der Gesundheit;

3. der Kampf gegen die Umweltzerstörung, die eng mit der Unterentwicklung zusammenhängt;

4. die spezielle Förderung der ländlichen Entwicklung zur Steigerung der Lebensmittelproduktion und des Einkommens der Bauern sowie zur wirtschaftlichen Diversifikation auf dem Land;

5. die Stärkung der Produktion durch Ankurbelung privater Initiativen und regionaler Kooperation.

Die fünf Punkte sind allerdings aus friedenspolitischer Sicht durch mindestens zwei weitere zu ergänzen:

6. Abrüstung in der "Dritten Welt" und Entmilitarisierung der Süd-Süd-Beziehungen als Voraussetzung zur Lösung von Regionalkonflikten. Dazu gehört auch die völkerrechtliche Anerkennung von Methoden der politischen Streitschlichtung;

7. Reform der Besitz- und Verteilungsverhältnisse insbesondere auf dem Agrarsektor (Aufhebung des Minifundismo) als Voraussetzung für den sozialen Frieden und die wirtschaftliche Entwicklung. Das impliziert die Unterstützung von (basis-)demokratischen Selbsthilfebewegungen gegen Korruption und Machtanhäufung.

Es lässt sich auch ein Modell vorstellen, in dem die bisherige KSZE, die praktisch alle Staaten des Nordens umfasst, durch eine Gruppe von Staaten des südlichen Mittelmeerraums erweitert wird und tendenziell ein überregionaler Prozess der Sicherheit, Zusammenarbeit und Demokratie begünstigt wird. Wenn Kanada Teil der europäischen Sicherheit ist, dann sind es heute die Maghrebstaaten erst recht.

Die Schweiz könnte hier ein neues Betätigungsfeld finden, in das sie die Erfahrungen mit den verschiedenen Instrumentarien (Mediation, Streitschlichtung, Wahlbeobachtung usw.) einbringt. Sie könnte alleine oder mit anderen Staaten (evt. mit einem Mandat der UNO) einen Beobachterstatus an den Regionalkonferenzen einnehmen. Diese Lösung wäre auf jeden Fall einer Beteiligung oder Einflussnahme der Grossmächte vorzuziehen. Ziel wäre es, den Prozess zu begleiten und dort, wo Krisen auftauchen, seine Guten Dienste einzubringen oder die UNO-Mechanismen anzurufen.

Gerechte internationale Regimes als Schritte auf dem Weg zur Normenbildung

In jüngster Zeit rückte wieder der Grundsatz "Kein Friede ohne Recht" in den Mittelpunkt von Konfliktregelungsprozessen im Rahmen der UNO. Auch wenn heute niemand mehr die Illusion hegt, Friede sei allein durch Recht zu erlangen, gibt es doch Anzeichen einer Stärkung des Völkerrechts mit friedenswirksamen Folgen. Dies gilt v.a. für Bereiche in den internationalen Beziehungen, in denen sich die politischen, wirtschaftlichen, technologischen und wissenschaftlichen Bedingungen rasch ändern. Zum Beispiel zeigt sich anhand des internationalen Regimes zum Schutze der Ozonschicht, "dass der Typ des internationalen Umweltregimes eine geeignete Form der Institutionalisierung internationaler Konsensbildungsprozesse für dynamische Regelungsbereiche darstellt".[65] Im Vergleich zur herkömmlichen Art des Abschlusses internationaler Verträge auf diplomatischen Sonderkonferenzen oder im Rahmen der internationalen Organisationen ist der Typ des internationalen Regimes den wachsenden Anforderungen der Anpassung offenbar besser gewachsen.

Im Rahmen von rund acht Verhandlungsjahren wurden zwei Verträge unterschrieben: die Wiener Konvention zum Schutz der Ozonschicht von 1985 und das Montrealer Protokoll von 1987. 1990 wurde bereits eine Revision in Richtung einer Verschärfung vorgenommen, ohne dass der Vertrag neu geschlossen werden musste. Dies wurde durch den institutionellen Mechanismus des Regimes ermöglicht: einerseits erlaubt es anstelle eines einzigen und auf Dauer angelegten Gesamtvertrags ein schrittweises Vorgehen. Eine Reihe von Neuregelungen, die heute nicht konsensfähig sind, können zunächst ausgeklammert und morgen wieder aufgenommen werden, unbefriedigende Zwischenlösungen sind später revidierbar. So wurde beispielsweise der ursprüngliche Reduzierungsfahrplan für FCKW und Halone erheblich verschärft. Die Vertragsstaaten verpflichten sich auf eine Reduktion von Produktion und Verbrauch von FCKW um 50% ab 1995, um 85% ab 1997 und um 100% ab 2000, wobei der Fahrplan nach zwei Jahren nochmals angepasst werden könnte, so dass möglicherweise auf Druck der EG die Eliminierung von FCKW bereits 1997 erfolgen könnte. Innerhalb des Regimes gibt es auch eine konkrete Regelung der Streitbeilegung, so dass Auseinandersetzungen beim Anpassungsprozess mit rechtlich-politischen Mitteln beigelegt werden können.

Solche Regimes gibt es heute auf vielen anderen Gebieten. Ihnen kommt aus der Sicht der Konfliktanalyse eine grosse und noch stark wachsende friedenserhaltende Bedeutung im internationalen System zu. Dies ist im traditionellen Völkerrecht nicht immer gegeben, so dass es in kritischen Fällen immer wieder zur Missachtung oder gar Verletzung von internationalen Verträgen und einer Eskalation von Konflikten kommt. Auch hier erschliesst sich ein Aufgabenbereich für die Schweiz, indem sie ihre völkerrechtlichen Erfahrungen bei der Initiierung und dem Abschluss neuer Regimes einbringt. Der Mittlere Osten ist eine Region, die aller Voraussicht nach in nächster Zeit ent-

---

65 Thomas Gehring, Das internationale Regime zum Schutz der Ozonschicht, in: Europa Archiv Bd. 23, 10.12.1990, S. 703ff, hier: S. 711.

weder ein umfassendes oder mehrere bilaterale Wasserregimes benötigen wird, wenn es nicht über diese zunehmend knapper werdende Ressource zu einem neuen Konflikt kommen soll.

Es gilt auch die Frage zu prüfen, ob nicht ein internationales Erdölregime zu konfliktärmeren Beziehungen zwischen den Erdölförderstaaten, ihren meist armen Nachbarstaaten und den Verbraucherländern führen würde. In einem solchen Regime könnten sowohl Förderquoten, Preise, Verbraucherziffern und Energiesparmassnahmen in einer stabilen und trotzdem dynamischen Weise festgeschrieben werden.

Globale und regionale Rüstungskontrolle und Abrüstung
Auch wenn die meisten Ost-West-, Nord-Süd- und Süd-Süd-Probleme heute nicht unmittelbar machtpolitischer oder militärischer Natur sind, sondern eine soziale, ökonomische, ökologische, religiöse und - damit verbunden - demographische Dimension haben, sind wir weltweit nach wie vor mit vier komplementären militarisierten Strukturen konfrontiert, die umso bedrohlicher werden, desto weniger sich die Probleme auf politischer Ebene lösen lassen:

- Der strategische Rüstungswettlauf, dessen Dynamik noch nicht gebrochen ist, spielt weiterhin eine Rolle, hat aber aufgrund der Überwindung der Feindschaft zwischen den Grossmächten und den Umbruch in Osteuropa an Bedrohung eingebüsst.

- Die Vernetzung von Rüstungsexportpolitik, Militarisierung der Dritten Welt, Geo- und Interventionspolitik.

- Das periphere Kriegssystem mit nationalen, ethnischen und religiösen Konflikten.

- Repression und Bürgerkrieg im militarisierten Staat.

Die nuklearen Optionen mehrerer Schwellenländer konkretisieren sich zunehmend (Indien, Israel, Pakistan, Südafrika). Allein 24 Entwicklungsländer sind dabei, ballistische Raketen zu erwerben, zu bauen oder sind bereits in deren Besitz. Die wenigsten von ihnen haben den Nichtweiterverbreitungsvertrag ratifiziert. Parallel dazu nimmt die Gefahr der Proliferation von chemischen Waffen weiter zu: nicht nur das Spektrum der in diesen Teilen der Welt möglicherweise zum Einsatz gelangenden Waffen weitet sich aus, sondern auch die Reichweiten werden grösser.

Die südliche Welt ist immer stärker mit dem Phänomen des Bürgerkriegs konfrontiert. Das Militär spielt in den schärfer werdenden Verteilungskämpfen eine wachsende Rolle, indem es meist Partei zugunsten der herrschenden Verhältnisse nimmt. "Rüstungsimporte bedeuten in dieser Situation, dass den einflussreichen Interessengruppen und dem Militär die Mittel gegeben werden, um die bestehenden Strukturen aufrecht zu halten."[66] Rüstungsimporte verstärken und festigen die bestehenden Machtverhältnisse. Die Ausgaben für Kriegsmaterial sind immer mehr mit innenpolitischen Machtansprüchen der Militärs zu erklären, das heisst: "selbst wenn also das internationale Spannungspotential abgebaut und die Gefahr kriegerischer Konflikte eingedämmt wird, werden Rüstungsimporte noch nicht notwendigerweise reduziert. Vielmehr ist ein nachhaltiger Rückgang der Rüstungsgüterimporte in Lateinamerika solange nicht zu erwarten, als die innere Ungleichheit nicht stark vermindert wird, und solange keine stabilen politischen Systeme etabliert sind".[67] Die gängigen Kriegsmaterialexportgesetze fördern durch ihren Begriff von "Spannungsgebieten" damit genau diese Entwicklung einer ineffizienten Ressourcenallokation, während sich die Entwicklungshilfepolitik meist vergeblich um eine Verbesserung der Wachstumspotentiale im zivilen Bereich bemüht.

Die Schweiz hat mit Schweden und der Bundesrepublik eines der strengsten Kriegsmaterialausfuhrgesetze und der Bundesrat wendet es nach den Aussagen der GPK korrekt an. Lediglich die Einbeziehung von sogenannten Vermittlungsgeschäften - Handel mit Kriegsmaterial, das den Schweizer Boden nicht berührt - verlangt eine nachträgliche Änderung des Kriegsmaterialgesetzes.

Die GPK des Nationalrates, die ihren Bericht am 31. Januar 1990 der Öffentlichkeit übergab, fordert jedoch folgerichtig eine Verschärfung der Bewilligungspraxis. So dürfe der Begriff "Spannungsgebiete" nicht wie bisher in völlig ungebundenem politischem Ermessen von Fall zu Fall neu umschrieben werden. Ein ungelöstes Problem stellen ebenfalls die dual-use-Produkte dar, die sowohl zivil als auch militärisch verwendet werden können - z.B. die Flugzeuge PC-7 und PC-9. Die Dual-use-Problematik zeigt sich in erster Linie im Hightech-Bereich, etwa wenn vermeintlich zivile Technologiegüter in einem Bestimmungsland - etwa dem Irak - zur Entwicklung und Produktion von ABC-Waffen verwandt

---

66 Thomas Straubhaar/Beatrice Weder, Rüstungsimporte und wirtschaftliche Entwicklung. Probleme und Auswirkungen am Beispiel Lateinamerikas, WWZ-Studien Nr. 28 (Januar), Basel 1991, S. 31.

67 Straubhaar/Weder (Anm. 66), S. 32.

werden.[68] Die GPK befürwortet zudem die konsequente Anwendung der Menschenrechtsklausel des Gesetzes.

Volkswirtschaftlich würde der Schweiz selbst bei einem Verbot des Exports von Kriegsmaterial kein Schaden entstehen. Die Waffenexporte werden v.a. von den privaten Rüstungsfirmen getätigt, wobei der Anteil des Waffenexportes gemessen am Gesamtexport gering ist und weiter schrumpft. Die Exporte sind 1989 von 504,4 Mio. Franken auf 390 Mio. zurückgegangen. Damit verrringert sich der Anteil an den Gesamtausfuhren von 0,68% auf 0,46%. Bei einem Verbot würde ein Konversionsbedarf in der Höhe der Exporte entstehen. Ein zu errichtendes Büro für Konversionsfragen auf eidgenössischer Ebene oder die kantonale Wirtschaftsförderung müssten sich mit den Problemen, die sich daraus ergeben, befassen.[69]

Möglicherweise ist es wenig sinnvoll, den Export völlig zu verbieten (was ohnehin schwierig zu kontrollieren ist), sondern (vorderhand) konditionierte Exporte zuzulassen: nur Waffensysteme, die mit einem defensiven Verteidigungsposture kompatibel sind und die von anderen demokratischen Staaten bestellt werden. Diese Regelung hätte gegenüber einem totalen Exportverbot den Vorteil der Flexibilität, denn es gilt, auf jeden Fall zu verhindern, dass durch eine zu restriktive Handhabe in Ländern der Dritten Welt die Eigenproduktion begünstigt wird - solange kein Rüstungskontroll- und Abrüstungsregime besteht.

Wie bereits beim internationalen Umweltregime gezeigt, müsste auch hier überprüft werden, ob nicht ein globales Rüstungsregime errichtet werden kann, das Fragen der nationalen Rüstung und des Waffenhandels einem Vertrag unterwirft. Sicherlich wäre ein moderater Einstieg notwendig, denn das Zustandekommen eines solchen Regimes hängt nicht zuletzt vom Konsens der einflussreichsten Staaten ab. Ein erster Schritt könnte in einem weltweiten Ausfuhrverbot von Rüstungsgütern nach kriegführenden Staaten und ein Verbot des Exports von Militär-, Sicherheits- und Polizeimaterial nach autoritär regierten Staaten liegen.

---

68 Der Bundesrat hat Mitte Oktober beim UNO-Inspektionsteam die Liste der Firmen angefordert, die an den Irak Technologiegüter geliefert haben, die zum Aufbau einer eigenen Nuklearindustrie für militärische Zwecke gedient haben. Falls der Bundesrat Auskunft erhält, wird sich zeigen, wie stark Schweizer Firmen am Nuklearprogramm Iraks beteiligt waren.

69 Vgl. das Positionspapier zur Rüstungskonversion in der Schweiz, verabschiedet am Kongress des Schweizerischen Gewerkschaftsbundes vom 18.-20. Oktober 1990 in Interlaken, in: Friedenspolitik. Dossier Rüstungskonversion, ARW (Hg.), Januar 1991, S. 3f.

Der Bundesrat sollte jedoch auch vermehrt die Probleme des Waffenhandels, des Drogenhandels, des Terrorismus und der Geldwäscherei im Gesamtzusammenhang analysieren und die Voraussetzungen für eine wirksame Bekämpfung der vernetzten internationalen Verbrechensorganisationen prüfen (Verbandsklage und Rechtshilfe verbessern).

Das Zusammenwirken der globalen Bedrohungen

Die Industrieländer, die nur ein Viertel der Weltbevölkerung repräsentieren, verursachen etwa 90% der derzeitigen FCKW-Emissionen und gehören zu den Hauptemittenten von Kohlendioxyd und anderen Spurengasen. Die 740 Mio. Einwohner der OECD-Staaten verbrauchen zehnmal soviel Energie wie die 3,9 Mrd. der Entwicklungsländer. Ein Schweizer verbraucht 180 mal mehr als ein Nepalese.

Die ärmsten Entwicklungsländer sind aufgrund ihrer ungünstigen Ausgangsbedingungen - schlechte Nahrungsmittelversorgung, wenig Vorräte, geringe technologische Möglichkeiten und knappe ökonomische Mittel bei hohen Aussenständen - weit verletzbarer als die sogenannten "Risikogesellschaften" der Industriestaaten: *Die Gefährdungsgemeinschaft hat schon längst eine globale Dimension angenommen.*

Die Erwärmung des Klimas wird bis zum Ende des nächsten Jahrhunderts zu einem kontinuierlichen Anstieg des Meeresspiegels führen. Durch die Erwärmung der Atmosphäre werden sich auch Klimazonen verschieben. Die Erschöpfung lokaler Ressourcen aufgrund von Rodungen, Überschwemmungen, Verwüstung oder Dürre, hat die Verarmung ganzer Landstriche und die Zunahme von Umweltflüchtlingen zur Folge. Und schliesslich ist die Zahl von sogenannten Naturkatastrophen wie Überschwemmungen, Wirbelstürmen und langandauernden Trockenperioden in den achtziger Jahren weltweit gestiegen, so dass es nicht mehr abwegig scheint, die Schäden und menschlichen Verluste mit Invasionsfolgen einer militärischen Aggression zu vergleichen.

Ein Anhaltspunkt für die Vermutung, in Zukunft dürfte sogar Militär eingesetzt werden, um ökologische Konflikte "zu lösen", bietet der in der ökologischen Fachliteratur verwandte Begriff der "völkerrechtswidrigen Invasion". Danach ist "ökologischen Angriffen auf fremdes Territorium" mit den klassischen Instrumenten der Aussenpolitik entgegenzutreten. Die Folgen: ökonomische Sanktionen und politische Repressalien können ökologische Konflikte verschärfen. In verschiedenen Regionen sind Konflikte eskaliert, die sehr unterschiedliche Formen angenommen haben: Bürgerkrieg, urbane Unruhen und Hungerrevolten, Auseinandersetzungen zwischen Nomaden und Siedlern (Afrika) und zwischen Siedlern und Waldbewohnern (Lateinamerika), grenzüberschreitende Umweltflüchtlinge, ethnische Konflikte bis hin zur zwischenstaatlichen Gewaltanwendung. Der Einsatz militärischer Gewalt, vielleicht sogar unter Anwendung chemischer Waffen ist auch künftig nicht unwahrscheinlich. Die nukleare Proliferation stellt in diesem Zusammenhang einen zusätzlichen Risikofaktor dar.

Die "Dritte Welt" trägt die Hauptlast der Wanderungs- und Flüchtlingsbewegungen. Die Süd-Süd-Wanderung zwischen armen und ärmsten Ländern mit hohem Bevölkerungswachstum und hohem Umweltdruck stellt das zentrale politische Problem dar. Die verschiedenen Formen der Migration (Massenexodus, Ketten- oder Familienmigration) sind in ihren unterschiedlichen Auswirkungen für die Zielländer genau zu beobachten. Sicherlich wächst im südlichen Mittelmeerraum der Bevölkerungsdruck in den nächsten Jahren so stark an (von heute ca. 230 auf rund 450 Millionen im Jahr 2025), dass mit massenhaften illegalen Einwanderungen in die europäischen Länder mit sozialen und politischen Konsequenzen zu rechnen sein wird.

Antworten auf eine drohende ökologische Katastrophe müssen lokal und global gefunden werden. Letztlich kann nur die Umsetzung eines Entwicklungs- und Zivilisationsmodells für mindestens 5 Milliarden Menschen, das für das Ökosystem dauerhaft tragfähig ist, die Weltbevölkerung vor manifesten sozio-ökologisch bedingten Konflikten bewahren. Es gilt in erster Linie, in der "Dritten Welt" zur Überwindung der Armut beizutragen und zu einer gerechteren Struktur zwischen Nord und Süd zu kommen. Erleichtert würde eine solche Gleichbehandlung durch politische Ordnungen, die sich durch eine wirksame Mitbestimmung der Bürger bei der Entscheidungsfindung auszeichnen sowie durch ein Mehr an Demokratie im internationalen Entscheidungsprozess.

Eine militärisch abgestützte Nord-Süd-Politik ist erfahrungsgemäss destruktiv, riskant, ineffizient und kontraproduktiv. Das Existenzinteresse der Industriestaaten rechtfertigt ein militärisches Engagement in der "Dritten Welt" nicht. Ihr muss eine Politik der materiellen entwicklungspolitischen und ökologischen Friedenssicherung entgegengesetzt werden. Tragender Pfeiler einer künftigen Friedens- und Sicherheitspolitik wird der soziale Ausgleich und die ökologische Vorsorge im globalen Rahmen sein. Gelingt es nicht, den Hebel zur Verhinderung der Süd-Süd-Migration anzusetzen, bleiben alle Versuche zur Eindämmung der Süd-Nord-Wanderung aussichtslos.

Eine vorausschauende weltweite Struktur- und Entwicklungspolitik, die Entmilitarisierung der internationalen Beziehungen und die friedliche Lösung von Regionalkonflikten sind Eckpfeiler einer Asylpolitik, die das Problem an der Wurzel anpackt. Nur eine gezielte Kooperation zwischen Herkunftsländern und den Einwanderländern kann bewirken, dass beim Wettlauf zwischen Ursachenbekämpfung und Abwehr (Limes) erstere gewinnt.

Friede und Stabilität sind undenkbar, solange sich an den Fakten nichts ändert. Oft geht es bei den Veränderungen der Relationen nur um wenige Prozente, die bereits eine Trendwende einleiten könnten. In absoluten Zahlen kann ein Prozent bereits eine sechs- oder siebenstellige Summe bedeuten. Ein Land, dass mit seinen Pro-Kopf-Auslandinvestitionen an einsamer Weltspitze steht, muss das Interesse der Öffentlichkeit und des Parlaments an Themen der Aussenwirtschaft wie der Entwicklungspolitik stärken.

Auf der 42. Sitzung der UNO-Generalversammlung im Jahr 1987 wurde erstmals das Konzept der "Ökologischen Sicherheit" offiziell diskutiert, blieb aber weitgehend konturlos. Es wird die Aufgabe sein, auf der Welt-Umweltkonferenz in Brasilien im Juni 1992 Vorschläge zu unterbreiten, die zu einer "Wende" in der Umweltpolitik führen. Gleichzeitig werden Ansätze benötigt, die den Zusammenhang von ökologischer Wende und friedensverträglicher Entwicklung beleuchten.[70]

Fazit

Was die Instrumentarien anbetrifft, wie sie im Bericht zur Friedens- und Sicherheitspolitik von 1988 aufgeführt sind, so ist die Schweiz relativ gut ausgestattet. Wünschbar wäre allerdings eine Intensivierung des Mitteleinsatzes entlang der beschriebenen Herausforderungen und eine grössere politische Offenheit und Entscheidungsbereitschaft in einzelnen Sachbereichen. Dazu gehört auch eine Schwerpunktverlagerung von humanitären hin zu politischen Massnahmen (ohne erstere zu

70 Die Schweizerische Friedensstiftung beginnt 1992 in Zusammenarbeit mit der ETHZ, Forschungsstelle für Sicherheitspolitik und Konfliktanalyse, und Instituten in Bangladesh, Nigeria und Sudan ein Forschungsprojekt zum Thema "Inner- und zwischengesellschaftliche Gewaltkonflikte aufgrund ökologischer Probleme. Ziel ist es, neben der Analyse der Konflikte auch friedenspolitische Lösungsansätze zu formulieren.

schmälern) einerseits und von Aktivitäten, die auf Spannungsabbau ausgerichtet sind, hin zu friedensfördernden und gestaltenden Politikstrategien andererseits. Die bisherigen strategisch-machtpolitischen und humanitären Ziele der Aussenpolitik sind daher sinnvollerweise durch die fünf strategischen Elemente einer Friedenspolitik zu ergänzen, wie sie oben formuliert wurden.

Es kann hier nicht darum gehen, neue Instrumente oder Gremien innerhalb der Verwaltung vorzuschlagen. Dazu bedarf es im einzelnen einer genauen Prüfung. Was jedoch die Koordination der Mittel anbetrifft, so bedarf die Friedenspolitik ebenfalls einer politisch-strategischen Abstimmung und Konzeptionierung, wie es im Bereich der Sicherheitspolitik (bzw. Gesamtverteidigung) geschieht. Dies gilt insbesondere für die Bereiche Sicherheit, Entwicklungszusammenarbeit, Aussenwirtschaft, Ökologie, Aussen- und Friedenspolitik (Schaubild 4).

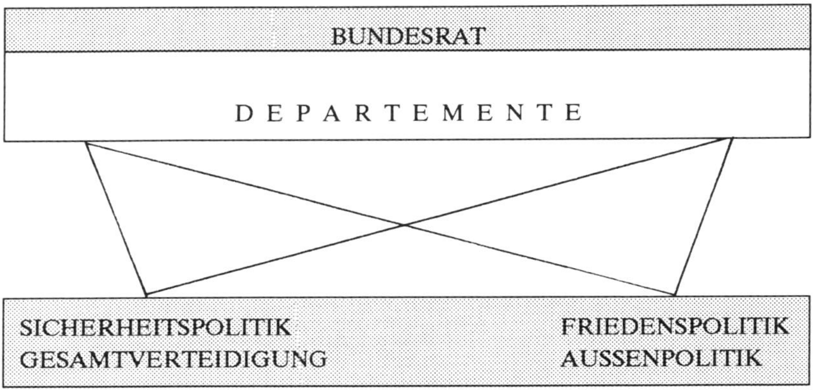

(Schaubild 4)

Angesicht der universaler werdenden Aussenpolitik und des globalen Kontextes staatlicher Friedenspolitik gilt es künftig auch über die Neuschaffung von Ministerien für internationale oder globale Politik nachzudenken. Diese nationalen Exekutivorgane, die neben die Verteidigungs- und Aussenpolitik treten und mit politischer Kompetenz und entsprechenden Finanzen ausgerüstet sein müssten, sollten den globalen Belangen (internationalen Organisationen) mindestens ebenso verantwortlich sein, wie sie von nationalen Interessen abhängen.

Zusammenschau friedenspolitischer Zielforderungen

Europaweit:

- Regionale grenzüberschreitende Zusammenarbeit fördern (Regio Basiliensis als Beispiel).

- Wirtschaftliche und soziale Gestaltung Europas: Osteuropahilfe, Förderung des Technologietransfers, wirtschaftliche Assoziation und spätere Integration Ostmittel- und Osteuropas.

- Schaffung eines einheitlichen europäischen Rechtsraums und Förderung der Demokratisierungsprozesse (EG, Europarat).

- Mitgestaltung eines "Gürtels" beispielhafter regionaler Zusammenarbeit entlang der ehemaligen Blockgrenze.

- Schaffung einer europäischen Entwicklungsagentur.

- KSZE: Umsetzung der Pariser Charta, Vertiefung der Vertrauensbildung, Mandat für CFE II, das zu defensiven Streitkräftestrukturen mit stark reduzierten polizeiähnlichen Truppen führt.

- Europäische Integration und gesamteuropäische Friedenspolitik kompatibel gestalten: Sicherheitsvertrag als Vorstufe zu einem kooperativen Sicherheitssystem, Elemente obligatorischer Streitbeilegungsmechanismen europäisieren.

- Toleranz und Freiheit bei Minoritätenfragen, Schaffung von Instrumentarien zur Regelung national-ethnischer Konflikte und Herstellung von Voraussetzungen für gewaltlose Konfliktbewältigung, Schaffung eines Dringlichkeitsmechanismus.

- Politische Intervention bei Menschenrechtsverletzungen (humanitäre Dimension gemäss Kopenhagener Dokument konsequent anwenden).

- Förderung (kon-)föderaler Strukturen nach dem Subsidiaritätsprinzip (in Osteuropa aber auch in Richtung EG).

- Ausbau des Konfliktverhütungszentrums in Wien zu einem gesamteuropäischen Zentrum für Verifikation, Streitbeilegung, Krisenvermeidung und Konfliktprävention.

- Verstärkte Aufmerksamkeit für eine Friedenspolitik am Rande der Grossregion Mittelmeerraum: Einbeziehung einzelner Maghrebstaaten in den KSZE-Prozess (als Beobachter) oder Förderung einer Mittelmeerkonferenz für Sicherheit, wirtschaftliche und ökologische Zusammenarbeit.

Nord-Süd-Beziehungen und Regionen:

- Die Unterstützung aller Massnahmen, die der friedlichen Streitbeilegung dienen. Dazu gehören neben völkerrechtlichen Konzepten auch präventiv wirksame politisch-diplomatische Mittel (Ursachenbekämpfung).

- Die Förderung des Aufbaus von Kapazitäten und Instrumentarien der UNO zur Krisen- und Kriegsverhütung gemäss der UNO-Charta, Stärkung des Generalsekretärs, evt. Schaffung einer "Polizeitruppe" mit genau definiertem Auftrag unter Berücksichtigung der Erfahrungen im Golf (vgl. unten).

- Ökonomische und politische Kooperationsansätze in der "Dritten Welt" (OAS, ASEAN, CARICOM, ODECA, SELA), die bisher noch nicht zur regionalen Kriegsvermeidung geführt haben, könnten durch Regionalkonferenzen nach dem Vorbild der KSZE ergänzt werden; eventuell Beobachterstatus der Schweiz anstreben (mit Mandat der UNO).

- Starke Einschränkung von Rüstungsexporten und sensitiver Technologie (auch im Bereich der Repressionstechnologien) in Bezug auf Empfängerstaaten und Waffen, Anstreben eines Rüstungsregimes.

- Vielschichtige ökonomische Massnahmen, wie die Verhinderung von Geldwäscherei und Kapitaltransfers im Kontext von Waffenhandel, Drogen- und Fluchtgeldern einerseits, Schuldenerlass bzw. -abschreibung und Gewährung günstiger (konditionierter) Kredite im Sinne eines "sustainable und peace-intensive development" andererseits.

- Materielle und personelle Hilfe beim Aufbau zerstörter Regionen, Verstärkung der Katastrophenhilfe (im Rahmen einer Sozial- und Friedensdienstpflicht ?).

- Bekämpfung des Flüchtlingselends an der Wurzel durch Eindämmung von Armut, Repression, Fluchtgeldern, Menschenrechtsverletzungen und ökologischer Zerstörung; politisch-wirtschaftlicher Druck auf repressive Regierungen.

- Einsatz für ein gerechtes Management der globalen Ressourcen sowohl auf globaler (Luft, Meerwasser, Ozonschicht, Verwüstung, Brennstoffe) als auch auf regionaler Ebene (Smog, Trinkwasser, Wald).

- Gezielte Unterstützung von Selbsthilfeprozessen an der Basis in ausgewählten LCD-Ländern (Entwicklung von unten).

- Indirekte Friedenspolitik: offizielle Förderung von privaten Trägern transnationaler Aussenbeziehungen (Verbände, Gruppen, Wirtschaft, Medien, Tourismus, NGOs).

Globalsteuerung, Weltfriedensordnung, neue Aufgabenbereiche:
- Beitritt zur UNO vorbereiten.

- Die Übernahme von weiteren Aufgaben, die dem neutralen Staat von internationalen Organisationen, wie der UNO, übertragen werden.

- Vordringliches Ziel ist die Stabilisierung der globalen Sicherheit. Die klassische militärische Dimension von Sicherheit wird dabei durch die sozio-ökonomische und ökologische Dimension ergänzt und zunehmend überlagert.

- Existenzsicherung der Menschen (Vermeidung eines Nuklearkriegs und der ökologischen Selbstzerstörung sowie die Befriedigung der Grundbedürfnisse). Die Länder der "Dritten Welt" sind Subjekte einer eigenen Friedens- und Sicherheitspolitik, in der der einzelne Mensch einen höheren Stellenwert bekommen muss.

- Förderung grenzüberschreitender Umweltregimes in Regionen des Südens durch juristische Hilfe (analog zu Wasserregimes in Europa z.B.).

- Gründung einer *Konfliktpräventionsagentur* der UNO in Genf, der eine Art "world watch"-Funktion zukäme, die sich auf die Regionalkonflikte richtet.

- Kodifizierung des Völkerrechts: Einberufung von UNO-Konferenzen auf schweizerischem Boden zur Erarbeitung von Konventionen und Regimes.

- Kriegsvölkerrecht: Weiterentwicklung der Genfer Konventionen. Vor dem Hintergrund des Golfkriegs sind einige Fragen neu aufgeworfen worden[71]:

    - Schutz der Zivilbevölkerung in modernen Kriegen,

    - Schutz von Soldaten, die im Rahmen einer Diktatur zum Kriegsdienst "von der Strasse weg" rekrutiert werden (Kindersoldaten als Spezialproblem),

    - Schutz von sensitiven Anlagen,

    - Schutz der Umwelt;

- Ausbau des Instrumentariums der Wahlbeobachtungen im Hinblick auf das Warschauer Büro und Prüfung der Möglichkeiten von Nachbeobachtungen in den Ländern, in welchen eine Beobachtung durchgeführt wurde (Einhaltung der Menschenrechte, Bildung demokratischer Institutionen).

- Die rigorose Einschränkung eines exorbitanten Ressourcenverbrauchs in Norden bei einer Ausweitung öffentlicher konditionierter Entwicklungshilfe im Sinne von "sustainable development", verbunden mit einer Entschuldungsstrategie.

---

71 Was die Respektierung von wichtigen gewaltbeschränkenden Normen betrifft, sind die Resultate sehr unterschiedlich. Während z.B. Sanitätsformationen meistens geschont oder das Verbot der Tötung von Kriegsgefangenen meistens befolgt wird, verhält es sich mit der Respektierung der Rechte der Bevölkerung in besetzten Gebieten meistens prekär. Interessant ist, dass gemäss der Untersuchung einer Zürcher Forschergruppe die Staatsform offenbar keinen Einfluss auf die Einhaltung oder Verletzung von Normen hat, d.h. Demokratien verhalten sich keineswegs "humanitärer" als nicht demokratisch legitimierte Länder. Hingegen wirkt sich der Faktor Wirtschaft aus: je höher das Wirtschaftsniveau, desto grösser die Bereitschaft, gewaltbeschränkende Normen zu beachten. Vgl. Daniel Frei, Gezähmte Gewalt: Wie wirksam ist das humanitäre Völkerrecht?, in: Friedenssicherung - vom Alpenreduit zur Sicherheitspolitik, Festschrift für Korpskommandant Josef Feldmann, Frauenfeld 1989, S. 55ff, hier: S. 59, Tabelle 1. Die Wirksamkeit schwankt zwischen Werten von 29 - 94%. Zum Beispiel: Verbot des Einsatzes von Giftgas nach dem Genfer Protokoll von 1925. Untersucht wurde das Verhalten aller an die Konvention gebundenen Konfliktparteien zwischen 1925 und 1985. Von den 36 untersuchten Fällen haben 34 die Norm respektiert (94%). Bei der Schonung von Zivilpersonen bzw. der Respektierung der Rechte der Bevölkerung in besetzten Gebieten lag die Quote nur bei 50% bzw. 56%.

- Sozial-, Umwelt- und Friedensverträglichkeit von Entwicklung berücksichtigen (demokratische Partizipation, friedliche Streitbeilegung, Entmilitarisierung).

- Friedens- und Konfliktverträglichkeitsprüfung internationaler Technologiekooperation im Sinne der Prävention. Dazu könnte die Einrichtung eines Büros für "technology assessment" beim Parlament vorgeschlagen werden, das eng mit dem EDA kooperiert.

- Förderung und Ausbau der Kapazitäten der Friedens- und Konfliktforschung in der Schweiz, vor allem im Bereich Konflikt, Umwelt und Kooperation.

Weltordnung als Friedensordnung ?

Mit der Überwindung des Ost-West-Konflikts sollten die Möglichkeiten für eine amerikanisch-sowjetische Verständigung über eine geopolitische Selbstbeschränkung gegenüber der "Dritten Welt" gewachsen sein. So sah es zumindest eine mit hochrangigen Persönlichkeiten aus den USA und der UdSSR besetzte Projektgruppe im Jahr 1988. Diese Gruppe liess sich von der Einsicht leiten, "dass die Politik der militärischen Einmischung der Supermächte in regionale Konflikte in eine gefährliche Sackgasse geraten ist und durch gegenseitige Vereinbarungen beendet werden muss". Eine stabile Koexistenz erfordere nach Auffassung der Autoren, "dass sowohl die USA wie die UdSSR den Ausgang regionaler Konflikte akzeptieren, ohne ihre eigene bevorzugte politische oder ideologische Lösung mit Hilfe militärischer Mittel durchsetzen zu wollen".[72]

Im Rahmen eines *"Verhaltenskodex"* gegenüber der "Dritten Welt" sollten sich beide Seiten darüber einigen:

- sich nicht direkt oder indirekt mit militärischen Mitteln in regionale Konflikte einzumischen,

- eine Reihe speziell erfasster moderner Waffen nicht weiterzugeben und gegenseitiges Einvernehmen darüber zu erzielen, dass andere grosse Waffenlieferanten dahingehend beeinflusst werden, ebenso zu

72 Industriestaaten intervenierten über 40 Mal in Drittweltkriege, um den Zerfall ihrer Kolonialimperien aufzuhalten oder neue Imperien aufzubauen (GB: 14, Frankreich 13, USA 12, UdSSR 3). Während die Grossmächte zu einer nach-geopolitischen Ära überzugehen scheinen, wächst die Neigung regionaler Vormächte der Dritten Welt, Nachbarstaaten anzugreifen (Indien, Irak, VR China, Vietnam, Südafrika, Syrien, Israel).

verfahren,

- keine militärischen Stellvertreterkräfte in regionale Konflikte einzubeziehen oder Rebellionen und Gegenrebellionen zu organisieren, finanzieren, auszurüsten oder zu beraten,

- Militärhilfeprogramme auf die Ausrüstung und Ausbildung zu begrenzen, die für die legitime Verteidigung notwendig sind,

- Freunden und Verbündeten nur im Falle einer grenzüberschreitenden Invasion militärischen Schutz zu gewähren,

- Vorkehrungen für eine angemessene Verifizierung dieser Vereinbarungen zu treffen.

Darüber hinaus heisst es in der amerikanisch-sowjetischen Studie: "Eine grössere Bereitschaft der Supermächte, die Erhaltung des regionalen Friedens der UNO zu übertragen, in Verbindung mit gemeinsamen Anstrengungen, die Rolle des Sicherheitsrates und des Generalsekretärs zu stärken, würde einen bedeutsamen Beitrag zur Verringerung der Spannungen und zu einer Erhöhung der Stabilität der ganzen Welt leisten."[73]

In der Verifikationsfrage sollte die Frühwarnung vor Verletzungen eine Rolle spielen, wobei sogar Einrichtungen von gemeinsam besetzten Aufklärungszentren in Moskau und Washington diskutiert wurden. Hier könnte die Schweiz eine Funktion spielen, denn es ist nicht einzusehen, dass die Grossmächte "regionale Konflikte und damit im Zusammenhang stehende internationale Streitfälle in erster Linie durch internationale Organisationen" behandeln lassen, aber in der Verifikation und Aufklärung bilateral vorgehen möchten. Die Schweiz könnte hier für eine gewisse Globalisierung des Ansatzes eintreten, indem sie etwa eine *Konfliktpräventionsagentur* in Genf vorschlägt, der eine Art "world watch"-Funktion zukäme, die sich auf die Regionalkonflikte richtet.

Diese Forderung scheint insbesondere aus den Lehren des Golfkrieges ableitbar. Dieser hat gezeigt, dass die Problematik der Grossmächtekonkurrenz der Frage nach einem UNO-Kodex für kollektive militäri-

---

73 U.S.-Kommitte für amerikanisch-sowjetische Beziehungen, Institut für die USA und Kanada bei der sowjetischen Akademie der Wissenschaften: Die Erfordernisse stabiler Koexistenz in den amerikanisch-sowjetischen Beziehungen, in: Blätter für deutsche und internationale Politik 10 (1988), S. 1246ff.

sche Massnahmen gegen einen Aggressor gewichen ist.

Im Sinne der Ziele der UNO, nämlich die Erhaltung des Friedens und der internationalen Sicherheit, müssten die zentralen Kriterien eines solchen abgestuften Verhaltenskodexes lauten:

1. Glaubwürdigkeit der UNO;
2. Die UNO-Koalition darf nicht von einem Staat dominiert sein;
3. Konfliktprävention hat Vorrang (Abwägen, ob Konsens aller Parteien oder Prävention wichtiger);
4. Politik (Mediation, Diplomatie, Sanktionen, Drohung) und friedliche Streitbeilegung haben Vorrang vor jeder militärischen Lösung;
5. Militärische Lösungen nur nach dem Prinzip der Verhältnismässigkeit und Hinlänglichkeit;
6. Blauhelme haben Vorrang vor Friedens-Kampftruppen;
7. Eine UNO-Truppe hat Vorrang vor ad hoc Kräften (Koreamodell);
8. Die Rückkehr zur Politik hat in jedem Fall Vorrang vor langandauernden Kampfhandlungen;
9. Die Sozialverträglichkeit hat Vorrang vor militärischen Kapitulationen;
10. Gefangene machen hat Vorrang vor Kampfhandlungen;
11. Die Opfersymmetrie (kleinste gemeinsame Opferzahl) hat rigoros Vorrang vor verlustreichen Entscheidungsschlachten;
12. Der Einsatz infantristischer Truppen hat immer Vorrang vor "airland battle";
13. Der Einsatz von Massenvernichtungsmitteln ist verboten.

Der Verhaltenskodex ist als ein Kontinuum von Massnahmen zu verstehen, die von der Aufrechterhaltung der politischen Glaubwürdigkeit der UNO in einem Konflikt bis in zur "therapeutischen Intervention" reichen. Jede Stufe ist wichtig, wobei mit allen Mitteln zu vermeiden ist, dass die nächsthöhere Stufe begangen werden muss. Die unterschiedlichen Massnahmen hängen von der jeweiligen Konfliktlage ab. So wird man andere Mittel ergreifen bei Grenz- und Territorialstreitigkeiten als bei ethnischen Konflikten. Zum Beispiel hätte ein frühzeitiger Wunsch nach Peacekeeping durch Kuwait an der Grenze zum Irak vor dem 1. August 1990 den Krieg am Golf mit grosser Wahrscheinlichkeit verhindern können (wie 1963 und 1971).

Die UNO-Charta verbietet dem Sicherheitsrat nicht, Blauhelme ohne Einverständnis der Konfliktparteien zu entsenden. Dies könnte in ethnischen Konfliktlagen notwendig werden, wobei Jugoslawien zeigt, dass Blauhelme ohne vorherigen Waffenstillstand und die Zustimmung der Kriegsparteien kaum Sinn machen. In Zukunft könnten aber zumindest amerikanische, englische, französische, deutsche und eventuell auch russische Kontingente bewusst und demonstrativ in friedenserhaltende Blauhelmmissionen eingebunden werden, um die Distanz zur traditionellen Macht- und Interventionspolitik dieser Länder zu unterstreichen.

Der Übergang von der reinen Blauhelmmission ohne Kampfauftrag hin zur sogenannten therapeutischen Intervention von Friedenstruppen ist völkerrechtlich problematisch, militärisch heikel und politisch in der Regel nicht wünschbar. Voraussetzung für eine weitergehende kollektiven ordnungspolitische Einmischung in die inneren Angelegenheiten eines Staates mit "polizeiähnlichem Auftrag wäre eine umfassende Reform der UNO hin zu einer demokratisch strukturierten Kriegsvermeidungsinstitution vor. Clark/Sohn haben bereits in den sechziger Jahren gangbare Vorschläge für eine Stärkung der demokratischen Institutionen und politischen Kompetenzen der UNO gemacht. Sie verlangen eine subsidiäre Aufhebung der Souveränität der Mitglieder, streben aber ausdrücklich keine Weltregierung an. Sie erklären im Katalog der Rechte, der einer umgestalteten UNO-Satzung entspricht in Artikel 1:

> "In Übereinstimmung mit Absatz 1 des Artikels 2 dieser umgestalteten Satzung bleiben allen Staaten und ihren Bürgern alle Rechte, die sich aus ihrer Souveränität ergeben, erhalten, mit Ausnahme der Rechte, die den Vereinten Nationen durch diese umgestaltete Satzung gemäss ausdrücklichem Wortlaut oder zweifelsfreier Auslegung übertragen worden sind, und mit Ausnahme derjenigen, deren Innehabung den Staaten durch diese umgestal-

tete Satzung verboten ist."

Hier wird also ein gangbarer Mittelweg zwischen nationaler Souveränität einerseits und Weltregierung andererseits gesucht. Aus heutiger Sicht mögen einige der Prinzipien noch utopisch anmuten. Insbesondere der Vorschlag zur allgemeinen und vollständigen Abrüstung auf nationaler Ebene steht natürlich stark unter dem Einfluss der Diskussion Ende der fünfziger Jahre (McCloy-Zorin-Abkommen zwischen den USA und der UdSSR vom 20. September 1961). Eine Weiterentwicklung der UNO vor allem in Richtung wirkungsvollerer Einflussmöglichkeiten auf negative Entwicklungen ist jedoch unumgänglich, wenn man vom brüchigen internationalen System der Gegenwart zu einer Weltordnung gelangen will, die ihren Namen verdient.

Autorin und Autoren

Gustav Däniker
Dr., Divisionär z.D., Stabschef Operative Schulung, Buchautor.

Maren Haartje
Assistentin bei der Schweizerische Friedensstiftung Bern.

Pius Hafner
Dr., Sekretär von Justitia et Pax Bern.

Karl W. Haltiner
Dr., Dozent an der Abteilung für Militärwissenschaften der ETH Zürich.

Peter Hug
lic. phil., Assistent am Historischen Institut der Universität Bern.

Beat Kappeler
Zentralsekretär des Schweizerischen Gewerkschaftsbundes Bern.

Heinz Krummenacher
Dr., Auslandredaktor DER BUND Bern.

Lorenz Kummer
Mitarbeiter am Forschungszentrum für Schweizer Politik der Universität Bern.

Wolf Linder
Prof. Dr., Leiter des Forschungszentrums für Schweizer Politik Universität Bern.

Heinrich Ott
Prof. Dr., a. Nationalrat, Theologische Fakultät der Universität Basel.

Hans-Balz Peter
Prof. Dr., Leiter des Instituts für Sozialethik und Titularprofessor an der Theologischen Fakultät der Universität Bern.

Kurt R. Spillmann
Prof. Dr., Leiter der Forschungsstelle für Sicherheitspolitik und Konfliktanalyse der ETH Zürich.

Jörg Thalmann
Dr., Journalist und Buchautor, langjähriger Korrespondent in Brüssel.

Daniel Thürer
Prof. Dr., Völkerrechtliches Seminar der Universität Zürich.

WER IST DIE SCHWEIZERISCHE FRIEDENSSTIFTUNG ?

Die Schweizerische Friedensstiftung SFS
mit Sitz in Bern wurde am 18. August 1988 gegründet. Sie möchte die schweizerische Friedens- und Sicherheitspolitik in Forschung, Konzeption und Kommunikation mitgestalten:

Als Mittler
zwischen Öffentlichkeit und Verwaltung, Wissenschaft und Militär, Politik und BürgerInnen.

Als Ort
wo über friedliche Aussenbeziehungen und innenpolitische Bedingungen von Friedens- und Sicherheitspolitik diskutiert, informiert und veröffentlicht wird.

Mit Blick auf
- eine europäische Friedensordnung und Sicherheitsarchitektur
- Beziehungen zwischen Industriestaaten und Entwicklungsländern
- globale ökologische Probleme und Regionalkonflikte

Sie stellt Fragen
Wie lassen sich ökonomische und ökologische Probleme in einer tragfähigen Friedens- und Sicherheitspolitik berücksichtigen?
Welche Aufgaben kommen der KSZE als Trägerin einer europäischen Friedensordnung zu?
In welcher Beziehung stehen militärische und nichtmilitärische Aspekte der Sicherheit?
Werden die neutralen Staaten beim Abbau der weltweiten Rüstungspotentiale eine aktive Rolle spielen können?
Warum kann die „kleine Schweiz" einen Beitrag zur Friedensstiftung in Konfliktregionen leisten?

Sie sucht Antworten
Jährliche *Lenzburger Begegnungen* zur Förderung der schweizerischen friedens- und sicherheitspolitischen Diskussion mit TeilnehmerInnen aus allen gesellschaftlichen Bereichen.
Regelmässige *ParlamentarierInnentreffen* in Bern zu aktuellen Themen der Weltpolitik.
Seminare mit ExpertInnen aus verschiedenen Ländern zu aktuellen Themen der europäischen Friedens- und Sicherheitspolitik.
Internationale Symposien zur Förderung der wissenschaftlichen Diskussion im Bereich der Friedens- und Konfliktforschung.
Öffentliche Veranstaltungen mit anerkannten Friedens- und KonfliktforscherInnen.

Veröffentlichungen

- Reihe Arbeitspapiere der Schweizerischen Friedensstiftung
- Lenzburger Protokolle
- Tagungsberichte und Buchveröffentlichungen
- *aktuell:* Die Welt im Umbruch

FriedensforscherInnen zur Lage!
In Zusammenarbeit mit dem Österreichischen Institut für Friedensforschung und Friedenserziehung Burgschlaining erscheint jährlich ein Friedensbericht. Sie finden darin Daten, Analysen und Stellungnahmen zu den wichtigsten Konfliktformationen des jeweils vergangenen Jahres: Golf, Regionalkonflikte, Jugoslawien, Nord-Süd, Weltordnung, ...

Unterstützungsverein Schweizerische Friedensstiftung

Durch Ihren Beitritt zum Unterstützungsverein erhalten Sie regelmässig Informationen über die Aktivitäten der SFS.
Dazu gehören:

- Einladungen zu Veranstaltungen
- Newsletter mit Infos zu Ökologie und Konflikt
- Vier Arbeitspapiere jährlich
- Jahresbericht
- Vorzugspreise bei Buchveröffentlichungen
- Die Vereinsrechte

Teilen Sie mit uns das Anliegen einer friedlicheren und gerechteren Weltordnung! Unterstützen Sie unsere Arbeit! Vielen Dank.

Schweizerische Friedensstiftung
Engehaldenstrasse 4P
Postfach
CH-3001 Bern
Tel. 031/23 68 58
Fax 0041 (0)31/24 80 10

SCHWEIZERISCHE FRIEDENSSTIFTUNG
FONDATION SUISSE POUR LA PAIX
FONDAZIONE SVIZZERA PER LA PACE
SWISS PEACE FOUNDATION

Catherine Schiemann

Neutralität in Krieg und Frieden

384 Seiten, Fr. 58.-- (1991) ISBN 3 7253 0387 8

Die Vierziger Jahre waren ein Jahrzent ausgeprägter Spannungen in den schweizerisch-amerikanischen Beziehungen. Die Friktionen ausgelöst hatte der Eintritt der Amerikaner in den Zweiten Weltkrieg, womit die Vereinigten Staaten ihre Neutralitätspolitik aufgaben und statt dessen die Führung der Anti-Hitler-Koalition übernahmen. Der abrupte amerikanische Kurswechsel wurde von einem wachsenden Unverständnis gegenüber einem Neutralitätsprinzip begleitet, wie es die Schweiz vertrat. Diese Entwicklung sollte nicht ohne dramatische Konsequenzen für den neutralen Kleinstaat bleiben.

Reihe Staatsrecht, Band 11

Urs Pfander

Garantie Innerer Sicherheit

168 Seiten, Fr. 38.-- (1991) ISBN 3 7253 0407 6

Garantie Innerer Sicherheit wird als grundlegende, auf die Gesamtheit der Verfassungsaufträge bezogene Staatsaufgaben verstanden, nämlich als Verantwortung für die Verwirklichung verfassungsmässig gesetzten Rechts. Die Darstellung der sich daraus ergebenden Folgen und Forderungen für Gesetzgebung und Auslegung juristischer Normen machen den Grossteil dieser Arbeit aus.

SIASR Band 27

Alfred Nydegger

Welthorizonte - und die Schweiz?

286 Seiten, Fr. 48.-- (1991) ISBN 3 7253 0436 X

Dieses Buch ist ein Teil des Nationalen Forschungsprogrammes 28 "Die Schweiz in einer sich ändernden Welt: aussenwirtschaftliche und entwicklungspolitische Herausforderung". Es enthält Informationen über die weltweiten Entwicklungsperspektiven von Gesellschaft, Wirtschaft und Umwelt, so wie sie der Literatur und den laufenden Forschungsarbeiten entnommen werden können. Diese werden beurteilt und daraus Folgen für die Schweiz abgeleitet: Folgen für die Wettbewerbsfähigkeit und Standortqualität und damit für die eigene wirtschaftliche Entwicklung und die Existenzfähigkeit schlechthin. Es wird gezeigt, welche längerfristigen Probleme auf unser Land zukommen beziehungsweise schon eingetreten sind und wie Volk, Wirtschaft und Regierung darauf reagieren sollten.

Die Schweiz befindet sich in einer Krise, nicht in einer wirtschaftlichen, sondern in einer politischen Krise. Eine Krise ist, genau übersetzt, die entscheidende Phase in einer Entwicklung, auch in einem Willensbildungsprozess. Dieses Buch ist der Versuch, diesen Prozess zu beeinflussen, im Hinblick auf eine aktivere Teilnahme der Schweiz an der europäischen und weltweiten Staatengemeinschaft.

Franz-Joseph Meiers

Raketenschach - Von SALT II zu INF

Der innen- und aussenpolitische Kontext der amerikanischen Rüstungskontrollpolitik, 1977 - 1988

384 Seiten, Fr. 68.-- (1991) ISBN 3 7253 0410 6

Die Studie versucht am Beispiel des SALT II- und INF-Vertrages zur Klärung der immer wieder diskutierten Grundsatzfrage nach den Antriebskräften der amerikanischen Aussenpolitik beizutragen. Inhalt, Aufbau und Gliederung sollen es dem Leser ermöglichen, die Wechselbeziehung interner und externer Faktoren und ihre Rückwirkungen auf den Rüstungskontrollprozess nachzuvollziehen. Im Mittelpunkt der Studie steht eine Analyse der inneramerikanischen Bedingungsfaktoren. Die Arbeit legt offen, wie persönliche Konflikte und ideologisch bestimmte Gegensätze in der Carter- und Reagan-Administration als auch Widerstände im Kongress und der amerikanischen Öffentlichkeit die amerikanische Rüstungskontrollpolitik entscheidend beeinflussten und bestimmten.

Franz Jaeger

Natur und Wirtschaft

Grundlagen einer Politik des qualitativen Wachstums

ca. 600 Seiten, Fr. 48.-- (1992) ISBN 3 7253 0405 X

Industrialisierte Volkswirtschaften haben sich während des 20. Jahrhunderts mit einer ausserordentlichen Dynamik entwickelt. Dabei ist eine neue Dimension des Zusammenwirkens von Natur und Wirtschaft sichtbar geworden. Umweltgüter wie Boden, Luft und Wasser wurden nicht nur durch eine wachsende Bevölkerung als lebensnotwendige Güter immer stärker in Anspruch genommen, sondern sie wurden auch zunehmend als Produktionsfaktoren im ökonomischen Leistungsprozess eingesetzt. Dabei stehen sie weitgehend als freie Güter und deshalb billig, ja vielfach sogar gratis, zur Verfügung. Es kommt zu Verschwendung und Übernutzungsexzessen.

Das Buch richtet sich an den Studenten mit ökonomischen und mathematischen Vorkenntnissen und an Nichtökonomen aus Wirtschaft, Politik und Verwaltung, die die mathematischen Formulierungen ohne Informationsverlust übergehen können.

Verlag Rüegger AG

Fachverlag für Recht, Wirtschaft, Ökologie, Sozialwissenschaften